学术委员会

主　任：谭宗泽

委　员：（以姓氏笔画为序）

王学辉　龙大轩　付子堂　吕志兴　张　渝　张　震
陆幸福　周尚君　周祖成　赵树坤　胡仁智　郭　忠
喻少如　雷　勇　谭宗泽

编辑委员会

主　编：胡兴建

委　员：（以姓氏笔画为序）

马立群　朱学平　孙德鹏　杜　苏　李鼎楚　杨天江
何永红　张　震　陆幸福　周尚君　赵树坤　胡兴建
秦　涛　黄金华　温泽彬

"公法与治理"
学术文库

Public Law and Governance

欧盟机构的问责制危机

杨国栋 著

中国法制出版社
CHINA LEGAL PUBLISHING HOUSE

总　序

我们正处于法学史上的关键时期。现代国家制度的观念基础已经悄然发生变化，国家的神圣理论、主权理论、契约理论都在历史的长河中随着时代的变迁而不断翻新，在与国家技术化、中立化理论角逐的过程中，逐渐失去了理论的锐气。在封建时代被奉为君主"私有物"的主权，与封建"领主权"共同确立起来的近代法律制度上的权力概念，也随着国家与社会关系、政府与市场关系、组织与个体关系的调和而变得模糊不清。与公法的权力逻辑相比，公法的治理逻辑已经更加凸显。进而，我们需要从何种角度介入法学（认识论），以何种方式解释法学（方法论），以及法学到底为了什么（目的论），答案并非不证自明。

一、从法学之内迈向法学之外

根据法学历史的发展轨迹，有学者区分了"法学内的法学"和"法学外的法学"。前者运用一套法律家创制的法律语言，沿用来自法律家经验的解释方法，完成法律实务之问题解答，以追求实践—技术的知识之旨趣。德文名曰Rechtsdogmatik（法律教义学）。它满足于体制内法律解释、评述和法的续造，极力在实在法平台上工作，追求法之安定性与一致性，"守护着经年相沿的行事方式和语言体系，不大情愿在法律之外寻求问题求解的视角，抵御来自正统法学之外的思想方式、概念和知识"。后者是专业法学以外的思想者法学，它所关注的问题、运用的语言及知识追求与法学内的法学有所不同，其采取"外观的立场"而又试图深入法律之内在的根本问题（如"法律存在和效力的终极根据"）。法学以外的这些学者常年垄断着对自然法的解释权，自然法学同时也成为哲学家、伦理学家、神学家或政治学家在学科围墙之外"干预"法学知识领地的通道，直到19世纪实证主义兴起以后这种状况才发生改变，"法律家的法哲学"取代了自然法学。[1]

因此，哈特将实践法律而非空想家或哲学家所提供的"法律是什么"的答案比作一道道光芒，使我们看到了许多隐藏在法律之中的东西，当然这道光芒又是如此耀眼，以至于我们对于其余的东西变得盲目。而且，"对比于在各类著作中永无止境的理论纷争，奇怪的是当他们被要求这么干时，大多数人都能轻而易举且很自信地列举出关于法律是什么的例子"[2]。所以，法学之内的学者认为："与其脱离程序来奢谈价值，不如基于法之安定性来树立法之权威；与其天马行空地质疑制定法中的价值认定，不如恪守以宪法为核心的制定法体系所表征之形式的价值共识，作为一切具体共识和妥协的一种基础。"[3]这种共识基础之所以能够被信任，归根结底来自对现行体制的自信，即类似于假定现行体制下的法本身就是"善"的。因此，作为一种退而求其次的理论，法学之内

---

[1] 舒国滢：《从方法论看抽象法学理论的发展》，载《浙江社会科学》2004年第5期。
[2] H.L.A. Hart, *Concept of Law*, Oxford University Press, 1994, p.2.
[3] 林来梵、郑磊：《基于法教义学概念的质疑》，载《河北法学》2007年第10期。

的法学自觉选择了目的论"下降",试图在法律文本最低共识的基础上以法之安定性维护法之权威性。在尊重制定法的基础上,以法学方法论为工具,以解决法律实务问题为己任,最终维系并不断重构统一法律秩序。①

然而,法学之内的法学公开放弃的乃是学科界限外的广阔天地。其根本问题在于,"社会事实"中的问题并不以学科为界。社会科学家涂尔干曾旗帜鲜明地提出,要认识社会,进而要形成一门关于社会的科学,就得去发现社会事实。②表面上看涂尔干的"社会事实"与法学所认知的公法或政治法没有任何干系,而且绝大多数社会科学家都至少表面拒绝将二者扯上关系。但是,在现代民主体制下,"社会事实"就是一种政治事实。或许古代世界人民生活中的"鸡零狗碎"与城邦政治毫无瓜葛,但在现代民主体制下,人民事务无小事,"人民的衣食住行,就是最大的国家政治"。因此,退守法学之内并非明智之举。

二、从神圣政治迈向治理技术

从孔德的"社会物理学"开始,社会科学家就试图在人民之间的关系与物质之间的关系中找到结合之处。孔德自认为,对社会有机体论的统计分析与生物学中对个体有机体论的统计分析间建

---

① 周升乾:《法教义学研究》,中国政法大学2011年博士学位论文。
② [法]迪尔凯姆(涂尔干):《社会学方法的准则》,狄玉明译,商务印书馆1995年版,第7页。托克维尔也说:"社会状况一经建立,它立刻可以公正地被认为几乎是规定国家行为之法律、惯例和思想的一切来源。举凡非它产生的东西,它都加以变更。"参见[法]托克维尔:《民主在美国》,秦修明等译,吉林出版集团有限责任公司2013年版,第42页;另可参见董果良译本,商务印书馆1987年版,第52页。

立起了真正的对应关系。①最初的社会学就是将"生物有机体"与社会结构做一种细致的类比,实际上是从生物世界中寻找"人民联合"的秘密。他们大多认为,社会的有机特征,就如同生物学上对器官、组织的描述那样,各因素相互依赖、相辅相成。社会系统是一个类同于生物系统的有机系统,其中人的行动就如同生物系统中的细胞。这种"生物学隐喻"的社会思想后来成为结构功能主义的起点,支配着英美社会学界达数个世纪之久。②但是,以"生物学隐喻"表述人类社会的内在联系,多少有动物化的倾向,即以"比较低级的现象去阐明比较高级的现象"③。斯宾塞提出的表明人类社会真正性质的"超有机体"概念,试图使社会理论超越适者生存的生物学观点而迈入一种科学发现人民联合内在秩序的学术。

涂尔干在他的博士论文中指出,"一群乌合之众竟然组成了一个社会,一个杂乱无章的国家竟然要去寻求界限和限制,这在社会科学家看来简直是一种骇人听闻的事情"。④在关于劳动分工使社会成为可能的精彩论述中,他旗帜鲜明地说,"事实上,分工所产生的道德影响,要比它的经济作用显得更为重要,在两人或多人之间建立一种团结感,才是它真正的功能。无论如何,它总归在朋友之间确立了一种联合,并把自己的特性注入其中"。⑤分工的重要意义并

---

① Auguste Comte, *System of Positive or Treatise on Sociology*, London: Burt Franklin, 1875, pp.239-240.
② [英]帕特里克·贝尔特:《二十世纪的社会理论》,瞿铁鹏译,上海译文出版社2005年版,第34页。
③ [英]鲍桑葵:《关于国家的哲学理论》,汪淑钧译,商务印书馆1995年版,第60页。
④ [法]涂尔干:《社会分工论》,渠东译,生活·读书·新知三联书店2000年版,第40页。
⑤ [法]涂尔干:《社会分工论》,渠东译,生活·读书·新知三联书店2000年版,第20页。

非让人民获得更多利润,而是通过分工,使人民之间的相互依赖加深,而且从性质上来说,这种依赖从机械依赖变成了有机依赖,他们不是为了使自己高尚而和平共存,而是因为和平共存而使自己高尚。分工的重要价值,首先不在于它能够通过一种"看不见的手",将追逐私利的行为转变为公共的福利和社会的秩序,而在于分工带来了人与人之间的相互依赖和团结,从而构成了作为社会秩序基础的集体良知。[1]

分工不仅使社会成为可能,更使社会的存在获得了政治伦理,同时还使这种存在格局变得更加复杂、抽象和细致入微。法国思想家福柯清晰地说明了现代国家治理术的内在复杂性、隐秘性。他通过重述刑罚史的方式,发现走向现代的刑罚(国家治理术)并非"从野蛮走向文明",而是从粗放型权力技术走向密集型"权力技术学"的进程。在他看来,不是权力变得文明了,而是权力通过物理学的方式使自己变得符号化、内在化乃至灵魂化了。[2]也就是说,过去的神圣政治针对的是人的身体,现代的国家治理术针对的是人的灵魂;过去重视威慑,现代重视纪律。这样才产生了以规范文本为基础的"确定性政治"[3],也因此才有了上述法学之内的法学所始终坚持的制定法及其规则效力。

然而,现代社会中人民联合的内在秩序虽然趋向于"确定性政治"及其国家治理术,但显然人民联合的秘密不是制定法,也不是由制定法权威构建起来的。涂尔干给我们带来的最大启迪就是,

---

[1] 李猛:《论抽象社会》,载《社会学研究》1999年第1期。
[2] [法]福柯:《规训与惩罚》,刘北成等译,生活·读书·新知三联书店2007年版,第93页、第113页。
[3] Stephen Toulmin, *Cosmopolis: The Hidden agenda of Modernity*, Free Press, 1990, p.20.

如果分工只是一种劳动的方式，而不具备将人民联合在一起的纽带作用、团结功能，那么以分工为基础的现代社会是不可想象的。因为单纯的程序技术不能提供维系人民联合的内在秩序所需要的观念价值资源，同样也就无法为内在秩序基础上的政治体制提供合法性论证。

三、填补理想与现实之间的鸿沟

在现代社会，作为首要"社会事实"的政治事实，在民主体制下，统治者已经不能直接向人民说话（发号施令），他们必须深切理解人民如何说话（社会事实）。学术研究的任务也因此发生了根本性的改变，他们不仅要提出理想，还必须要理解现实——尽管理想与现实之间存在不小的鸿沟。[1]法学之所以无法满足变迁中复杂社会的要求，乃是因为它在法律这种人类自己创造的尺度内工作。[2]面向社会事实本身，是以现实所展示出来的问题为中心展开学术，而非以语言和逻辑构建的学术为中心比附社会。学术自身不会产生问题。至于有学者担心的"以实然推导应然"[3]，这就需要判断如何推导。若仅仅是对现实的完全肯认，失去任何理性分析和建构能力，显然无法推导应然；若是在对经验一手材料理性分析的基础上，提出有益于人民联合和社会秩序的建设性方案，则推导无妨。面向社会事实本身，就是价值中立地理解人民如何说话。这包含三个问题：为什么是人民说话（深度关注社会自身的内在运行机理）；人民以什么

---

[1] 李忠夏：《中国宪法学方法论反思》，载《法学研究》2011年第2期。
[2] 郑戈：《法学是一门社会科学吗》，载《北大法律评论》1998年第1卷第1辑。
[3] 陈景辉：《法律与社会科学研究的方法论批判》，载《政法论坛》2013年第1期。

方式说话(对人民利益做分类化处理);人民说了什么(分析反思人民利益的内涵)。需要注意,作为一种"社会事实"的"人民",不再是"意识形态"概念或政治概念,而是一个经验性概念。作为一个经验性概念,就可以通过"小人物"的惩戒故事来反观"大历史"。[1]

编辑出版"公法与治理"学术文库,是西南政法大学行政法学院学术行动计划的重要组成部分。我们历来坚持既回归经典,又关注现实。我们认为,人和人生活在一起,并由此构成有机共同体,并非利用某种个别利益或某种规范可以达成。任何共同体背后都有一套既成的社会事实及其背后的价值体系。"沉睡"的社会(社会整合的缺失)和"亢奋"的社会(社会整合的过度)同样危险。当前中国社会处于转轨时期,体现出来的基本特征就是表面"亢奋",实质"沉睡",[2]因此,深度解读中国社会已经成为许多学者的共识。法学如果不与社会事实及其价值体系达成某种制度性和解,最终伤害的不会是社会事实,而是法学,这也是一条政治事实。编辑出版"公法与治理"学术文库,旨在通过发现和整理社会事实中的系列公法问题和治理问题,凝练和升华一批优秀学术作品,期望能够达成所愿。

谭宗泽　周尚君

2017年12月1日

---

[1] 陈柏峰:《小人物,大历史》,载《法律和社会科学》2013年第11卷。
[2] 周尚君:《地方法治试验的动力机制与制度前景》,载《中国法学》2014年第2期。

目 录
CONTENTS

导 论 / 001

第一章 关于欧盟民主的综合考察 / 009

  1.1 导论 / 009

  1.2 跨国民主 / 010

    1.2.1 跨国民主面临的追问 / 011

    1.2.2 跨国民主的模式 / 015

  1.3 欧盟的民主赤字 / 016

    1.3.1 对欧盟民主赤字的批判 / 018

    1.3.2 对欧盟"民主赤字"问题的辩护 / 023

    1.3.3 对欧盟民主的评估 / 025

  1.4 机构平衡原则 / 027

    1.4.1 机构平衡原则的政治维度 / 028

    1.4.2 机构平衡原则的法律维度 / 028

第二章 欧盟行政决策权分配的"名实分离"：模式、成因与影响 / 032

  2.1 对行政权内容的考察 / 033

2.2 对欧盟委员会行政机构之角色的考察 / 035
　2.2.1 欧盟委员会作为行政机构的制度设计 / 035
　2.2.2 欧盟委员会行政角色的机构演变 / 038
2.3 对欧洲理事会行政机构角色之考察 / 041
　2.3.1 欧洲理事会行使行政权的制度设计 / 041
　2.3.2 欧洲理事会的权力演进 / 042
2.4 以政策动议权共享为基础的行政决策权分配与互动模式 / 045
2.5 行政决策权名实分离模式的问题 / 053
2.6 结论 / 057

第三章 多多益善？——略论欧盟立法机构之功能碎片化 / 059

3.1 导论 / 059
3.2 欧盟立法机构的制度演进和问题切入 / 060
3.3 欧盟立法权的再分及立法机构的权力行使 / 063
　3.3.1 欧洲议会作为立法机构的角色及其缺陷 / 064
　3.3.2 欧盟理事会作为立法机构的角色及其缺陷 / 070
　3.3.3 成员国议会参与立法的角色及其缺陷 / 075
3.4 欧盟立法机构的功能碎片化及其可能解决方案 / 081
3.5 结论 / 085

第四章 后危机时代欧洲一体化模式之博弈——以欧洲法院和德国宪法法院对反危机措施的司法审查为切入 / 088

4.1 序言 / 088
4.2 欧债危机前的一体化模式之争 / 090

4.3 危机产生的经济和法律背景：欧盟的经济货币政策权能 / 093
4.3.1 欧盟金融和经济危机 / 093
4.3.2 欧盟的经济治理权能 / 094
4.4 政府间主义机制对危机的回应 / 096
4.4.1 政府间主义机构在反危机行动中的角色 / 099
4.4.2 对欧盟内部平衡的影响 / 108
4.4.3 分析 / 110
4.5 欧洲央行参与欧元区债务危机应对及其所受到的独立性挑战 / 128
4.5.1 欧洲央行的独立性 / 128
4.5.2 对欧洲央行 OMT 项目的司法审查 / 136
4.5.3 对欧洲央行 PSPP 项目的司法审查 / 143
4.5.4 后危机时代的欧洲一体化模式博弈 / 150
4.5.5 小结 / 158
4.6 欧盟"通过法律实现的一体化"路径批判 / 160
4.6.1 "通过法律实现的一体化"路径：一个回顾性考察 / 162
4.6.2 "通过法律实现的一体化"路径的问题 / 172
4.6.3 欧盟危机时代展现的"通过法律实现的一体化"路径的内在缺陷 / 178
4.6.4 与"通过法律实现的一体化"路径内在缺陷相关的两个问题 / 183
4.6.5 小结 / 186

第五章 结　论 / 189
5.1 立法和行政机构中的问责制危机 / 190

5.2 欧元区债务危机对问责制危机的加重 / 192
5.3 重振"卢森堡妥协"的精神? / 194

参考文献 / 198

相关规则、案例和文件 / 238

后　记 / 241

导 论

欧洲一体化是一场前所未有的历史进程,该进程通过国家间和平合作的方式逐步将市场监管、边界控制乃至货币政策、移民政策等诸领域中的主权从民族国家让渡给超国家机构。除了经济货币政策领域之外,欧洲一体化在政治联盟方面也取得了相当的进展:欧洲议会是世界上首个由泛欧国家的选民直接选举产生的跨国民意代表机构。《里斯本条约》生效后,欧盟层面的立法权、司法权和行政权的行使机构实现了清晰化和明确化[①],欧盟层面跨国治理的机构结构大致成型,"欧盟政府"也呼之欲出。

1992年《马斯特里赫特条约》的生效标志着欧洲一体化从经济整合走向政治整合,共同外交和安全政策、内务和司法合作以及欧盟公民权的设立等政治事务开始走向一体化。伴随着政治一体化,欧盟机构和超国家治理的合法性问题开始被提出。欧元区债务危机和难民危机招致了成员国内多股政治力量对货币联盟和经济一体化的反抗。欧洲一体化的速度和当初引入共同货币政策的决定(基于政治考量而非

---

① 参见《欧盟条约》(整合版)第二章。如无特别说明,本书中所引用之欧盟系列条约中译本皆参照程卫东、李靖堃所译之《欧洲联盟基础条约:经〈里斯本条约〉修订》,社会科学文献出版社2010年版。

经济实际状况）再度引起广泛质疑。在欧元区债务危机期间，债务国与国际债权人之间围绕相关债务的谈判与相关协议，既受到债务国民众的批评，也受到了债权国民众的批评。债务国认为相关协议以"债权高于主权"的方式侵害了本国制定经济和金融政策的主权，债权国民众则控诉欧盟机构和欧洲央行未经本国议会同意即调用本国财政资金的"反民主"行为。债务国和债权国内的疑欧主义力量同时借由对欧盟机构纾困措施的批评而得以发展壮大。在2014年欧洲议会选举中，疑欧主义力量获得了空前的胜利。在此次选举中，疑欧主义政党在重要的欧盟成员国英国和法国得票率都是第一（英国独立党、法国国民阵线），在朝野严防新纳粹死灰复燃的德国也拿下了7%的选票（德国其他选择党）。到了2019年欧洲议会选举，经济衰退及其次生危机使得疑欧主义势力进一步壮大。法国国民联盟（国民阵线的继承者）、英国脱欧党（英国独立党的继承者）、意大利联盟党（极右翼）分别在本国拿下得票第一名，德国其他选择党得票也有明显上升。欧洲议会内部两个疑欧主义党团（"身份与民主"、欧洲保守派与改革主义者）合计获得135席，已经逼近传统的中左（欧洲社会党党团）、中右（欧洲人民党党团）的席次。事实上，即使在欧洲人民党党团内部，也有不少事实上持疑欧主义路线的成员党（如匈牙利欧尔班领导的青民盟）。[①]对于这一结果，疑欧主义者认为它反映了欧盟各国民众对欧盟机构和欧盟官僚主义的不满；学界则大多认为这是各国选民由于经济危机、失业率高涨等状况而对本国政府和欧盟机构所投下的不信任票，并非对欧洲一体化进程的彻底否定。虽然解释或有不同，

---

① 有关疑欧主义政党在2019年欧洲议会选举中的表现及其影响，参见：De Quant, S., "Euroscepticism and the European Elections", *Survival*, 2019, 61(2): 111-119.

但绝大多数观察者都同意，欧盟机构和欧洲一体化面临着严重的合法性挑战。在笔者看来，欧盟机构乃至欧洲一体化面临的合法性挑战的重要一环是欧盟机构问责制在制度设计和实际运行中的双重失败。

欧洲一体化这一空前的历史进程吸引了来自各个领域的学者的兴趣和注意。本研究的重点并不在于对欧洲一体化的本质或一体化进程的终极目标进行宏大叙事或解释。在笔者看来，这些命题更多是政治决策或机构演化的结果而非顶层设计或学术讨论的结果——尽管笔者并不否认包括学术讨论在内的公共讨论对于政治进程和社会演化的价值与作用。因此，本书的研究更多关注于对问题的揭示和分析而非提出解决或完善方案。本书的研究主题或试图回答的问题是：欧盟机构，尤其在欧元区债务危机期间，是否产生了问责制的危机？本书将从欧盟条约等文本所规定的机构结构和制度实践两个方面对欧盟权威的宪法分配进行分析，借此考察欧元区债务危机前后欧盟立法机构、行政机构之间的权力互动关系，然后尝试对上述主题问题进行回答。本书的研究可以进一步分为两个二级问题：一、欧盟机构之间事实上是如何进行权力分配的？二、欧盟机构的行政权力是否得到了适当的监督和控制？具体而言，第一个问题主要涉及欧盟权力在法律文本或制度实践之间的落差与张力；换言之，在欧盟层面，哪些机构真正地在行使行政权和立法权？该问题可以进一步理解为，在欧盟层面，哪些机构是真正的政策制定者、政治方向的决定者与立法过程中的主导者？第二个问题主要涉及欧盟的"民主赤字"（Democratic Deficit）问题。目前，对于民主的绝大多数解释都是基于民族国家情境下的理论研究与制度实践。当视野转换到欧盟的超国家层面时，问题来了：民族国家政体与超国家政体之间在民主理论和制度方面是否存在区别？如果存在，那么建立在民族国家情境下的民主理论与制度的哪些要素不应当适用于欧盟层面？

在《欧盟条约》中，民主被明确列为欧盟的核心价值以及欧洲共同宪法传统的核心要素之一。[①]然而，欧洲一体化仍然是一个持续进行中的进程，各方对于欧盟政府的终极模式仍未达成最终共识。因此，对于欧盟层面的民主制度建设方案也缺乏一致意见。有些学者认为，欧盟是一个全面的监管机制，因此，民主成分不必等同于民族国家层次之完备。有些学者则认为，超国家治理的结果将促成一个以任意性权力压制民众权利和自由的超国家利维坦的诞生。有鉴于此，强化对欧盟机构的民主监督和制衡势在必行。此外，部分左派学者倾向于将欧洲一体化解读为跨国资本主义发展的结果从而主张欧盟应当加强社会民主建设，对跨国公司或集团进行更多监管并且承担更多再分配的角色。对欧洲一体化持"多层治理理论"解释的学者则主张国内和欧盟层面的民主控制都应当进行加强。从古希腊的直接民主制度演变到当代的代议制民主制度，民主理论及制度实践先后出现了大众民主、多元主义民主、代议制民主、人民民主、审议式民主等多种形式。本书并不意图对民主的本质或者民主的发展史进行讨论，也不意图讨论谁应当拥有最高权力等问题。本书将更多地采用卡尔·波普有关民主讨论的相关视角，将关注从"谁应当拥有权力"转向"（无论谁拥有权力）公共权力是否得到了有效的监督和控制"这一更为具体的制度问题讨论，并在这一讨论的基础上[②]，从政治合法性的三个方

---

① 《欧盟条约》前言及第2条。
② Armin von Bogdandy 教授认为，欧盟的民主合法性建立在一种新型的"双重民主架构"的基础上：由欧洲议会所提供的直接民主合法性和由欧盟理事会、欧洲理事会所提供的间接民主合法性。See: Von Bogdandy, A., "The European Lesson for International Democracy: The Significance of Articles 9 to 12 EU Treaty for International Organizations", *European Journal of International Law*, 2012, 23(2), 315-334.

面（输入合法性、过程合法性和输出合法性）[①]对欧盟机构和欧盟治理的合法性进行分析。[②]

本书将首先关注欧盟行政权的行使，特别是政策的制定过程（动议、起草、修改和通过）以及欧盟机构在此间的谈判、博弈和平衡以及各自扮演的角色。之后，本书将讨论成员国和欧盟层面的代议制机构（成员国议会和欧洲议会）目前对于欧盟行政机构的监督控制状况：代议制机构的监督控制是否足以对欧盟行政机构进行有效问责或阻止行政机构超越职权。换言之，本书将首先关注欧盟一体化政策的真正制定者与执行者的定位，然后对这一主体所受到的权力监督与控制的状况进行讨论。由于"超国家民主"仍然是一个讨论中的概念，本书在对"欧盟代议制机构对欧盟行政决策与执行机构的民主控制与监督"进行讨论时将不会照搬民族国家或成员国层面的特定民主监督机制和标准，而是以包括政策审议、决策和执行问责、民意输入等所有形式的民主政府所共享的一般性原则进行分析。

其次，本书将关注欧盟立法程序中立法机构的权限、角色与实际影响力，包括欧洲议会、欧盟理事会和成员国议会。在欧盟立法程序中的欧洲议会和理事会之外对成员国议会在立法程序中的角色进行

---

① 另有代表性学者提出有关欧盟合法性三要素的其他观点，包括输入合法性、输出合法性和政治弥赛亚主义（political messianism）。然而，如同该学者所说，此类合法性三要素的第三点（政治弥赛亚主义）并不受到学界关注，除了该学者之外也鲜见其他学者对此进行讨论，因此此处将不会讨论这一观点。有关该观点可参见：Weiler, J. H. H., "In the Face of Crisis: Input Legitimacy, Output Legitimacy and the Political Messianism of European Integration", *Journal of European Integration*, 2012, 34(7): 825-841。

② Von Bogdandy, A., "The European Lesson for International Democracy: The Significance of Articles 9 to 12 EU Treaty for International Organizations", *European Journal of International Law*, 2012, 23(2), 315-334.

同等考察是基于如下考虑：成员国议会仍然是最广受认可的代议制机构[①]，无论从投票率、选民的重视程度还是对政治社会议题的影响力而言，成员国议会选举仍然是本国首要的政治事务。此外，成员国议会仍然是政党政治得到最成熟发育的机构，也是公众意见沟通与监督政府政策的主要机制所在。相对而言，欧洲议会无论从条约所赋予的权限、选举投票率还是公众的关注度来说仍然是次要的。本书将从民意代表机构相辅相成的三项职能（民意输入、政策审议和反馈）出发，对欧盟立法程序中三个立法机构的职能发挥现状进行考察，指出当前欧盟机构"民主赤字"问题在立法机构一端的来源在于立法机构的碎片化导致三大职能的割裂。

在具体分析方法上，本书将采用包括成本—收益分析、委托—代理关系及机构异化理论等在内的分析工具对欧盟机构所实施的行为、采取的措施以及扮演的角色进行分析和诠释，以判断这些机构的行为和措施是否背离了条约所设定的机构角色以及机构制度设计中的何种缺陷促成了这些背离。此外，本书将对欧盟机构在运作中是否发生了异化问题以及这些异化是否构成了欧盟的合法性危机的部分来源进行评述。欧洲一体化不仅关乎欧洲国家和欧洲人民，这一进程也具有全球维度。通过和解、妥协和合作以化解国家间尤其是邻国之间的长期敌对关系来实现和平与繁荣和互信、互相尊重与团结的区域整合计划，欧盟是这一条道路的先驱，其经验与教训都足以成为世界各地区域整合的镜鉴。此外，在"二战"后开始的政治权威碎片化与重组（政治权力从传统的民族国家政府转向地区当局和超国家当局）的背

---

① Kelemen, R. D., "The European Union's Legitimacy: Administrative Not Constitutional, or Administrative Then Constitutional", *Colum. J. Eur. L.*, 2011, 18: 157-164.

景下，欧盟的实践也将是国际关系与国际决策机制民主化的一个重要尝试，欧盟层面的民主化建设对于国际组织的民主化和全球的民主治理也具有不可比拟的示范意义。

从结构而言，本书可以分为两大部分。在第一部分，本书将首先对有关欧洲一体化和民主赤字的解释理论进行文献综述。随后，本书将转向对欧盟层面的行政权力行使的分析，特别是哪个机构是欧盟层面的政治决策和政策制定的决定者。接下来，本书将对欧盟层面的立法权在不同机构之间的分配情况进行考察，分析立法权分配现状及其产生的问题。在第二部分，本书将以欧洲央行的独立性以及以"直接货币交易项目"（OMT项目）和"公共部门购买项目"（PSPP项目）为代表，关注成员国和欧盟在欧债危机期间所采取的反危机措施。本书将通过对德国联邦宪法法院和欧盟法院的系列判决的研究对欧盟的机构平衡与制约关系进行考察。除了欧洲央行之外，由于欧盟财经部长理事会以及欧洲理事会亦在反危机措施的动议以及欧洲财政资本市场联盟的建构中发挥着核心作用，二者的相关决策也将纳入考察之中。具体而言，本书分为以下五个章节：

第一章将对关于欧盟政治架构的三个一般性议题——跨国民主、民主赤字和机构平衡原则进行再审视。本章节将回顾三个议题的现有相关理论和路径并对其进行评述。

第二章将关注欧盟的行政决策权力。本章对欧盟的行政权将采用一个限制性的视角，将行政权限定为决定有关欧盟治理的政治方向与主要政策的决定的权力。本章将从法律文本研究和机构实践两个角度着重关注在欧盟决策过程中握有最终决定权的机构。

第三章将关注欧盟立法机构。本章将对欧盟层面的立法权的分配状况进行评述。欧盟理事会、欧洲议会和《里斯本条约》生效后通过辅助性审查程序参与欧盟立法过程的成员国议会将成为本章的研究对象。本章将通过系统论观点回应如下问题：为何在一个兼具直接民主与间接民主合法性输入的机构组合之下，欧盟仍然面临着激烈的民主赤字批评？

第四章将对欧元区债务危机期间欧盟的决策过程进行具体的考察。本章将从欧洲央行的独立性问题出发，分析欧洲央行的纾困计划是否使欧盟的代议制机构边缘化并且对欧盟的机构平衡带来了挑战。除此之外，本章还将欧盟的政府间机构的决策过程纳入考量范围，分析欧盟的反危机措施所产生的新问题是否会打破欧盟本应全力维持的机构平衡。最后，本章还将对欧盟"通过法律实现的一体化"路径进行反思。

第五章为结论章，本章将对本书的观点进行总结，并在前四章分析的基础上对欧盟机构是否发生了制度异化的问题进行判断。

第一章　关于欧盟民主的综合考察

1.1　导论

本章旨在对有关欧盟民主的三个问题——跨国民主、民主赤字和机构平衡原则——进行综合审视。欧洲一体化是一个将主权权力从成员国层面让渡到超国家机构的过程，欧盟层面的民主制度建设也在这一进程中逐渐成为公众和政治人物的共同关注。欧盟民主概念的上位概念是跨国民主，该概念处理的是将民主制度从国家层面拓展到超越国界的跨国层面的问题。第二个问题是民主赤字问题。该问题从20世纪90年代以来引发了持续的讨论，讨论的内容包括：欧盟是否存在民主赤字的问题？如果存在，应当如何修复欧盟民主的赤字？对该问题的回答同时也关涉到对欧盟的性质定位问题，即，欧盟是一个监管型跨国组织还是一个成型中的联邦制国家？第三个问题，机构平衡原则系欧盟的基本原则之一，它与西方传统的宪法原则"权力制约平衡原则"在许多方面存在重合，但也具有许多欧盟法背景下的独特之处。该原则的具体解释和适用主要由欧洲法院通过判例法方式进行确定。这些问题的共同部分是，源生自城邦国家和民族国家的民主制度是否可以拓展到超国家政体，以及，如果可以，超国家语境下的民主制度与民族国家背景下的民主制度存在何种核心区别？对这一问题的回答将极大地形塑欧盟在回应外界对欧盟民主的批评之时所采取的路径和措施。

1.2 跨国民主

在其核心意义上，民主所指的乃是作为主权持有者的人民将政治共同体中的公共权力让渡给由其选出以进行治理活动的政府机构。自威斯特伐利亚体系建立以来，作为民族国家不可分离的"邦民"概念，构成了一个民主政体的基础。[1] 如前所述，民主合法性概念不仅包括以选举方式将统治权力授予特定群体或个人的输入合法性维度，还包括过程合法性和输出合法性维度。本书将对民主合法性的关注从输入端转移到过程端和输出端，即决策过程的民主性和对政治权力行使的民主控制（问责制）。对于公民而言，民主不仅意味着有权选举政治领袖以做出政策决策，更意味着公民可以通过政治和法律方式就政治机构做出的决策对其进行问责。然而，必须指出，政治共同体中的特定核心议题常常已经被接受为政治共同体的核心要素而实现了宪法化，这些问题从而被从政治决策过程中剥离出来，作为"宪法核心价值"存在而不再接受政治多数派的审查。这一现象被简述为"宪法化越多，民主越少"。[2] 因此，对关涉这些问题的政治决策的监督，通常以宪法诉讼的方式进行。在全球化的时代，经济社会问题的全球化促成了跨国解决机制的逐步建立，跨国组织或国际组织在此类跨国解决机制中扮演着愈发重要的角色。对跨国决策机制的民主控制的要

---

[1] Caporaso, J., "The Emergence of the EU Supranational Polity and Its Implications for Democracy", *Democracy and Federalism in the European Union and the United States—Exploring Post-National Governance*, 2005, 57-75.

[2] Grimm, D., "The Democratic Costs of Constitutionalisation: The European Case", *European Law Journal*, 2015, 21(4), 460-465.

求产生了跨国组织民主化的问题，跨国组织决策的民主合法性与问责制逐渐成为新的公法命题。[1]作为目前世界上一体化程度最高的跨国政治实体，欧洲联盟的制度实践，成为围绕这一命题展开相关讨论的最佳素材。

1.2.1 跨国民主面临的追问

罗伯特·达尔提出了有关评估跨国民主之可能性的三个命题。其中两个命题，"国际决策确实影响很大"和"许多国际决策的后果是值得高度期待的"已经得到了广泛接受。有关国际决策的民主本质的第三个命题仍待商榷。[2]综合而言，跨国民主概念所受到的挑战主要来自以下方面：其构成要素、跨国组织的本质、适当的制度结构以及其现实必要性。欧盟层面的民主所受到的挑战也大致与之相似。

第一，疑欧主义者提出，至少到目前为止，民主不太可能超越民族国家的层次。这一观点的核心质疑之一是，是否存在一个跨国的"邦民"？根据目前的民主理论和实践，"邦民"及其公共领域的存在是民主政体的核心前提之一。"邦民"的缺位构成了跨国民主之基础的重大缺陷。德国联邦宪法法院在"《马斯特里赫特条约》案"的判决中也提出了这一主张。[3]在一个政治共同体中，"邦民"意味着共

---

[1] Karlsson, J., *Democrats without Borders: A Critique of Transnational Democracy*, Ph.D. Dissertation, Department of Political Science; Statsvetenskapliga Institutionen, 2008, 9-10.

[2] Dahl, R. A., "Is International Democracy Possible? A Critical View", in Sergio Fabbrini (Hg.): *Democracy and Federalism in the European Union and the United States. Exploring Post-National Governance*, London/New York: Routledge, 2005, 194-204.

[3] Caporaso, J., "The Emergence of the EU Supranational Polity and Its Implications for Democracy", *Democracy and Federalism in the European Union and the United States—Exploring Post-National Governance*, 2005, 59.

同的文化、信仰和命运的集合体。其重要性在于，当民主政体处于危机乃至危险之中时，"邦民"的共同文化、信仰和命运将是动员和团结人民捍卫民主政体的最后手段。

第二，跨国民主的必要性也与跨国组织的定位有关。有学者认为，跨国治理机构是作为民族国家处理跨国事务（尤其是经济监管和市场融合）的代理人而建立的，因此，它们的合法性来源应当是民主选举的民族国家的政府，跨国层面的民主要素很难提供任何助益。[1]此外，如果跨国组织主要是作为监管当局而发挥功能，那么对此类组织而言，更重要的制度是确保其独立性和专业性而非增加政治因素（民主多数决）。[2]民主路径并非永远适用于本质上属于技术性的事务。[3]然而，对于那些对全球化更多持批判态度的学者而言，他们更关注增强跨国组织的再分配功能以及在内部市场中的监管角色，以便推进共同劳动和社会政策。[4]与监管型国家的模式不同，承担再分配和社会福利共同提升之职责的跨国组织应当通过民主的、联邦制的欧盟来建构其自由的民主合法性，从而实现向超国家民主新阶段的跨越。[5]

---

[1] Moravcsik, A., "The Myth of Europe's Democratic Deficit", *Intereconomics: Journal of European Public Policy* (November-December 2008), 331-340.

[2] Majone, G., "The Regulatory State and Its Legitimacy Problems", *West European Politics*, 1999, 22(1), 1-24; Andrew Moravcsik, "In Defense of the Democratic Deficit: Reassessing Legitimacy in the European Union", *Journal of Common Market Studies*, 2002, 40(4), 603-624.

[3] Sbragia, A. M., "Post-national Democracy as Post-national Democratization", *Democracy and Federalism in the European Union and the United States: Exploring Post-National Governance*, 2005, 178-179.

[4] McCormick, J. P., *Weber, Habermas and Transformations of the European State: Constitutional, Social, and Supranational Democracy*, Cambridge University Press, 2007, 176-230.

[5] Majone, G., "Europe's 'Democratic Deficit': The Question of Standards", *European Law Journal*, 1998, 4(1), 28.

第三，假定跨国民主得到认可和促进，那么随之而来的问题就是，在跨国层面应当建构何种模式的民主制度？罗伯特·达尔从三个方面对这一问题进行了回答。达尔似乎对超国家民主的建构问题持审慎悲观的态度；在他看来，即使是一体化程度最强的欧盟都依然面临许多问题和障碍。其一，要先判断是采用议会制还是总统制政体，或者第三种政体。其二，如何在"联邦"政府及其构成单位之间进行权力的分配。[1]其三，达尔还提出了他的担忧：一个政体的规模越大，直接参与政治过程的机会和渠道就越少。而且，社会群体（不同的民族群体、信仰群体和种族群体）的多元性也可能导致政治决策之结果常常有利于某一族群而损害另一族群利益的结果，这将严重损害推进一体化的全国乃至全欧共识，甚至可能滑向内部冲突的结局。[2]此外，传统的代议制民主之外的任何其他形式的民主之提议往往会引发更多争议。在不对现行制度运作（代议制机构扮演主导角色）提出严重挑战的情况下，审议式民主为决策过程的公众参与打开了大门；也因此，审议式民主被认为是跨国民主最可行的方式。[3]尽管审议式民主目前主要是作为选举民主的补充而非替代方式而存在，将其作为机构做出政治决策和制定重大政策的新型民主合法性的首要来源仍不现实，但是审议式民主模式至少指出了跨

---

[1] Dahl, R. A., "Is International Democracy Possible? A Critical View", Sergio Fabbrini (Hg.): *Democracy and Federalism in the European Union and the United States: Exploring Post-national Governance*, London/New York: Routledge, 2005, 198-199.

[2] Dahl, R. A, "Is International Democracy Possible? A Critical View", Sergio Fabbrini (Hg.): *Democracy and Federalism in the European Union and the United States: Exploring Post-national Governance*, London/New York: Routledge, 2005, 199-200.

[3] Karlsson, J., *Democrats without Borders: A Critique of Transnational Democracy*, Ph.D. Dissertation, Department of Political Science; Statsvetenskapliga Institutionen, 2008, 14-19.

国政治决策的一种可能性。

第四，有观点认为，在跨国层面推进民主建设仍有其实际必要性。首先，这一观点受到著名的"民主和平论"的支持。这一理论认为，民主国家之间的冲突和战争较之其他情形中更少。因此，跨国层面的民主建设将有助于国家之间的争议以民主程序进行解决，从而促进国家之间和地区的和平和稳定。[1]其次，跨国层面的民主建设也有利于促进国际正义。[2]此外，全球化进程在经济维度和政治维度上的不均衡也促使跨国层面的民主化问题被推到学术关注的议程上。[3]在全球化和经济一体化的时代背景下，一个国家的经济发展与其他国家的联系越来越密切，一个国家经济政策的效果受到他国经济政策的影响也越来越大，国家经济政策对本国经济发展的规制力和控制力也越来越弱。因此，民众根据经济表现对本国政府的经济政策进行问责的合理性也越来越弱，选民对政府的问责制的作用也就相应弱化。[4]因此，既然对市场规制和经济政策的权力已经越来越多从国家层面让渡到跨国或超国家层面，对本国政府的政策进行问责的意义越来越弱，那么，对真正制定政策规制经济、金融和市场的跨国组织或超国家组织进行问责就愈发重要，跨国民主制的必要

---

[1] Bohman, J., "Beyond the Democratic Peace: An Instrumental Justification of Transnational Democracy", *Journal of Social Philosophy*, 2006, 37(1), 127-138.

[2] Bohman, J., "Beyond the Democratic Peace: an Instrumental Justification of Transnational Democracy", *Journal of Social Philosophy*, 2006, 37(1), 127-138.

[3] Anderson, J., "Questions of Democracy, Territoriality and Globalization", in *Transnational Democracy: Political Spaces and Border Crossings*, Routledge, 2002, 6-7.

[4] Anderson, J, "Questions of Democracy, Territoriality and Globalization", in *Transnational Democracy: Political Spaces and Border Crossings*, Routledge, 2002, 6-38.

性亦愈发显现。①

1.2.2 跨国民主的模式

目前关于跨国组织的民主化实现方式的讨论大致可以分为三种。其中两种属于代议制模式，第三种则旨在实现决策程序的直接民主参与。其中，最有影响力的一种观点是，在同质性的文化传统基础上的多个国家建构一种单一的身份。这种观点得到了哈贝马斯的支持。哈贝马斯的"宪法爱国主义"观点认为，一部共同的宪法可以在多国的一体化进程中发挥建设性作用，成员之间不必拥有共同的语言和历史。②在哈贝马斯看来，欧洲宪法是一个催化剂、一种修复和重建机制。欧盟曾经的宪法倡议和制宪过程本可以成为已经落后于一体化进程的欧盟公民以民主方式跟上一体化进程的机会并促成欧盟的跨国公民结社、欧洲公共领域和共同的政治文化。③这一观点受到了相当的挑战。批评者如博曼（Bohman）认为，哈贝马斯的主张仅仅是将传统的民主制度从国家层面转换到跨国层面，然而，双层"邦民"或公民权意味着二者之间的竞争和对决事实上必然是不可避免的（无论理论上如何论证二者之间的和谐性），因此，在跨国层面对民主制度进行重构是极为重要的，仅仅在层面上延伸的民主制不会成功。有鉴于此，前述问题的解决方案应当是一种"无主导者的民主制"而非

---

① Kochler, H., "European Constitution and the Imperatives of Transnational Democracy", *The. SYBIL*, 2005, 9, 87.

② Turner, C., "Jürgen Habermas: European or German?", *European Journal of Political Theory*, 2004, 3(3), 293-314.

③ Walker, N., "Habermas's European Constitution: Catalyst, Reconstruction, Refounding", *European Law Journal*, 2019, 25(5), 508-514.

"人民主权"。[1]他还提到,《里斯本条约》新引进的"欧洲公民倡议"(ECI)有利于促进公众对欧盟政策制定过程的参与,增强欧盟的民主合法性。[2]在他看来,"欧洲公民倡议"可以为这一观点提供支持,因为它既避免了超国家主义和政府间主义的争执,也无须以"欧洲邦民"的存在为前提。[3]

1.3 欧盟的民主赤字

欧洲一体化的想法源自古罗马帝国,后经查理曼大帝和拿破仑试图以武力方式实现之。到20世纪,让·莫内等一体化先驱则转向以建立超国家机构的方式来和平地促进共同利益。[4]尽管民主这个概念是在欧洲产生和发展,并且已经被视为欧洲共同的核心宪法传统之一,然而,对于欧洲一体化的推动者来说,民主似乎并非其关心的主要事项之一。代议制机构在欧洲一体化初期的地位很能说明这一点。欧洲议会的前身是共同大会(Common Assembly)。在一体化初期的共同体机构分权中,共同大会的权力非常有限,主要发挥咨询机构的作用,很难对共同体委员会的决定进行反制。[5]然而,随着一体化在深度和广度上的深化,越来越多的主权权力从国家层面让渡到了欧盟

---

[1] Conrad, M., "The European Citizens' Initiative: Transnational Democracy in the EU at last?", *Stjórnmál og stjórnsýsla*, 2011, 7(1): 5-22.
[2] 参见《欧盟条约》第11条第4款和《欧盟运行条约》第24条第1款。
[3] Conrad, M., "The European Citizens' Initiative: Transnational Democracy in the EU at last?", *Stjórnmál og stjórnsýsla*, 2011, 7(1): 5-22.
[4] Campbell, H. M. (Ed.), *A History of Western Civilization: Advances in Democracy: From the French Revolution to the Present-Day European Union*, Britannica Educational Publishing, 2011, 208-217.
[5] Mancini, F., *Democracy and Constitutionalism in the European Union: Collected Essays*, Hart Publishing, 2000, 31.

机构，成员国国内的问责制开始受到损害，民主监督和控制的弱化越来越成为一个现实问题。为了恢复对政府权力行使的问责制，减轻人们对越来越不受控制的行政权力的担忧，学术界和政界在国家层面和欧盟层面都提出了相关的政策建议。在国家层面，成员国议会通过在议会内建立专门的欧洲事务委员会对本国政府的欧盟政策及其在欧盟决策过程中的行动进行更为建设性的监督。[1]在欧盟层面，欧洲议会在条约的历次修改中持续获得新的权力，其权力范围逐渐向成员国议会靠近。欧洲议会不但在权力方面逐渐扩大，而且其选举方式也从1979年开始由间接选举改为泛欧盟范围内的直接选举，其民主基础也得到了强化。

尽管如此，欧盟仍然长期受到合法性赤字的困扰。合法性赤字主要涉及三个方面：多层机制的无效，欧盟公民之间具有象征性联合的欧洲身份或者"欧洲性"的缺位以及民主赤字。[2]其中受到讨论最多的是民主赤字的问题。在马克斯·韦伯看来，合法性来源可以大致分为三类：传统统治、法律统治和魅力型统治。[3]在现代社会中，统治合法性的最主要来源就是民主制，包括通过民主方式选择政治领导人和政治决策的民主化。换言之，政治合法性来自多数主义：代议制机构的政治多数派在尊重少数派的基础上制定政策，从而获得合法性基础，

---

[1] Martin, L. L., *Democratic Commitments: Legislatures and International Cooperation*, Princeton, NJ: Princeton University Press, 2000, 160.

[2] Giorgi, L. and Crowley, J., "The Political Sociology of the European Public Sphere", in Giorgi Liana, Von Homeyer Ingmar and Parsons Wayne (Eds.), *Democracy in the European Union: Towards the Emergence of a Public Sphere* (London/New York: Routledge), 2006, 1-23.

[3] Wolfgang J. Mommsen, *The Political and Social Theory of Max Weber: Collected Essays*, University of Chicago Press, 1992, 46.

并通过说服或强制的方式促使公民遵循其政策。欧盟代议制机构在决策中的弱势地位形成了欧盟统治合法性的主要问题来源。

1.3.1 对欧盟民主赤字的批判

在过去数十年来，各种对于欧盟民主赤字的批评持续涌入布鲁塞尔。批评者指出，欧盟民主赤字的主要问题是缺乏有效的民主输入以及对决策程序和制度运作缺乏影响力。[1]由于对重大议题的决策缺乏输入并缺乏直接参与的途径，欧盟的决策过程常常被公众描述为"布鲁塞尔的暗箱操作"。此外，由于成员国将主权让渡给欧盟机构，选民也会担忧本国议会的监督将被削弱，本国主权将比条约中的文本规定失去得更多。

第一方面，欧盟机构受到了包括技术官僚的垄断、缺乏公共参与以及滥用行政自由裁量权的批评。[2]然而，这正是欧洲一体化之父们所试图达到的结果：欧盟委员会技术官僚主导并辅之以有限民主输入的一体化路径。[3]换言之，确保欧洲一体化合法性的方式既不是通过民主制度也不是通过正当程序，而是通过决策的绩效（输出）。在这一功能主义的路径下，莫内努力将欧洲共同体建立在促进共同利益这一（首要利益是经济合作和维护和平）共识的基础上。[4]这一努力是

---

[1] Pogge, T. W., "Creating Supra-National Institutions Democratically: Reflections on the European Union's 'Democratic Deficit'", *Journal of Political Philosophy*, 1997, 5(2), 163-182.

[2] Majone, G., "Europe's Democratic Deficit: The Question of Standards", *European law Journal*, 1998, 4(1), 14-15.

[3] Featherstone, K., "Jean Monnet and the 'Democratic Deficit' in the European Union", *Journal of Common Market Studies*, 1994, 32(2), 149-170.

[4] Boyce, B., "The Democratic Deficit of the European Community", *Parliamentary Affairs*, 1993, 46(4), 467.

建立在有关合法性的理论基础之上：合法性可以分为输入合法性、过程合法性和输出合法性。其中，输出合法性部分，该理论认为政府决策的效率、有效性和回应性也应当作为评估政府合法性的一部分。[1]然而，伴随着欧洲一体化的深化以及更多权力向欧盟机构的让渡，欧盟的政策对普通人的生活产生了愈发重要的影响，越来越多的欧盟公民倾向于将民主监督制与权力让渡一道延伸至欧盟层面。另外，正是民主代表制和问责制未能跟上欧洲一体化的速度，导致欧盟产生了合法性危机。[2]这一滞后状态促使欧盟机构进行更多机构透明度改革，并且逐渐强化代议制机构在欧盟决策过程中的角色。

第二个方面涉及欧盟的机构框架。首先，欧盟公民对于机构设计和权力分配几乎无法施加影响力，这一过程通常被政客和高级公务员所垄断。[3]欧盟代议制机构的地位相对较弱，公民表达自己对欧盟议题的渠道相当受限。理论上而言，选民既可以通过本国选举来间接表达其对于欧盟议题的观点（欧洲理事会和欧盟理事会由各国民选的政府首脑和部长所组成），也可以通过直接选举的欧洲议会来表达其主张。[4]然而，这两条渠道在实践中都是有问题的。对于国内选举而言，成员国选民在投票时首要关注的是国内议题而非欧盟议题。即使选民想对他们的政府在欧盟机构中的表现打分，由于

---

[1] Bekkers, V. J. (Ed.), *Governance and the Democratic Deficit: Assessing the Democratic Legitimacy of Governance Practices*, Ashgate Publishing, Ltd., 2007, 45-46.

[2] Andersen, S. S. & Eliassen, K. A. (Eds.), *The European Union: How Democratic Is It?* London: Sage. 1996.

[3] Pogge, T. W., "Creating Supra-National Institutions Democratically: Reflections on the European Union's 'Democratic Deficit'", *Journal of Political Philosophy*, 1997, 5(2), 163.

[4] Norris, P., "Representation and the Democratic Deficit", *European Journal of Political Research*, 1997, 32(2), 273-282.

缺乏透明度和知情权，选民也很难知道欧盟层面的决策在闭门会议中是如何做出的。[1]在直接选举的欧洲议会方面也存在很多障碍。根据《里斯本条约》，立法提案权专属于欧盟委员会，欧洲议会没有立法提案权，这使得它在立法程序中的角色相对较弱。[2]此外，缺乏立法提案权意味着欧洲议会在其自身权限范围内缺乏正式渠道将欧盟公民的意愿转换为正式的立法议程。欧洲议会任命欧盟委员会主席及欧盟委员会委员的权力也是不完整的：欧洲议会的多数党领袖未必会被提名为欧盟委员会主席候选人（如2019年欧洲议会选举中第一大党欧洲人民党领袖韦伯），议会也无权撤换或弹劾某一位欧盟委员会委员。因此，正如欧洲议会所抱怨的那样：所谓民主赤字，其实就是议会赤字。[3]此外，有关独立监管机构（如欧洲央行）的问责制问题也引发了许多讨论。这一议题涉及监管机构的独立性和此类机构受民选代议制机构的监督及问责的平衡问题。[4]对独立监管机构的民主监督机制，无论是对独立监管机构的建立还是对其做出的决定的民主监督，都应当区别于代议制机构对一般性的政治机构的监督。[5]这一议题将在本书第四章进行讨论。

---

[1] Norris, P., "Representation and the Democratic Deficit", *European Journal of Political Research*, 1997, 32(2), 275.

[2]《里斯本条约》第17条第2款。

[3] Neunreither, K., "The Democratic Deficit of the European Union: Towards Closer Cooperation between the European Parliament and the National Parliaments", *Government and Opposition*, 1994, 29(03), 299.

[4] Abels, G., "Citizens' Deliberations and the EU Democratic Deficit: Is There a Model for Participatory Democracy?", *Tübinger Arbeitspapiere zur Integrationsforschung* (TAIF) No. 1, 2009.

[5] Majone, G., "Europe's 'Democratic Deficit': The Question of Standards", *European Law Journal*, 1998, 4(1), 5-28.

第三个方面涉及将公权力从成员国层面让渡到欧盟层面时的监督之缺乏。固然，这一权力之让渡亦存在许多支持理论。例如，将权力让渡给专门机构有助于"减少立法的决策成本"或者将转嫁政策风险。此外，也有人指出，这一做法是"实现可信的政策承诺的方法之一"，因为，在经济和市场跨国化的背景下，一个国家内部的监管市场和经济措施的效果是有问题的，成员国将其权力集中让渡给欧盟层面的监管机构则可以提高政策实施的效果。[1]然而，这些论理从未消除对问责制问题的质疑和关切。沙普夫（Scharpf）教授就批评，权力从成员国层面让渡到欧盟层面将不可避免地损害国家层面的问责制和民主控制；这是因为，由于权力让渡到欧盟层面，成员国层面的决定的效果越来越弱，议会控制和问责的意义也越来越弱；而在收获越来越多权力的欧盟层面的决策中，欧洲议会则并未发挥类似于成员国议会的作用。[2]沙普夫教授更是将欧盟层面民主控制的缺乏与欧盟面临的危机进行了联系：由于民主合法性预设了有效治理和问题解决的能力。因此欧盟层面民主的不足，欧盟机构措施的有效性就受到了限制乃至损害。因此，欧盟遭遇民主合法性挑战和难民、英国脱欧以及中东欧国家的"反叛"危机的双重困难交织并不令人意外。[3]

另外，在欧盟立法的初期阶段对立法提案缺乏相关信息也使得

---

[1] Majone, G., "Europe's 'Democratic Deficit': The Question of Standards", *European Law Journal*, 1998, 4(1), 16-18.

[2] Scharpf, F. W., "Economic Integration, Democracy and the Welfare State", *Journal of European Public Policy*, 1997, 4(1), 19-20, 28.

[3] Scharpf F. W., "De-constitutionalisation and Majority Rule: A Democratic Vision for Europe", *European Law Journal*, 2017, 23(5): 315-334.

成员国议会处于相对不利的地位。[1]另一个相关的问题是，成员国是否有可能通过对欧盟系列条约进行修改乃至退出欧盟的方式来收回让渡给欧盟机构的权力？德国联邦宪法法院在《马斯特里赫特条约》与德国《基本法》的合宪性审查中也提出了这一问题。在该案判决中，德国联邦宪法法院指出，《马斯特里赫特条约》符合德国《基本法》的前提是德国应当永远拥有退出欧盟或拒绝进一步一体化的权力。[2]法院认为，根据《马斯特里赫特条约》，德国联邦议会仍然保有退出欧盟的权力。然而，成文法律规范中的规定（《欧盟条约》第50条规定的退出欧盟机制）并不足以回答德国联邦议会在事实上是否仍有可能行使退出欧盟的权力这一问题。[3]在某种意义上，英国脱欧虽然常常被解读为欧洲一体化的一个悲剧，但是也可以从另一个角度证明成员国事实上仍然有退出一体化进程的权力。英国脱欧的谈判过程和批准程序，也可以作为欧盟向成员国保证后者仍然是一体化进程的主人的明证[4]，从而减少后者对于欧盟作为一个"超国家利维坦"的担忧和恐惧。

---

[1] Neunreither, K., "The Democratic Deficit of the European Union: Towards Closer Cooperation between the European Parliament and the National Parliaments", *Government and Opposition*, 1994, 29(03), 310.

[2] Pogge, T. W., "Creating Supra-National Institutions Democratically: Reflections on the European Union's 'Democratic Deficit'", *Journal of Political Philosophy*, 1997, 5(2), 166.

[3] Pogge, T. W., "Creating Supra-National Institutions Democratically: Reflections on the European Union's 'Democratic Deficit'", *Journal of Political Philosophy*, 1997, 5(2), 166.

[4] 然而，已经有学者指出，英国脱欧公投及后续谈判中，欧盟对规制成员国退盟程序的《里斯本条约》第50条进行了限缩解释并创设了许多对成员国不利的要求，这违背了成员国主权作为欧盟核心价值的理念，也与英国脱欧前学界将第50条视为保卫成员国主权的普遍见解不一致。See: Dixon, D., "Article 50 and member state sovereignty", *German Law Journal* 19(4), (2018): 901-940.

1.3.2 对欧盟"民主赤字"问题的辩护

对欧盟"民主赤字"问题的辩护类似于对"跨国民主"问题的辩护。这一辩护主要从以下两个方面展开：（1）强调欧盟机构的监管功能；（2）欧盟机构的现有民主架构已经基本上提供了使欧盟得以"合法化"的框架。

马约内（Majone）是监管国家理论的主要支持者。他将欧盟的合法性置于监管功能的有效性之上。他认为，正是国家层面所推行的监管措施的日益无效促成了权力向欧盟层面的让渡。[1]因此，对欧盟机构权力行使的评估应当像反垄断机构或者各国中央银行一样基于其绩效，而非它们有多民主。[2]因此，他指出，欧盟面临的真正问题不是民主赤字，而是由于"共同体的高度复杂与多样的监管任务与可用的管理工具之间的不匹配，以及日渐政治化和议会制化的欧盟委员会所导致的承诺的可信度问题"所产生的信任危机。[3]据此，他总结道，解决一体化危机的方案不是去实现欧盟机构的政治化，而是增强那些目前深受利益集团影响或控制的欧盟机构的独立性和专业性以实现更大的可信度。[4]莫拉夫斯克（Moravcsik）则认为，民主赤字远远不是欧盟所面临的主要挑战。他从问责制、代议制机构和决策程序三个方

---

[1] Majone, G., "The Rise of the Regulatory State in Europe", *West European Politics*, 1994, 17(3), 78-102.

[2] Majone, G., "The European Community: An 'Independent Fourth Branch of Government'?", *EUI Working Paper SPS* No. 94/17, 1993.

[3] Majone, G., "The Credibility Crisis of Community Regulation", *Journal of Common Market Studies*, 2000, 38(2), 273.

[4] Majone, G., "The Credibility Crisis of Community Regulation", *Journal of Common Market Studies*, 2000, 38(2), 298-299.

面论证了这一观点。首先，他强调，成员国政府要对成员国议会负责；其次，欧洲议会的权力正在持续增强；最后，欧盟的决策程序事实上已经比国家层面的决策程序还要透明，并且只有在达成高度共识之后才会做出决定。[1]此外，他也表达了对哈贝马斯和希克斯（Hix）（二人对欧盟的民主赤字问题持批判立场[2]）提议的担忧。他认为，这一提议"通过引入更多的平民主义式民主来解决平民主义民主的问题"，"很可能既无法产生更大的公共问责制，又损害公众合法性、民众性和信任"。[3]

除了这些基于功能主义的辩护之外，也有辩护者主张，欧盟现行民主架构代表了一种跨国/国际组织寻求其合法性的新的民主模式。这一主张主要认为，欧盟合法性建立在双重民主的基础上，即，由直接选举的欧洲议会和间接选举的欧洲理事会与欧盟理事会所提供的合法性。此外，"欧洲公民倡议"计划的实施也标志着欧盟公民在直接参与欧盟决策方面的进步。[4]因此，欧盟的民主架构已经大致完成，

---

[1] Moravcsik, A., "In Defence of the 'Democratic Deficit': Reassessing the Legitimacy of the European Union", *Journal of Common Market Studies*, 2002, 40(4), 603-34; "The EU Ain't Broke", *Prospect*, 2003, March, 38-45; "Is There a 'Democratic Deficit' in World Politics? A Framework for Analysis", *Government and Opposition*, 2004, 39(2), 336-63.

[2] 例如，哈贝马斯认为，欧盟的超国家邦联应当基于欧盟和成员国的"双重主权"模式，为实现这一模式，应当授予欧洲议会立法动议权并将普通立法程序适用于所有政策领域之中。See: Habermas, J., "Democracy in Europe: Why the Development of the EU into a Transnational Democracy Is Necessary and How It Is Possible", *European Law Journal*, 2015, 21(4): 546-557.

[3] Moravcsik, A., "The Myth of Europe's Democratic Deficit", *Intereconomics: Journal of European Public Policy* (November-December 2008), 340.

[4] Von Bogdandy, A., "The European Lesson for International Democracy: The Significance of Articles 9 to 12 EU Treaty for International Organizations", *European Journal of International Law*, 2012, 23(2), 315-334.

接下来的重点就只是如何去实施和改善这些民主机制。

1.3.3 对欧盟民主的评估

作为一个史无前例的工程,欧洲一体化和欧盟受到了来自公众的许多批评,包括"欧盟制度的复杂性"、"缺乏问责制"、"缺乏民主"、"缺乏合法性"以及"欧洲'邦民'缺位"。[1]然而,这些批评中有些事实上是自相矛盾的。如果欧盟民主是一个跨国/国际维度上的民主,那么用民族国家情境下的民主标准来对跨国版民主进行评估,是否合适?如果我们试图对带有跨国特点的欧盟民主进行评估,那么,对民主的功能进行回顾或许有助于我们超越现有民主术语和形式的边界从而可以为对欧盟民主过程的运行和欧盟决策的民主输入条件进行评估开辟道路。

因此,本书将不会致力于涉入有关民主理论的多元的政治学理论,而是关注欧盟民主制度的具体机构设置。正如波普所指出的,"谁应当拥有主权"这一问题事实上隐含着"主权不受控制"这一要素,因此,他主张,我们应当代之以一个更为具体的问题:"我们应当如何组织政治机构从而阻止坏的或无能的统治者带来伤害?"[2]他区分了可以和平移交权力和那些不能和平移交权力的政体,他把前者称为民主制,把后者称为独裁制。[3]

---

[1] S.C. Sieberson, "The Treaty of Lisbon and Its Impact on the European Union's Democratic Deficit", *Columbia Journal of European Law*, 2008, 14(3), 446-455.

[2] Popper, K. R., *The Open Society and Its Enemies Volume 1 Plato*, Routledge Paperbacks, 1966, Chapter 7.

[3] Popper, K. R., *The Open Society and Its Enemies Volume 1 Plato*, Routledge Paperbacks, 1966, Chapter 19, Marx's Prophecy: the Revolution, Section V.

本书既不旨在寻找民主的终极定义，也无意判断何种宪法制度最适合于欧盟。相反，本书将通过对欧盟机构权力的实际行使来对欧盟民主进行评估。本书认为，一个政体的民主程度可经由机构间的权力互动得以反映和评估。第一，民主旨在解决谁被授权在一定期限内行使政治权力的问题。这包括和平的政府选举以及公民实现政治问责的终极方式——通过选举撤换掌权者是让政府对其政治权力的行使和治理绩效负责的首要方式。第二，除了选举之外，民主也意味着行政部门所做出和执行的政策应当受到代议制机构的监督。换言之，即使执政党通过选举获得了组织政府和实施政策的权威和合法性，它在行使权力和实施政策时仍然应当受到代议制机构的严格监督，即使是在政治重心位于行政机构而非立法机构的时代里。[1]

就欧盟的情况而言，我们或许也可以用这一路径对欧盟机构框架内的民主制进行评估，包括机构安排和代议制机构（欧洲议会、理事会和最近纳入的成员国议会）对欧盟层面做出的决定和政策的监督情况。考虑到该问题的第一个方面已经进行了广泛的讨论，本书将主要关注该问题的第二个方面。[2] 本书第四章中将以欧债危机期间欧盟领导人所采取的反危机措施为切入点对欧盟决策过程中代议制机构的监督情况进行考察。此外，应当指出，"宪法化越多、民主越少"的规

---

[1] Crum, B., "Tailoring Representative Democracy to the European Union: Does the European Constitution Reduce the Democratic Deficit?", *European Law Journal*, 2005, 11(4), 453.

[2] 有些学者已经指出，欧盟的民主赤字主要来自如下事实：选民很难换掉那些政治领袖。参见：Featherstone, K., "Jean Monnet and the 'Democratic Deficit' in the European Union", *Journal of Common Market Studies*, 1994, 32(2), 151. 此外，欧洲议会太弱以至于无法监督行政权力，成员国也很难控制其部长们在理事会中的行动。See: Katz, R. S., "Models of Democracy Elite Attitudes and the Democratic Deficit in the European Union", *European Union Politics*, 2001, 2(1), 55.

则也适用于欧盟的情况。这是因为,一旦欧盟系列条约(类似于欧盟宪法的角色)将过多的议题写为宪法规则的一部分,例如货币联盟和内部市场,则意味着这些事务将不再属于多数决机构(即代议制机构)可讨论和决定的范围,在这些事务中,将由宪法审查机构而非采多数决的代议制机构来做出决定。[1]然而,这一现状并不会排除本书在第四章中对货币联盟规则的宪法化等相关问题的讨论。

1.4 机构平衡原则

机构平衡原则的概念首先由欧洲法院通过判例法首次提出,并在随后写入了欧盟的立盟条约之中。根据欧洲法院的判例法,"欧盟系列条约建立了一个在不同的共同体机构之间分配权力、赋予每个机构在共同体机构框架中自身的角色以及完成委托给共同体之任务的制度。对机构平衡之遵循意味着每个机构都必须在充分考虑其他机构权力的情况下行使权力。该原则还要求应当对任何违反该规则的行为进行惩罚"。[2]

随后,该原则被写入欧盟立盟条约中:"各机构在两部条约所赋予的权力范围内并依据两部条约所确定的程序、条件和目标行事。各机构应相互真诚合作。"[3]该概念兼有政治和法律维度,二者并非完全重叠且适用于不同情形中。该概念的政治维度是建构欧盟机构框架、不同机构之间(尤其是立法机构和行政机构之间)的权力和权限划分的核心原则。然而,由欧洲法院所发展出的该概念的法律维度则较为

---

[1] Grimm, D., "The Democratic Costs of Constitutionalisation: The European Case", *European Law Journal*, 2015, 21(4), 460-473.

[2] Case C-70/88 Parliament v. Council.

[3] 《欧盟条约》第13条第2款。

狭窄，主要集中于解决欧盟次级立法的程序争议中。[1]

1.4.1 机构平衡原则的政治维度

与该原则的法律维度相比，政治维度受到的挑战较少。对该原则的政治解读主要涉及由不同的共同体机构所代表的不同利益之间的平衡，从而达成一个各方都可以接受（或至少不反对）的一体化动议。[2]在这一意义上，机构平衡原则常常被理解为由洛克和孟德斯鸠所发展的权力分立原则的欧盟版本。就欧盟而言，该原则可以被看作欧洲一体化的两条路径及其各自所代表的机构利益之间的平衡的书面表达。[3]具体而言，机构平衡的目标是代表全欧盟整体利益的超国家机构（欧盟委员会以及欧洲议会）与代表成员国利益优先的政府间主义机构（欧盟理事会和欧洲理事会）之间的平衡。

1.4.2 机构平衡原则的法律维度

该原则的法律维度受到了许多挑战，部分挑战是由该原则的本质所引发的：欧盟系列条约中的这一条款，究竟是一个法律规则还是仅仅是一个宣示性条款？如果这一原则属于法律规范的范畴，那么当这

---

[1] Moskalenko, O., "The Institutional Balance: a Janus-faced Concept of EU Constitutional Law", *Politeja-Pismo Wydzialu Studiow Miedzynarodowych i Politycznych Uniwersytetu Jagiellonskiego*, 2016, 13(45), 136.

[2] Lenaerts, K. & Verhoeven, A., "Institutional Balance as a Guarantee for Democracy in EU Governance", in Joerges & Dehousse (Eds.), *Good Governance in Europe's Integrated Market,* 2002, 41-45.

[3] Sbragia, A. M., "Conclusion to Special Issue on the Institutional Balance and the Future of EU Governance: The Treaty of Nice, Institutional Balance, and Uncertainty", *Governance*, 2002, 15(3), 393-412.

一原则被侵犯时，相应的法律后果是什么？欲对这一问题进行回答，我们应当先回顾一下欧洲法院围绕该原则所做出的判例法以及其中的推理。

在Meroni案中，欧洲法院通过援引机构平衡原则做出判决，将任意性权力让渡给条约并未明示允许的机构，是违法的。在欧洲法院看来，将包括政治自由裁量权在内的权力让渡给条约并未规定的机构，将不可避免地导致职责的变换，决策机构的变换将构成对机构平衡的侵害。[1]随后，欧洲法院在Chernobyl案中继续发展了该原则。欧洲法院判决，对该原则之适用提供保障和负责的欧盟机构是欧洲法院而非其他欧盟机构。[2]根据这一判决，欧洲法院不仅仅是机构平衡原则所包含的机构之一，更是该原则的捍卫者。[3]在该原则的司法适用中，绝大多数相关案例都与立法程序中的机构争议有关，例如MFA案。在该案中，理事会和欧洲议会通过了欧盟委员会的立法动议之后，欧盟委员会要求撤回该立法动议。欧盟委员会认为，根据欧盟条约之相关规定，欧盟的立法动议权仅为欧盟委员会所拥有，而撤回立法动议的权力仍属于立法动议权的范围之内。因此，即使立法动议已经为欧盟理事会和欧洲法院通过，欧盟委员会仍然有权撤回之。欧洲法院拒绝了欧盟委员会的主张。欧洲法院认为，欧盟委员会在理事会和欧洲议会通过之后将立法动议撤回，实质上是在行使 种条约从没

---

[1] Case 9/56, Meroni & Co., Industrie Metallurgiche, SpA v. High Authority of the European Coal and Steel Community.

[2] Case C-70/88. European Parliament v. Council of the European Communities.

[3] Moskalenko, O., "The Institutional Balance. a Janus-faced Concept of EU Constitutional Law", Politeja-Pismo Wydzialu Studiow Miedzynarodowych i Politycznych Uniwersytetu Jagiellonskiego, 2016, 13(45), 135.

明确规定的立法否决权。[1]在这些案件中，该原则的主要作用是填补相关规则和发生争议的具体事实之间的漏洞。[2]该原则的相关法律推理表明，该原则的角色主要是当具体规则自身无法单独完成机构之间权力的清晰划分时，作为权能边界划分的补充性工具，与具体规则一道对机构权限进行划分，而非作为一项独立的裁判依据。[3]事实上，在有关次级立法程序争议的具体案件中，机构平衡原则通常会向着对欧洲议会的权力有利的方向进行解释。司法机构也试图通过对机构平衡原则进行解释以缓和欧盟的民主赤字问题。[4]

总之，机构平衡原则包含政治和法律两个维度。迄今为止，其政治维度和法律维度之间仍然存在较大差别。该原则的政治维度旨在实现欧盟不同机构及其所代表的不同利益之间的平衡，尤其是欧盟的整体利益和各自成员国的利益之间的平衡。然而，该原则的法律适用目前则相对有限。如上所述，该原则目前主要用于厘清机构之间围绕次级立法程序所产生的争议。简而言之，该原则的法律维度目前主要是作为欧洲法院对欧盟法律进行解释和适用的指引而非一个"自立的原则"（self-standing principle）。[5]欧洲法院目前在具体案件中仅仅将该原则适用于一个非常微观的方面（立法程序规则），并没有将该原则

---

[1] Case C-409/13, Council v. Commission, para. 75-76.

[2] Yuratich, D., "Article 13 (2) TEU: Institutional Balance, Sincere Co-Operation, and Non-Denomination during Lawmaking", *German LJ*, 2017, 18, 124.

[3] Yuratich, D., "Article 13 (2) TEU: Institutional Balance, Sincere Co-Operation, and Non-Denomination during Lawmaking", *German LJ*, 2017, 18, 115.

[4] Fabbrini, F., "A Principle in Need of Renewal? The Euro-Crisis and the Principle of Institutional Balance", *Cahiers De Droit Europeen*, 2016, 8.

[5] Senden, L. A., "Soft Law and Its Implications for Institutional Balance in the EC", *Utrecht L. Rev.*, 2005, 1, 85.

发展为一个对机构间互动或者机构间平衡进行一般性评估的司法审查依据，也未援引该原则来对某些措施或法令对机构平衡的影响进行司法评估。这或许表明了欧洲法院在该问题上所采取的司法克制路径（尽管将"司法克制"这一标签贴到欧洲法院身上会让绝大多数人觉得奇怪——尤其是考虑到欧洲法院长久以来在一体化进程中所扮演的相当能动的角色）。然而，欧洲法院目前拒绝将该原则用于审查与机构间关系相关的措施或法令的做法，事实上很可能会损害欧洲法院作为该原则守护者的角色。[1]

---

[1] Chamon, M., "The Institutional Balance, and Ill-Fated Principle of EU Law?", *European Public Law*, 2015, 21, 391.

第二章 欧盟行政决策权分配的"名实分离"：模式、成因与影响

伴随着欧洲一体化的深入，欧盟的权能通过一次次条约修改和欧洲法院对欧盟法的司法续造得以持续扩张。一体化在成功推进欧盟内部跨国社会治理的同时也在推动欧盟的政治权力结构从"欧盟治理"走向"欧盟政府"。[①]关于"欧盟政府"的讨论是如下两个事实推动的结果：一是欧盟法与欧盟机构权力在管辖范围的宽度和深度上持续拓展；二是自《里斯本条约》生效以来，尤其是2014年欧洲议会选举以来，欧盟政治民主合法性来源的增强和机构间权力制衡的建构（特别是欧盟成员国政府首脑接受并提名欧洲议会第一大党团领袖容克为欧盟委员会主席人选这一标志性事件）正推动欧盟的政治制度向议会制政府模式方向发展。"欧盟政府"这一命题的提出引发了下一个重要问题：欧盟行政权力的行使主体是谁？在西方政治文化与宪法

---

① See C.Shore, "European Governance or Govern Mentality? The European Commission and the Future of Democratic Government", *European Law Journal*, Vol.17, No.3, 2011, 287-303; M.Egeberg, "European Government (s): Executive Politics in Transition?", *West European Politics*, Vol.31, No.1-2, 2008, 235-257; N.Nugent, *The Government and Politics of the European Union*, Palgrave, 2017 etc.这些研究虽然未能就何者应当于正在出现或未来的"欧盟政府"中掌握行政权达成一致，但都指出了"欧盟政府"时代的到来并对其民主合法性来源进行了探索。

传统的背景下，对这一问题的回答将直接影响到政治权力问责制与监督机制的建构，并将对欧盟整体政治制度的发展和民主合法性的强化产生影响。

从法律制度的文本来看，《欧盟条约》第17条关于欧盟委员会权力的规定并未对此做出明确回答。另外，《欧盟条约》第15条关于欧洲理事会角色的规定使其更为模糊不清。在欧洲一体化进程中，制度建设常常是机构实践先行、法律文本随后确认。因此，考察欧盟机构在实践中建立起来的互动与运作机制也是认识欧盟层面行政权力运作的重要途径。从机构实践来看，围绕着欧盟重大政治决策和立法过程，欧洲理事会和欧盟委员会之间建立了一种新型权力共享模式。它削弱了《里斯本条约》中关于机构分权的规定的效力，在权力从成员国层面日益集中到欧盟层面时，建立了一种《里斯本条约》从未明确规定的新的行政权分享模式。本章拟从规定欧盟行政权力分配的条约文本与机构实践入手，通过分析欧盟政治决策和立法过程中欧洲理事会与欧盟委员会之间的权力分享模式，来揭示演化中的"欧盟政府"的行政决策重心真正对应的机构，同时尝试解释形成这种行政权分权模式的欧盟的内在制度缺陷，以及该模式对欧盟运作及其合法性的正反两方面的影响。

2.1 对行政权内容的考察

现代国家行政管理体制是伴随着民族国家的兴起而产生与发展的。在19世纪后半叶与20世纪前期，政府干预社会事务的内容逐渐增多、复杂性增加，国家行政权的行使主体也随之发生分化。后来担任美国总统的伍德罗·威尔逊于1887年首次提出行政权和行政权行使主体二元划分的观点，随后经由德国社会学家马克斯·韦伯的补充和发展，最终使这种观点在20世纪90年代得到广泛接受。[1]根据上述二元行政的划分理论，与政党轮替同进退的政务官负责政策的制定与政治性事务的处理；事务官（或"常任文官"）不跟随政党轮替，而是长期负责执行政务官所制定的政策（通常是政治性的）。[2]而且，国家行政权与行政权之行使主体可以进一步划分：负责制定政策与作出政治性决定的政务官系统被称为"政策分支"，负责执行政策分支做出决定的事务官系统或公务员系统也被称作"执行分支"或"管理分支"。[3]例如，英国内阁通常行使三项职能："政策的最终决定"、"国家政府的最高控制"和"国家部门利益的协调和界定"。[4]在法国，政务机构和事务机构之间也存在"重要的但稍欠清晰的区分"；其中，政务机构负责政治决策、各方利益与意见之协调，专业技术官僚负责"决策之执行"。[5]德国的实践也接受了上述政务与事务之二元划分，但不少学者认为，事务官系统亦足以在政策初创阶段施加相当影响力。[6]

就负责行政管理的事务机构或人员在政策制定中的角色与影响力而言，尽管存在分歧，或认为二元划分不足以完全解释政策制定之过程而对此方法进行了更为细致与全面的发展，但大多数公法学者对上

---

[1] A.Wille, *The Normalization of the European Commission: Politics and Bureaucracy in the EU Government*, Oxford University Press, 2013, 11.

[2] R.D.Putnam, "The Political Attitudes of Senior Civil Servants in Western Europe: A Preliminary Report", *British Journal of Political Science*, Vol3, No3, 1973, 257-290.

[3] M. J. C. Vile, *Constitutionalism and the Separation of Powers* (Second Edition), Liberty Fund, Inc., 2012, 399.

[4] A. Carroll, *Constitutional and Administrative Law*, Pearson Education, 2003, 240.

[5] M. C. Anderson, "Government in France: An Introduction to the Executive Power", *Elsevier*, 2013, 8.

[6] J. D. Aberbach, R. D.Putnam and B. A. Rockman, *Bureaucrats and Politicians in Western Democracies*, Harvard University Press, 1981, 111.

述行政二元结构的分析框架持肯定态度。①在此框架下，政务机构为政策决定之行使主体，负责就经济政策、市场监管、社会福利等内部事务以及外交、防卫等外部事务方面做出政治决定，并通过向民意代表机构提出重大政策法案和预算计划来落实。②据此，本书将基于上述二元划分方法，尝试寻找在欧盟机构中真正做出重大政治决策、制定主要政策并确定欧盟政治战略与方向的政治决策机构，在此基础上讨论欧盟机构的问责制和民主控制制度。此外，考虑到欧盟法的授权原则，本书分析将主要集中在《里斯本条约》单独授予欧盟机构的政治权力部分。③结合《欧盟条约》第15条和第17条之规定，下文的考察对象将主要限定于欧盟委员会和欧洲理事会两个欧盟机构。④

2.2 对欧盟委员会行政机构之角色的考察

2.2.1 欧盟委员会作为行政机构的制度设计

欧盟委员会在人类制度建构史上是一个独特的创造，它是"一

---

① See P.Overeem, *The Politics-Administration Dichotomy: Toward a Constitutional Perspective*, Routledge, 2017.

② M.J.C.Vile, *Constitutionalism and the Separation of Powers* (Second Edition), 418; P. Craig, "European Governance: Executive and Administrative Powers under the New Constitutional Settlement", *International Journal of Constitutional Law*, Vol.3, 2005, 407-439.

③ Craig, P. & De Búrca, G., *EU Law: Text, Cases, and Materials*, Oxford University Press, 2011, 75.

④ 根据《里斯本条约》，欧盟理事会也会在极少情况下行使行政权，主要包括"得到充分正当化的情况"和《欧盟条约》第24条和第26条所规定的有关共同外交和安全政策的情形。除此之外，理事会还在某些个别化的情况下行使行政权，例如《欧盟运行条约》第43条关于修正农产品价格和渔业配额的规定。See Kaczorowska-Ireland, A., *European Union law* (4th edition), Routledge-Cavendish, 2016, 81.理事会行使行政权属于极其例外的情形，因此本书将不予讨论。

个具有多重目的的超国家政府，它具有自己的政治领导地位并因此可以相对独立于民族国家政府和部长理事会而采取行动"。[①]《里斯本条约》第17条对于欧盟委员会的定位和角色的规定是，"委员会应促进联盟整体利益，并为此提出动议。委员会应确保两部条约及联盟机构根据两部条约所采取之措施的实施；它应在欧洲联盟法院控制下监督联盟法的适用；它应执行预算，并对规划进行管理。委员会行使两部条约规定的协调、执行和管理职能……委员会对外代表欧盟"。[②]在保罗·克雷格（Paul Craig）教授看来，该条主要涉及欧盟委员会的三项权力：立法权、管理权和行政权。他认为，该条所赋予欧盟委员会的职责中涉及两项作为行政权本质的内容：财政和对外关系。[③]从克雷格教授对《里斯本条约》中关于欧盟委员会的相关规定的文本解读来看，在《里斯本条约》的文本中所表现出来的条约制定者的立法者原意似乎倾向于将欧盟行政机构的角色的权力赋予欧盟委员会（或许以一种"先框架性确定、后具体内容填充"的方式）。

除明示规定欧盟委员会具有上述行政职权外，《里斯本条约》还从议行关系的制度建构方面隐含地指示欧盟委员会的行政机构角色。在欧洲一体化和共同体机构建设初期，欧盟委员会（及其前身的高级委员会）一直被设定为由专业技术官僚履行管理职能的机构，

[①] Egeberg, M., "European Governments: Executive Politics in Transition?", *West European Politics*, Vo.31, No.1-2, 2008, 235-257.

[②] 本书中所引用之《欧盟条约》《欧盟运行条约》条文，采用程卫东、李靖堃之中文译本。程卫东、李靖堃译：《欧洲联盟基础条约：经〈里斯本条约〉修订》，社会科学文献出版社2010年版。

[③] Craig, P. & De Búrca, G., EU *Law: Text, Cases, and Materials*, Oxford University Press, 2011, 36-39.

其本身不具有政治性。①这一机构角色之设定是基于如下一体化路径逻辑与代理关系：欧盟/欧共体机构系欧盟成员国政府之代理人，受成员国政府之委托履行相关管理职能。然而，经过《里斯本条约》的修改和2014年欧洲议会选举及随后的欧盟委员会主席选举的实践，欧洲议会在欧盟委员会主席的任命过程中的权力和影响力明显增强，欧盟的政治制度开始比较明显地走向欧洲议会和多数学者所预期的议会内阁制的方向。在议会选举前后以及容克委员会提名和任命的过程中所表现出来的欧洲议会和由成员国首脑组成的欧洲理事会之间对欧盟委员会主席任命权的博弈实际上是两个"委托—代理"关系的博弈，而这种博弈又对应欧盟委员会的不同职能和角色。在前述成员国控制欧盟委员会主席任命的情况下，欧盟委员会处于"成员国—欧盟"（成员国政府—欧盟机构）的代理关系中，此时欧盟委员会仅仅是成员国首脑集体决策（欧洲理事会）后的执行者与管理者。②在欧洲议会控制欧盟委员会主席任命的情况下，欧盟委员会则处于"欧洲议会—欧盟委员会"（欧洲人民—欧盟机构）的代理关系中。此时欧盟委员会不仅是日常管理性事务的负责者，更由于来自欧洲人民的授权和委托而使得欧盟委员会具有参与和确定政治方向与政策制定事务上的合法性。《里斯本条约》的制度设计事实上推动了欧盟委员会从专业性到政治性的过渡，而这种过渡所隐含的内容之一是欧盟委员会作为欧盟决策的行政机构

---

① Egeberg, M., "European Governments: Executive Politics in Transition?", *West European Politics*, Vol.31, No.1-2, 2008, 241-242, Crum, B., "Legislative Executive Relations in the EU", *Journal of Common Market Studies*, Vol. 41, No.3, 2003, 375-395.

② Tallberg, J., "Executive Politics", *The Handbook of European Union Politics*, 2007, 195-212.

的角色和职责。[1]

2.2.2 欧盟委员会行政角色的机构演变

与条约对欧盟委员会作为行政机构的制度设计相对应的是欧盟委员会的机构演变。这一实践的第一个指标是欧盟委员会委员专业背景方面的变化,即政治专业主义和主席制逐渐增强的趋势。从欧盟委员会成员的背景来看,以欧盟委员会主席为例,20世纪50、60年代的哈尔斯坦(Hallstein)在出任欧盟委员会主席前的政治资历仅为副部长,70年代的几位主席的在先政治资历提升为各国部长,90年代以来的欧盟委员会主席则皆曾出任过本国的政府首脑,行政首长的政治资历成为欧盟委员会主席人选的核心考量之一。[2] 从欧盟委员会内部决策与管理机制来看,在《阿姆斯特丹条约》生效之前,欧盟委员会主席虽然与其他委员相比具有较高地位,但其基本定位仍然为"众人之一"(one among all)[3]。《阿姆斯特丹条约》生效之后,曾任意大利总理的欧盟委员会主席普罗迪开始在欧盟委员会对外和内部政策制定与事务管理中扮演欧盟委员会"最高政治首脑"的角色。继任的巴罗佐也通过"亲力亲为"(hands-on)的方式参与到欧盟委员会的所有重大政策动议与决策

---

[1] Wille, A., *The Normalization of the European Commission: Politics and Bureaucracy in the EU Executive*, OUP, 2013, 2-3;Wille, A., "The Politicization of the EU Commission: Democratic Control and the Dynamics of Executive Selection", *International Review of Administrative Sciences*, Vol.78, No.3, 2012, 383-402.

[2] Wille, A., *The Normalization of the European Commission: Politics and Bureaucracy in the EU Executive*, OUP, 2013, 60-62.

[3] Wille, A., The Normalization of the European Commission: Politics and Bureaucracy in the EU Executive, OUP, 2013, 60-62.

中，从而强化了对欧盟委员会委员的控制与对欧盟委员会事务的领导。[1]2014年的欧洲议会选举中首次采用的"领衔候选人"制度和欧洲议会通过的"第一大党团领袖推荐为欧盟委员会主席"的决议[2]更是将欧盟委员会推向带有个人代表性色彩的主席制方向。欧盟委员会成员的政治背景的增强和欧盟委员会主席制的发展趋势从机构内在特征方面显示了欧盟委员会从技术官僚机构向政治行政决策机构的转变。

第二个指标是欧盟委员会在欧盟重大事务与政策的决策过程中的参与能力的增强。欧盟委员会行使行政决策权的机构基础是"金诺克改革"在欧盟委员会内部通过"垂直和水平协调与掌舵机制"对政治部门和公务员部门进行了相对清楚的划分。[3]行政与管理在部门和人员上的区隔提供了欧盟委员会参与政治决策的制度基础：委员办公室向负责相应事务的欧盟委员会委员提出政策动议，欧盟委员会委员或欧盟委员会做出决定后交由专门的公务员所组成的总秘书处执行。这种职责划分使得欧盟委员会委员从烦琐的日常行政事务中解放出来从而专注于重大政策的核心问题。欧盟委员会的上述演变趋势引发了关于其机构性质的讨论，这一讨论的主题被描述为欧盟委员会的"正常化"，意即欧盟委员会与民族国家语境下的所谓

---

[1] Wille, A., The Normalization of the European Commission: Politics and Bureaucracy in the EU Executive, OUP, 2013, 60-62.

[2] European Parliament Resolution of 4 July 2013 on Improving the Practical Arrangements for the Holding of the European Elections in 2014.

[3] Bauer, M. W. & Ege, J., "Politicization within the European Commission's Bureaucracy", International Review of Administrative Sciences, Vol. 78, No.3, 2012, 407.

"正常政府"之间的距离。①对欧盟委员会的"正常化"进行论证的主要依据即上述的欧盟委员会组成人员背景的政治性的增强和欧盟委员会的主席制发展趋势。②

然而，与成员国不同的是，欧盟机构在欧盟两部条约中的相应制度设计与欧盟委员会人员组成与内部结构的分化并不必然伴随着欧盟委员会行政决策权力的行使和角色的扩大——这种区别在于成员国政府与欧盟政府的权力来源不同。作为"条约的主人"，成员国仍然对于欧盟机构的权力行使不仅在制度设计上而且在实际决策运作中发挥着主导作用。欧盟委员会委员政治背景的增强与欧盟委员会内部决策与管理结构的分化仅仅意味着欧盟委员会行使行政权力的能力的增强，而行使行政权力之能力的增强并不意味着欧盟委员会在欧盟重大事务中的决策权和影响力的同步增强。那么，对真正做出行政决策的欧盟机构的追寻，就应当是一个循名责实的过程，欧盟行政决策的实际过程和各方所发挥的角色才是考察的重点——只有确定欧盟行政权真正的机构投射，才可以续察问责与监督问题。

---

① 这讨论的代表性著作是：Wille, A., *The Normalization of the European Commission: Politics and Bureaucracy in the EU Executive*, OUP, 2013。
② 必须指出的是，持有欧盟委员会"正常化"观点的学者的目标并不止步于"正常化"。在西方立宪主义传统的政治文化语境下，欧盟委员会"正常化"的证成的必然下一步是将在成员国语境下对成员国的"正常政府"的控制和监督制度延伸到欧盟层面，即对欧盟委员会的权力行使设置等同于成员国语境下的民主控制和监督机制。他们看到了欧盟"民主赤字"的问题，也意识到对欧盟机构进行民主控制和监督的制度建设的努力常常为"欧盟是一个史无前例的制度独创"这一主张所反驳和阻碍，于是他们转而通过论证欧盟委员会已经是一个"正常化"（或趋于"正常化"）的政府这一点以反驳前述阻碍欧盟民主化制度建设的"独特性"观点，从而推动欧盟的民主化进程。

2.3 对欧洲理事会行政机构角色之考察

2.3.1 欧洲理事会行使行政权的制度设计

欧洲理事会系由共同体内部最初非正式的成员国高峰会演化而来。在《马斯特里赫特条约》中,欧洲理事会的职责被确定为"为(欧盟的)发展提供必要的动力并且应当确定一般性政治指导方针"。[1]《里斯本条约》正式承认欧洲理事会为一个"欧盟机构",这意味着欧盟法院将有权审查欧洲理事会所做出的决定。《欧盟条约》第15条规定,"欧洲理事会应为联盟的发展提供必要的推动力,并确定其总体政治方向和优先事项"。从释义学的角度来看,关于欧洲理事会的职责的规定——从"确定一般性指导方针"修改为"一般性政治方向和优先事项"——明示性地显示出欧洲理事会在决定欧盟政治方向和决定欧盟重大政治事务方面已经获得了愈发明确而具体的授权,而非基本上属于宣示性的、大而化之的词句。另外,学界已经指出,欧洲理事会最高政治机构的角色和确定欧盟基本政治方向这一职责的描述并不是封闭的:该职责的一项重要内容是处理那些无法在部长级层面达成共识的政治上的冲突。[2]一些本质上属于跨部门性质的事务或者部长不具有足够权威做出决策的事务(如预算事务)仍要留待欧洲理事会决定。[3]除了政治事务之外,欧洲理事会也在欧盟共同外交和安全政策领域中扮演着核心角色。例如,《欧盟条约》第22条规定,"欧洲理事会应确定欧盟的战略利

---

[1] Article D, Maastricht Treaty.

[2] Geiger, R., Khan, D. E. & Kotzur, M. (Eds.), *European Union Treaties: A Commentary*, Hart, 2015, 88.

[3] Craig, P. & De Búrca, G., *EU Law: Text, Cases, and Materials*, Oxford University Press, 2011, 48.

益和目标。欧洲理事会就联盟战略利益和目标通过的决定应涉及联盟共同外交和安全政策以及对外行动的其他领域"。除了上述角色和权力外,克雷格教授还进一步指出,欧洲理事会在欧盟机构架构的革命性变革、条约修改和特定政策战略方面也扮演着核心角色。[1] 条约的上述规定大致绘出了作为最高政治决策机构的欧洲理事会的权力框架。

2.3.2　欧洲理事会的权力演进

欧洲理事会最初作为一个"黑箱"式的政治决策机制而存在,各方利益皆交会于此:地区利益、行业利益以及大小成员国之间的利益冲突。在后续的发展演变过程中,欧洲理事会逐渐实现了机构化、制度化。欧洲理事会的机构化带来了两方面的影响。一方面,机构化必然伴随着常任工作人员和常态决策机制的确定化,这有助于实现机构运作的稳定性和可预期性。另一方面,欧洲理事会的机构化也意味着大小成员国之间不平等地位的同步的机构化。欧洲理事会常任主席制度也是欧洲理事会机构化进程的一部分。常任主席制度的确立使得欧盟在机构运作的稳定性和连贯性以及政策制定的效率方面得到了进一步提升,也为欧洲理事会针对更为具体和日常化的政策进行决策提供了有效的人员和组织上的资源支持。然而与此同时,欧洲理事会常任主席的设置也与欧盟委员会主席在欧盟对外代表方面产生了冲突。根据《里斯本条约》,欧洲理事会主席应当主持欧洲理事会会议,为欧洲理事会会议准备工作议程并促成欧洲理事会内部的融合。然而,在对外方面,欧盟委员会主席、欧洲理事会主席和兼任欧盟委员会副主

---

[1] Craig, P. & De Búrca, G., *EU Law: Text, Cases, and Materials*, Oxford University Press, 2011, 48.

席的负责外交和安全的高级代表之间的代表性仍有待未来的修约进行厘清。

欧洲理事会权力的强化过程并不是源自条约之渐次修改。相反，条约的条文修改更多是既有的机构实践在条约修改程序中经过各方的博弈之后的文本化过程。[1]欧洲理事会在机构运作中常常突破现行条约中的权力配置规定而发展出新的权力运作模式。例如，根据欧盟相关条约之规定，欧洲理事会"不得行使立法职能"。然而，欧洲理事会可以在适用政府间主义路径的领域中制定具有法律约束力的决议或者在欧盟框架之外以国际协议之形式针对关涉欧洲一体化或欧盟整体利益的重大事务做出决策。[2]另外，根据条约，虽然欧洲理事会的决议并不具有法律约束力，但是其决议构成了其他欧盟机构在考虑具体政策问题时可以求助的框架，从而成为一种具有事实约束力和政治约束力的软法，欧洲理事会可以借此来塑造欧洲一体化的面貌——事实上，许多政治决定的目标就是给共同体立法。自1975年以来欧共体/欧盟所有的重大政治决策都是由欧洲理事会所决定的。[3]

此外，欧洲理事会超越条约文本之规定而行使权力的一个突出表现是欧盟立法程序中立法动议权之行使。尽管条约规定只有欧盟委员

---

[1] Curtin, D., "Challenging Executive Dominance in European Democracy", *The Modern Law Review*, Vol.77, No.1, 2014, 7; Johansson, K. M. & Tallberg, J., "Explaining Chief Executive Empowerment: EU Summitry and Domestic Institutional Change", *West European Politics*, Vol.33, No.2, 2010, 215.

[2] 例如，在面对欧元区债务危机的威胁时，欧盟成员国在欧盟框架之外以国际条约的形式建立了欧洲稳定机制（ESM计划）。

[3] Craig, P. & De Búrca, G., *EU Law: Text, Cases, and Materials*, Oxford University Press, 2011, 48-49.

会才享有立法动议权,但是欧洲理事会逐渐获得了关系欧盟发展的议程设置者的身份。例如,在内务和司法领域,欧盟委员会和欧洲理事会一起提出五年计划。[1]另外,当欧洲一体化的发展面临重大危机之时,具备最坚实的民主合法性基础的欧洲理事会会及时"入场",承担起危机管理者的角色。危机中的欧盟决策模式一旦建立,往往会趋向于常态化而逐渐演变为日常性决策的新模式,这种路径依赖的结果也推动欧洲理事会越发成为欧盟的真正决策核心,其决策领域从欧元区管理逐渐扩张至适用"共同体方法"的欧盟核心领域(例如内部市场之管理),欧盟治理模式逐渐转向行政政治模式。[2]

欧洲理事会权力的演进可以被解读为欧盟和成员国的理性制度选择的结果。首先,一些宪法学家指出,欧盟的民主基础是一个由直接选举的欧洲议会(以及由欧洲议会所选举的欧盟委员会)和由各国选民间接选举的欧洲理事会(及欧盟理事会)所组成的双重民主结构。[3]在容克委员会之前,欧盟委员会及其主席从来都未与欧洲议会的选举结果相联系。由于欧盟公民的首要政治认同仍然主要投射到民族国家的代议制机构以及欧洲议会选举相对于成员国的选举仍然被认为是"次级的选举"(欧洲议会的选举常被视为对各国执政党在本国执政成绩方面的一个检验指标),由各国民选首脑所组成的欧洲理事会在民主合法性方面仍然优于

---

[1] Curtin, D., "Challenging Executive Dominance in European Democracy", *The Modern Law Review*, Vol.77, No.1, 2014, 7.

[2] Dawson, M. & Witte, F., "Constitutional Balance in the EU after the Euro-Crisis", *The Modern Law Review*, Vol.76, No.5, 2013, 832.

[3] Von Bogdandy, A., "The European Lesson for International Democracy: the Significance of Articles 9 to 12 EU Treaty for International Organizations", *European Journal of International Law*, Vol.23, No.2, 2012, 315-334.

欧盟委员会，这也解释了为何欧盟面临的高度政治性事务都要留待欧洲理事会决定之。而且，尽管欧盟委员会主席也是欧洲理事会的成员之一，但他本人并不代表可以作为其民意基础的具体的国家或者个人。因此，考虑到其角色、影响力和权威，欧盟委员会主席即使被赋予了"行使协调功能"和平衡各方利益的角色，但他并不能够有效地履行这一职责。

其次，通过条约对欧盟委员会和欧洲理事会的角色定位亦可以对二者之间的关系管窥一二。根据条约之规定，欧盟委员会系"条约之守护者"，成员国为"条约之主人"。质言之，依据条约条文之精义，在确保条约得到执行方面，欧盟委员会与成员国全体为委托代理之关系，成员国全体将条约之执行事务交付欧盟委员会"托管"；成员国所组成的欧洲理事会扮演着公司治理中董事会之角色，[1]掌握着对欧盟重大政策的决策权和面临着危机时采取非常措施的权力。然而，伴随着一体化的深入、主权从成员国向欧盟层面的让渡和欧盟所面临的危机的解决过程，成员国全体这一"委托人"与"董事会"越来越直接参与到欧盟的日常性政策决定乃至执行之中。欧盟委员会与欧洲理事会在此博弈过程中逐渐形成了与条约之规定相异的互动模式。

2.4 以政策动议权共享为基础的行政决策权分配与互动模式

政策（立法）动议权是政府不同权力机构之间权力行使与互动的交汇点。这一判断的部分原因是，政策动议权意味着行政权行使的议程设定权，而议程设定权则意味着具有设定权之机构的政策偏好得以

---

[1] Peterson, J. & Bomberg, E., *Decision-making in the European Union*, Basingstoke: Macmillan, 1999, 33-34.

在政策推动的顺序中取得优先地位——这也是《欧盟条约》将政策动议权单独授予欧盟委员会而剥夺欧洲议会的政策动议权的制度安排被批评为行政优先或行政主导的重要原因之一。然而,对法律条文词句的解释和理解从来都不只是一个语言学或词汇学问题。对法律制度的解读而言,考察该制度在具体个案中解释和适用的结果以及在机构间长期的动态互动从来都是不可或缺的。

在欧盟机构演进史上,关于政策动议权的法律文本与机构实践之间的紧张关系持续存在。有欧盟法学者指出,至早在"卢森堡妥协"[①]时期,欧洲理事会就已经获得了"在最起初阶段塑造欧盟委员会的动议"的权力。尽管条约规定欧盟委员会不得听取任何成员国的命令,但欧洲理事会仍然向欧盟委员会提出了大量的要求,要求欧盟委员会为其确定的政策提出动议,在许多要求中,相关的政策内容甚至已然规定得相当具体。[②]事实上,在每一次会议中,欧洲理事会都会要求欧盟委员会就特定议题和计划提出建议。例如,关于建立泛欧盟银行监督的"单一监督机制"的立法动议就是欧盟委员会应欧洲理事会的要求而准备并提出的。[③]此外,无论是"里斯本战略"的制定还是《欧

---

① 20世纪60年代中期,法国总统戴高乐和欧洲经济共同体主席哈尔斯坦围绕着提高共同体权力、共同农业政策和共同体表决方式发生分歧,法国代表拒绝出席共同体会议,酿成"空座危机"。为解决"空座危机",各方达成妥协:如果一个成员国提出的某问题属于本国重大利益问题,理事会必须寻求全体一致的解决方案,此即"卢森堡妥协"。此类问题之外的其他事务仍然可以采用特定多数表决制度。

② Werts, J. & TMC Asser Institute, *The European Council*, London: John Harper Publishing, 2008, 46-47. See also: Curtin, D., *Executive Power of the European Union: Law, Practices, and the Living Constitution* (Vol. 12), OUP Oxford, 2009, 4.

③ Curtin, D., "Challenging Executive Dominance in European Democracy", *The Modern Law Review*, Vol.77, No.1, 2014, 9-10.

洲宪法条约》及随后的《里斯本条约》的制定，都是由欧洲理事会起主导作用。当欧洲理事会不要求欧盟委员会提出建议的情况下，尽管《欧盟条约》第48条规定欧盟委员会有权提出自己的建议，但此种情况下参加欧洲理事会会议的欧盟委员会主席几乎都处于被冷落状态。[1]

在财政和经济治理领域，《里斯本条约》将这一部分的主导权力保留给了欧洲理事会和欧盟理事会，欧盟委员会对此仅仅具有监督其执行的工具性角色。即使在监督执行中，欧盟委员会发现成员国存在违背欧盟赤字要求标准的情形时也只能向欧洲理事会进行报告并建议其采取行动而并无自主发动制裁程序之权力。[2] 尤其在欧债危机发生和欧盟启动救市计划以来，欧洲理事会已经借由应对金融危机这一紧急事态而成功地将自己转型为履行欧盟经济治理功能的"欧盟政府"，欧盟委员会则成为其执行机构。欧洲理事会对欧盟委员会的控制已经不限于通过主要战略文件的方式在大框架方面为欧盟委员会设定目标、任务和方向，更进一步扮演起立法动议者的角色，出台内容相当具体的建议来对其政策的执行进行细部控制和监督。

首先，道森（Dawson）和维特（Witte）通过对欧盟战略文件内容的演变进行分析，发现了欧洲理事会在欧盟治理和政策制定与执行中愈发清晰的角色。该分析发现，在2000年时，即使是对于欧洲一体化的发展扮演着极为重要的里斯本欧洲理事会峰会上所通过的会议结论和战略文件，其内容也仅仅限定于比较一般性的、战略性的事项。然而，欧债危机的发生和解决极大地改变了战略文件的上述风

---

[1] Werts, J. & TMC Asser Institute, *The European Council*. London: John Harper Publishing, 2008, 46-47.

[2] Fabbrini, S., "Intergovernmentalism and Its Limits: The Implications of the Euro Crisis on the European Union", *Comparative Political Studies*, Vol.46, No.9, 2013, 1003-1029.

格。该研究特别发现，在2010年欧洲理事会所通过的战略性文件中，欧洲理事会建立了一个由欧洲理事会主席范龙佩和成员国财政部长所组成的机制，该机制将研究和报告在欧元区范围内强化财政纪律的相关措施并寻求获得欧洲理事会的通过。2011年9月，欧盟委员会向欧洲议会提出了应对欧元区金融危机的所谓"六袋"立法动议，该立法动议的内容几乎与前述获得欧洲理事会背书的报告中所提出的意见完全一致。道森和维特对这一现象的解释是，虽然欧盟委员会为《里斯本条约》中所明文规定之唯一享有立法动议权的欧盟机构，但由于经济治理和财政政策的权力在欧盟和成员国的权能划分中属于成员国所保留的权力，这意味着欧盟委员会即使可以使相关政策成为立法，其执行仍然几乎完全受制于成员国的保留主权。在这一现实下，由成员国国家或政府首脑所组成的欧洲理事会在经济治理和财政政策领域中的决策几乎成为欧盟委员会唯一可遵循的指引。[1]

从严苛的法律教义主义的角度来看，欧洲理事会的行为很可能已经构成了对欧盟条约相关规定之违背。然而，一方面，法律之规定从来就不会是社会现实的完整呈现，制度实践自有其内在逻辑。以字面法律作为尺度去简单否定制度运作现实之存在价值并不会带来知识的增量。另一方面，循名责实式探索制度具体运行之现状与成因并不旨在实现为违法现象提供正当化背书，而在于通过考察字面规定与具体运作之间落差的成因以使得未来在法律制度的建构方面对前述现实落差问题进行有效的制度性回应成为可能。欧盟政策动议权的法定享有者与实际行使者二者的分离仅仅是对问题症状的描述而非对问题成因

---

[1] Dawson, M. & Witte, F., "Constitutional Balance in the EU after the Euro-Crisis", *The Modern Law Review*, Vol.76, No.5, 2013, 830-831.

的判断。那么，一个需要回答的重要问题是，这种政策动议权的分享模式的成因是什么呢？

首先，这种模式的成因在于欧盟委员会对其自身在欧盟决策和立法程序中的角色与权力的现实性的认识与接受。欧盟委员会清晰地认识到，实现其政策目标最近的道路并不是直接启动立法程序，而是曲线获得经过欧洲理事会的背书。[①]一项动议如果获得欧洲理事会的背书，它就很有可能在后续的正式立法程序中获得通过——理事会与欧洲议会通常与欧盟成员国政府保持着密切联系：由各国部长所组成的理事会自不必说；欧洲议会议员也大多是由本国执政党或主要政党所提名而当选的，政党提名权就是各成员国领导人影响欧洲议会议员的关键所在。另外，从政策的后续执行来说，由于欧洲理事会成员本来就是各个成员国或政府首脑，得到欧洲理事会支持的政策将更有可能在各国得到各国政府机构或部门更好的执行和落实。这可以部分地解释欧盟委员会对其发动动议的程序权利的侵蚀的接受。

其次，欧盟委员会也充分地利用了其与欧洲理事会共享动议权的模式来扩大其权力所涉足之领域。一方面，通过与欧洲理事会共商政策议程，欧盟委员会也成功地将其部分优先议题"偷渡"到欧洲理事会的会议结论中。[②]另一方面，通过与欧洲理事会的合作，欧盟委员会也成功地进入到成员国和政府间主义占主导的领域中并通过向欧洲理事会提出建议的方式影响这些领域中政策的制定。[③]基于此，这种共享政策动议权的决策模式也可以通过理性选择理论得到解释——解

[①] Craig, P., "European Governance: Executive and Administrative Powers under the New Constitutional Settlement", International Journal of Constitutional Law, Vol.3, 2005, 407.

[②] Werts, J. & TMC Asser Institute, The European Council, London: John Harper Publishing, 2008, 53.

[③] Werts, J. & TMC Asser Institute, The European Council, London: John Harper Publishing, 2008, 47.

释欧洲一体化的几项理论事实上也是以理性选择理论为其理论底色，无论是将欧洲一体化解释为政治团体与政府机构的理性选择还是官僚阶层与跨国公司的理性选择。[1]

理性选择理论也同样可以用来解释欧盟机构运作的法律文本与实际运作之间的落差。尽管《里斯本条约》赋予了欧盟委员会多项重要角色（如"一体化的发动机"、"条约的守护者"和"欧盟的行政管理机构"）[2]，其实际权威和影响力却并不足以支撑其履行上述职能。其权威的不足主要来自其民主合法性基础的相对弱势——欧洲议会的选举仍然被认为是一个低于本国议会选举位阶的"次级的选举"。[3]

---

[1] Craig, P. & De Búrca, G. (Eds.), *The Evolution of EU Law*, OUP, 2011, 13-40. 对于欧洲一体化的诸种解释理论实际上都将其解读为某些控制政治议程的群体的理性选择：跨国公司需要在更大范围内实现经济自由度与资源的优化配置；官僚集团需要实现监管的跨国化和统一化以应对经济跨国化和全球化将国内监管边缘化的挑战；政治人物需要将部分决策过程集中到超国家层面以实现政治责任的转移。

[2] Sabathil, G., Joos, K. & Kessler, B., *The European Commission: An Essential Guide to the Institution, the Procedures and the Policies*, Kogan Page Publishers, 2008, 6-8.

[3] Craig, P., & De Búrca, G. (Eds.), *The Evolution of EU Law*, OUP, 2011, 35-40. Craig 教授对这一判断进行了反驳，但这一反驳仍然是程度性的，即虽然欧洲议会的选举仍然是"次级的选举"，但其重要性已经得到增强。多数学者对这一判断仍然持赞同的观点。欧洲议会选举被认为是"次级的选举"的原因主要来自两个方面。第一个方面是关于欧洲议会议员的独立性和欧盟委员会主席的选举方式，第二个方面是关于欧洲议会选举与欧盟政策之间的相关性。在第一个方面，在欧洲议会选举中欧洲议员候选人的提名权仍然由成员国政党所掌握，并且欧盟委员会主席人选的最终决定权仍然掌握在由各成员国国家或政府首脑所组成的欧洲理事会手中。因此，尽管 Craig 教授认为欧洲理事会不太可能提名与欧洲议会的多数党或多数党联盟不一致的候选人，但是欧洲理事会关于欧盟委员会主席候选人的最终提名权也会同时对欧洲议会的多数派所主张的欧盟委员会主席人选的选择构成限制。此外，欧盟选民在欧洲议会选举投票时所关注的议题和政策仍然主要是成员国而非欧盟层面的，选民对欧洲议会议员的选择几乎很难与他们在欧洲议会中的工作或他们所主张的欧盟政策进行联结。既然选民投票的主要依据是成员国国内而非欧盟层面的议题和政策，那么他们首要关注和参与的选举自然是可以导致本国政府和政策更迭的国家层面的选举。

由于欧盟委员会的民主合法性支撑目前主要来自欧洲议会，其政治权威也相应地弱于成员国政府。权威的相对弱势使得欧盟委员会避开与欧洲理事会的对抗便成为一个理性的选择。

"如果不能打败它，就加入它。"欧盟委员会也是这一西方经典格言的追随者——如今欧盟委员会主席也成为欧洲理事会的一名正式成员，欧盟委员会也在欧洲理事会上寻求成员国对其政策的支持。[①]欧盟委员会主席也曾在2007年时承认，他们通常只有在欧洲理事会对政策表示积极态度后才会正式提出政策动议。据统计，在此之前，欧盟委员会的动议基本不做重大修改而被通过的比例只有10%左右，这意味着欧盟委员会在行使动议权时会面临着极高的被否决或被修改的风险。[②]考虑到欧盟立法程序的参与各方的背景，一项获得欧洲理事会背书的政策动议获得不被进行重大修改而通过的概率无疑将大幅提升，欧盟委员会对政策动议权行使的有效性也将获得保证。

此外，通过欧盟委员会主席参与欧洲理事会的会议，欧盟委员会实际上也在逐渐塑造着欧洲理事会的政策方向和选择——欧洲理事会的许多决议就源自欧盟委员会的建议。[③]事实上，即便欧盟委员会不选择与欧洲理事会合作提出政策动议，它也未必能保住对该权力排他性的占有——理事会与欧洲议会也会就某些政策达成一致后联合向欧盟委员会要求后者提出政策动议。如前所述，欧盟委员会在政策动议权方面由于共享而招致的损失通过动议的高通过率和对其他欧盟委员

---

① Craig, P. & De Búrca, G., *EU Law: Text, Cases, and Materials*, Oxford University Press, 2011, 49.

② Allerkamp, D. K., "*Who Sets the Agenda? How the European Council and the Team Presidencies are Undermining the Commission's Prerogative*", in Standing Group on European Union Politics of the European Consortium for Political Research in Porto, Portugal, 2010, 24-26.

③ Craig, P. & De Búrca, G., *EU Law: Text, Cases, and Materials*, Oxford University Press, 2010, 49.

会仅拥有有限权力的领域的参与而得到了补偿（例如，在内务和司法领域，欧盟委员会和欧洲理事会便联合提出五年议程）。①综言之，在目前的政治权威结构和机构权力互动中，基于政策动议权共享的、欧洲理事会主导的行政决策模式或许是欧盟委员会可以获得的最不坏的结果了。在这种模式下，欧盟层面的行政决策和管理走向了类似于成员国国内政治部门和公务员部门的决策和管理的二元模式：欧洲理事会掌握着事实上确定欧盟政治议程和做出重大决策的权力，欧盟委员会则以其享有的法定政策动议权将欧洲理事会的决策通过立法程序成为立法或者其行政管理权力进行既定决策的执行和落实。

20世纪70年代中期以来让欧洲理事会出场的那些因素并未消失而是仍在持续：（1）共同体基本框架缺少全局性的政治领导；（2）一体化的深入越发触及重大敏感问题而需要成员国最高层直接谈判；（3）一体化进程中的挫折和反复需要强大稳定的政治保证；（4）国际上的挑战迫使各国领导人加入欧盟决策。②推进一体化需要欧盟层面存在最高政治机构的支持和保证。而在目前，这一最高政治机构只能是具有最强民主合法性支撑的欧洲理事会而非欧盟委员会。这一行政权的再分模式在欧洲理事会设置常任主席制度和欧元区债务危机之后得到了进一步的强化。常任主席的设置使得欧洲理事会具备了进行更多政策工作的制度条件，欧洲理事会在政策制定方面具备了更大的连贯性和政策细化的条件。而在欧元区债务危机中，欧元区首脑会议（由欧元区成员国的政府首脑所组成）更是在欧元区救市决策方面发挥了核

---

① Börzel, T., "European Governance: Negotiation and Competition in the Shadow of Hierarchy", *Journal of Common Market Studies*, Vol.48, No.2. 2010, 206. Curtin, D., "Challenging Executive Dominance in European Democracy", *The Modern Law Review*, Vol.77, No.1, 2014, 7.

② Werts, J. & TMC Asser Institute, *The European Council*, John Harper Publishing, 2008, 19-20.

心角色的作用，欧盟委员会则弱化为救市计划——这也是一项欧盟政策——的执行者和对政策相对方（接受欧盟援助的成员国）具体遵守和落实政策的监督者。一体化危机中决策模式对前述行政决策与执行二分模式的呼应和强化事实上也验证了一体化进程对欧洲理事会作为最高政治和决策机构的制度需求。

2.5 行政决策权名实分离模式的问题

前述基于政策动议权共享的行政决策权分配模式回应了欧盟委员会作为法定决策者的民主合法性与权威不足的问题，同时回应了一体化进程中最高政治机构缺位的问题。然而，这种互动模式在对上述问题进行某种程度上有效的回应的同时，新的问题亦随之而来。这些新问题部分地来源于行政决策权的名实分离。

首先，前述模式中的名实分离意味着欧盟机构在具体制度实践中对《里斯本条约》的规则进行了明显的规范改写，而这种改写并不是通过条约修改程序实现的，这可能构成对欧盟的"法治"原则的背离。对这项批评的一个可能的回应是，欧洲一体化是一个"进行中"的事件，欧盟的"法治"也是一种"转型期法治"，在"转型期法治"的暂时状态中，法律的稳定性和确定性并非优先价值，制度实践突破字面规定是一种常态。即便如此，以条约并未规定的非正式决策程序取代条约法定的决策模式从长远看会损害欧盟的合法性。考虑到法律在欧洲一体化中所扮演的重要角色[1]，对法律的突破一旦得到鼓

---

[1] 关于法律在欧洲一体化进程中扮演的角色，参见．Cappelletti, M., Seccombe, M. & Weiler, J. H., *Integration through Law: Europe and the American Federal Experience*, Vol. 1. Walter de Gruyter, 1986。也可参见本书第4.6节。

励和重复实践，"超越法律"的治理模式将影响一体化进程的稳定性。

其次，此种名实分离的行政决策权分配模式损害了欧盟的机构平衡原则以及以机构平衡原则为制度呈现的成员国之间的平衡，从而激化了欧盟内部成员国之间的对立，成为一体化进程的潜在威胁。作为欧盟法律体系的宪法原则之一，机构平衡原则的实质是成员国利益之间的平衡[1]：欧盟机构分别代表着各自的一体化路径，不同的一体化路径实质上又是不同利益优先偏好的表现。一方面，众所周知，欧洲理事会和欧盟理事会代表着成员国的利益，欧洲议会和欧盟委员会代表着欧盟整体的利益。另一方面，在采取政府间主义路径的欧盟理事会和欧洲理事会中的决策方式已经被证明有利于大的成员国[2]，小成员国只能通过欧洲议会尤其是欧盟委员会的"平衡利益"的职责[3]来获得一定救济和效果抵消。然而，当欧盟委员会选择接受欧洲理事会的行政决策并成为其执行者时，实际上意味着其放弃履行条约所赋予欧盟委员会平衡大小成员国之间利益的职责，欧盟委员会制度角色的不作为使欧盟层面失去了最重要的利益平衡的守护者，小成员国的利益在这种决策模式下失去了重要的维护和救济途径。甚至，在欧债危机期间，欧盟委员会与欧洲央行、国际货币基金组织组成所谓"三巨头"，代表已经做出决定的欧洲理事会与债务国如希腊进行谈判，本应作为中立仲裁者的欧盟委员会的制度角色已经难以辨识。在这种模式中，欧盟委员会实际上已经变成了一个秩序自由主义式的统治机构并推行

---

[1] Lenaerts, K. & Verhoeven, A. "Institutional Balance as a Guarantee for Democracy in EU Governance", in Joerges & Dehousse (Eds.), *Good Governance in Europe's Integrated Market*, 2002, 35.

[2] Tallberg, J., "Bargaining Power in the European Council", *Journal of Common Market Studies*, Vol.46, No.3, 2008, 703.

[3]《欧盟条约》第17条。

着一种将民主边缘化的"威权式的自由主义"技术官僚精英治理。[1]此种情况下小成员国只能寻求体制外的利益保障与救济方式,在欧盟内部组织次级团体就成为方式之一:由中东欧国家组成的维谢格拉德集团在欧债危机和难民危机期间的角色得到明显强化就是标志之一。

再次,此种行政决策权的分配模式还给欧盟层面权力的民主监督与制衡带来了挑战。行政决策权的名实分离是名义决策者(或法定决策者)与实际决策者的分离,二者分离意味着对实际决策者行使权力的民主监督机制必须"刺破名义决策者的面纱"而直达实际决策者。然而,现行条约下对欧盟决策权的监督都是建立在欧盟委员会作为决策者的前提下的——欧盟委员会主席和委员的选任罢免和报告问责在《里斯本条约》中的强化,即欧洲议会和成员国议会对决策监督的增强,都是以欧盟委员会的权力行使作为监督对象。行政决策权的名实分离在此种制度配置下产生的问题是名义决策者的有责无权和实际决策者的有权无责,这意味着对于欧盟层面真正的行政决策的行使缺乏有效的监督和问责。欧洲理事会的成员国——各成员国或政府首脑——虽然会受到国内的政治问责机制的监督,但这种监督内容大多仍关注于国内政策议题而非他们在欧盟层面的措施。[2]欧洲理事会的集体决策机制也会产生真正的决策者不可辨识的问题(即"集体

---

[1] Shore C., "'European Governance' or Governmentality? The European Commission and the Future of Democratic Government", *European Law Journal*, 2011, 17(3): 287-303.

[2] 有报告指出,在《里斯本条约》实施十年后,有些成员国议会曾经试图通过给本国政府在欧盟层面的活动进行更为清晰和明确的授权以及严格审查其在欧盟层面的行动以增加影响力,但收效甚微。参见:"Houses of Cards: Reflection on Parliamentary Involvement at European Level 10 Years after the Lisbon Treaty", 载于 https://www.eyes-on-europe.eu/houses-of-cards-reflection-on-parliamentary-involvement-at-european-level/, 最后访问时间:2023年1月13日。

负责的集体不负责"），从而使得国内选民缺乏必要的信息进行监督和问责。①

最后，将欧洲理事会确立为最高政治机构虽然回应了欧洲一体化中最高政治机构缺位的问题，但是伴随着欧洲理事会对欧盟事务决策从基本方向的把握走向具体事务的决断，集体决策的最高政治机构参与具体事务决策的弊端也开始显现。在最高层针对政治事务进行谈判和做出决定的问题包括："错误的不可挽回性、将做出的决定在性质和数量上的限制……错误判断和策略失误可能会发生而且多数情况下都无法改正。"②此外，将越来越多欧盟具体事务的决策权从欧盟委员会和理事会转移到最高层的欧洲理事会的趋势是与"价值/政治问题技术手段解决"的降低冲突的路径相悖的，也预示着欧盟决策中可能出现更多政治性冲突的危险。还应当注意到，最高层集体决策所享有的政策自由裁量权是以各国立法机构的角色被侵蚀和内阁部长的权力被削弱为代价的。成员国行政首长在欧洲理事会协调欧盟议题上各国立场的灵活性和裁量空间固然是必要的，但这一裁量权所带来的必然后果是在成员国内的立法—行政关系和政府内部结构中，政府行政首长相对于成员国议会和内阁部长（较为明显的例子是外交部长）的权力及影响力都得到了增强。由于国家主权从成员国向欧盟的转移以及欧盟层面决策权力向欧洲理事会的集中，作为欧洲理事会成员的成员国行政首长在政治政策制定中的角色得到了强化。行政首长在欧洲理事会的集体决策模式促使成员国议会事实上不但在事先授权方面赋

---

① Norris, P., "Representation and the Democratic Deficit", *European Journal of Political Research*, Vol.32, No. 2, 1997, 275.

② Peterson, J. & Shackleton, M., *The institutions of the European Union*, Oxford University Press, 2012, 54-55.

予了行政首长更多的政策自由裁量空间,集体决策模式的特点也使得成员国议会对本国行政首长个人针对其在欧盟层面参与决策的政策进行事后问责越发困难。在外交政策领域中,由于对欧盟统一外交政策的推进,欧洲理事会在制定欧盟统一外交政策中发挥着主导作用。因此,有权参加欧洲理事会会议的行政首长而非外交部长在事实上获得了对外交政策更多的主导权,成员国外交部长对外交政策制定的影响力则相对下降。伴随着诸如经济治理、财政政策等更多国家主权转移到欧盟层面,成员国政府中负责相应事务的部长的地位很可能进一步被削弱,乃至沦落为事实上仅负责政策执行的次级角色。[1]

2.6 结论

欧盟层面的行政权分配问题显示了欧洲一体化进程中持续存在并发展的非正式规则及其与正式规则之间的紧张关系:以政策动议权为基础的、欧洲理事会决策而欧盟委员会执行之的行政权力分配的非正式规则取代了《欧盟条约》中有关政策动议权行使与欧盟委员会/欧洲理事会权限的正式规则。这个取代的过程是以政治权威的所属及其强弱为支点的。换言之,是政治权威分配的实际状况改变了《欧盟条约》中的权力分配安排:权力的行使有赖于权威的支撑,规定政治权威与政治权力分离的规则几乎不可避免地面临被实际所改写的命运。在一体化过程中,欧盟内部的政治权威仍主要位于成员国而非欧盟委员会,这促成了欧洲理事会在关涉一体化的重大政策的决策尤其是一体化危机时的出场。然而,尽管这种出场的必要性无需多论,但它不只改变了欧盟的决策模

---

[1] Johansson, K. M. & Tallberg, J., "Explaining Chief Executive Empowerment: EU Summitry and Domestic Institutional Change", *West European Politics*, Vol. 33, No.2, 2010, 208-236.

式，更改变了欧盟和成员国两个层面的权力分配尤其是权力之间的制衡和监督机制。成员国首脑在欧盟决策和国内的行政—立法关系两个维度上的权力得到相对强化，对欧盟和成员国政治结构中的权力进行有效监督和问责愈发难以实现。此外，在成员国之间，政府间主义机构（欧洲理事会和欧盟理事会）在欧盟决策中的角色和主导地位以及欧盟委员会（其职责包括维护欧盟内部利益平衡）角色的弱化进一步导致了欧盟成员国不同集团之间的对立，小成员国话语权的削弱及其对此做出的抵抗性动作对欧盟的团结[1]和一体化深化造成了损害。一体化深化进程推进越快，此种裂痕可能会越发扩大，二者相伴相随。

欧盟行政决策权的名实分离实际上是成员国对一体化进程承诺的名实分离的体现。作为一个以自愿让渡主权为前提的进程，欧洲一体化事实上是一个连续的政治性决定的结果，政治逻辑而非法律逻辑仍是一体化的主要逻辑——即便欧盟司法机构通过能动主义建立起了内部市场的方方面面；"通过司法的一体化"得以实现的部分原因在于"通过政治的一体化"对前者的容忍。《欧盟条约》中关于欧盟行政决策权力分配的规则体现了成员国对主权让渡的名义限度，实际的行政决策权的运行模式则体现了成员国对欧盟机构行使汇集起来的成员国主权的真实的容忍限度。欧盟委员会角色的异化——从大小成员国利益的平衡者变成大成员国主导的欧盟决策的执行者——即是这种紧张关系的结果。欧盟委员会角色的异化和现实对欧盟委员会平衡利益需求之间的落差将会促使对这一落差的批判的产生和讨论，从而有机会在之后的修约中对该问题做出制度设计层面的回应。

---

[1] 有关欧盟法上的"团结"概念及其法律维度，参见杨国栋：《法律视野下的欧盟团结原则——兼论欧盟及成员国防疫纾困措施的合法性》，载《欧洲研究》2020年第3期，第62—86页。

第三章 多多益善？
——略论欧盟立法机构①之功能碎片化

3.1 导论

欧盟代议制机构的演进主要受到两项因素的驱动：一体化在范围和深度上的推进和对欧盟"民主赤字"问题的批判。第一个方面，一体化范围和深度上的推进意味着纳入一体化进程中的和谐化（harmonization，或译为"去异化"）和统一化的事务逐渐由纯粹技术性和管理性转向政策性，这两类事务由于其性质的区分而要求适用不同的决策程序——这也是欧洲立宪主义国家的一项共同制度传统。第二个方面，对欧盟"民主赤字"问题的批判促使欧盟在历次修约中必须通过在决策程序和制度中纳入更多民主因素来做出回应——欧洲议会由间接选举改为直接选举、欧洲议会权力增加和《里斯本条约》正式建立成员国议会参与欧盟层面决策的机制皆属此类。然而，欧盟层面立法机构的增加和立法机构权力的逐步增强的同时也伴随着相关问题：欧盟层面并存的三个立法机构，是否实现了权力的最优化配置从

---

① 欧洲法院在 Case C-57/16 P, ClientEarth v. Commission 案中确认拥有唯一立法和修法提案权的欧盟委员会的立法参与者的身份。本章仅对传统上且广泛认同的欧盟立法机构（欧盟理事会、欧洲议会）以及《里斯本条约》新加入的成员国议会进行讨论。

而可以有效地实现代议制机构功能的行使？三个立法机构的内部组成、工作方式与角色偏好，尤其是三个机构之间的互动配合，是否可以趋向于在欧盟层面做出最合理化的决定？

尤其需要注意的是，《里斯本条约》为了呼应成员国议会的要求而建立了辅助性原则审查的预警机制以实现成员国议会在欧盟立法程序中的正式参与。但是，成员国议会的这一参与是实质提升了欧盟立法过程的民主性还是仅仅是"制度化妆"的假动作？成员国议会参与欧盟立法过程是有利于更好的政策反馈和审议的实现还是造成了欧盟立法机构的功能碎片化——并在缺乏退场机制的情况下将欧盟层面的立法机构功能碎片化的问题固定化？本章拟从欧盟层面欧洲议会、欧盟理事会和成员国议会在欧盟立法程序中的权力和角色入手，通过分析三个机构在欧盟立法过程中基于机构自身的组织方式、工作方式和角色偏好而发挥的实际作用，从功能主义的视角评估欧盟的"三位"立法机构是否可以形成有效地履行立法机构功能的"一体"，对欧盟三个立法机构之间的"再分权"模式所带来的问题进行考察；最后将对欧盟层面的立法机构功能的碎片化的问题提出可能的回应思路。

3.2 欧盟立法机构的制度演进和问题切入

在欧洲一体化肇始阶段，欧盟层面的立法机构并不受到重视。部分原因在于，在一体化进程的构想者和启动者看来，欧洲一体化是各国行政管理部门之间的跨国家（或超国家）合作以解决一些无法仅仅通过一国就可以解决的跨境问题（尤其是市场和资本监管）。[1]

---

[1] Wille, A., *The Normalization of the European Commission: Politics and Bureaucracy in the EU Executive*, OUP Oxford, 2013, 4.

共同体机构最重要的目的是帮助成员国克服集体行动困境以确保共同体机构的决策可以做出并得到执行而使得成员国无法采取作弊和瑕疵履行协议及"搭便车"等问题。他们认为,汇集和代理主权给共同体机构来创造可信赖的承诺通过传统的政府间主义的方法即足以解决。[1]这一设想在欧洲一体化之初的合理性在于,一体化初期阶段中成员国所让渡之主权多为技术性、管理性之事务,一体化只不过是将在各个成员国内部早已由独立于政治的专业性管理机构(尽管在各国的独立机构相对于政治机构的独立性存在差异)汇集于欧盟层面以实现更有效的治理,并不涉及国家主权的重要内容或政治性事务。基于此,欧盟层面的代议制机构的必要性和可以发挥的角色相对有限,此时一体化和共同体机构的合法性来源主要在于治理绩效(即所谓"输出合法性")。然而,伴随着一体化的深入和更多实质性的国家主权让渡到欧盟层面,欧盟政治精英意识到,超国家治理已经逐渐引发了民主合法性和绩效合法性之间的失衡。当民主政体遇到其无法单独解决的重大外部社会经济或安全方面的挑战时,政治精英会通过两个方式应对之:其一,通过国际合作增强其应对能力;其二,通过代议制机构扩权增强民众及其代表对治理的影响力。[2]为应对欧洲一体化的合法性问题,欧盟政治精英通过关键的四步来扩大欧洲议会的民主性和权力:(1)1970年《预算条约》授予了欧洲议会对于非强制性开支的最终决定权;(2)1979年欧洲议会议员的选举方式由间接选举改为直接选举;(3)《单一欧洲法

---

[1] Laursen, F. (Ed.), *The EU's Lisbon Treaty: Institutional Choices and Implementation*, Ashgate Publishing, Ltd., 2012, 206.

[2] Rittberger, B., "The Creation and Empowerment of the European Parliament", *Journal of Common Market Studies*, 2003, 41(2), 207.

案》中引入了"合作立法"程序；（4）《阿姆斯特丹条约》和《里斯本条约》将"合作立法"程序修订为"共决立法"（co-decision）程序。[1]

在主权日渐让渡到欧盟层面和欧盟层面代议制机构（主要指欧洲议会）的双重挤压下，最大的受害方无疑是成员国议会。但是，成员国国内的议会仍然是欧盟范围内政治权威和民主合法性的主要支撑和来源。两者之间的紧张关系促成了《里斯本条约》将成员国议会正式纳入欧盟立法程序之中，通过辅助性原则的预警机制对欧盟层面的立法程序进行控制和影响。如此，在"里斯本时代"，欧盟层面的立法权实质上被分配到三个代议制机构之中：类似于民族国家中议会下议院或众议院的欧洲议会、类似于上议院或参议院的欧盟理事会以及各成员国议会。在三个代议制机构中，欧洲议会和理事会是具有主动修改和表决立法的"积极立法者"，成员国议会则是辅助性原则审查中只有延搁立法程序能力的"消极立法者"。然而，在三个立法机构之间对立法权进行再分，这究竟是一种超国家治理道路上的创举还是一项为回应政治压力而选择的歧途？对这一问题的回答或许可以从功能主义视角进行：对权力进行分立，应当不损害该项国家权力功能之有效发挥从而使共同体之政治秩序得以稳定，这是权力分立的积极维度。[2]一方面，权力集中与治理绩效之间从来都不存在确定的正相关关系；另一方面，权力的分立也并非绩效的保障：合理分权基础上的功能有效发挥和监督问责机制才是治理绩效的保障。权力机构功能的

---

[1] Kreppel, A., *The European Parliament and Supranational Party System: A Study in Institutional Development*, Cambridge University Press, 2002, 18-19.
[2] 张翔：《我国国家权力配置原则的功能主义解释》，载《中外法学》2018年第2期，第291页。

碎片化，事实上并不必然在于行使权力的机构数量之多寡，而在乎与权力相随之政治机构之功能的履行状况——"令出多门"只是对机构制度问题的症状描述，功能履行之瘫痪才是问题所在。就代议制机构而言，其在立法过程中的主要功能包括三点：（1）通过选民选举议员和多数派而实现政策输入；（2）立法机构对立法或修法法案的审议和修改表决；（3）立法通过后通过"代议士—选民联系"所实现的对选民的立法反馈——这是一个完整的民主立法功能的发挥过程。事实上，代议制机构的完整的合法性支撑——其机构功能的核心内容正是建立在以上三项要素之上。基于此，下文将分别分析欧盟层面欧洲议会、理事会和成员国议会三个立法机构在欧盟层面的立法过程中的角色和功能，并综合考察立法权在三者之间的再分结构是否有效地实现了立法机构在立法过程中的"民意输入（代表）——法案审议——立法反馈"之功能以判断欧盟的立法机构结构是否造成了立法机构功能的碎片化后果。

3.3 欧盟立法权的再分及立法机构的权力行使

"里斯本时代"的《欧盟条约》第14条规定，"欧洲议会与理事会共同行使立法和预算职能。欧洲议会行使两部条约所规定的政治监督和咨询职能"。第16条规定，"理事会与欧洲议会共同行使立法和预算职能"。两者共同构成了欧盟的代议制民主支柱。[①]此外，《里斯本条约》通过其第2号《关于适用辅助性原则与比例性原则的议定书》

---

① 然而，在德国联邦宪法法院的"《里斯本条约》案"判决中，则仅仅明确承认理事会为条约主人（即成员国）的代议制机构。参见德国联邦宪法法院的"《里斯本条约》案"判决。Lisbon Judgment BVerfGE 123, 367 mn.271.英文版参见：http://www.bundesverfassungsgericht.de/entscheidungen/es20090630_2bve000208en。最后访问时间：2018年6月7日。

建立了成员国议会对欧盟立法程序的参与机制。根据《欧盟条约》第51条之规定，"条约的议定书和附件构成条约的一部分"，这一点也由欧洲法院在多个判例中进行了确认。①因此，在《里斯本条约》时代，欧洲议会、理事会和成员国议会"三驾马车"作为欧盟立法机构的身份皆得到了欧盟最高法院的正式确认。

3.3.1 欧洲议会作为立法机构的角色及其缺陷

欧洲议会作为共同体立法机构的角色并非自然而然的，而是其因势利导与不懈努力之结果。在共同体初创阶段，共同体机构中仅存在一个名为"共同大会"、由来自六个创始成员国的78名代表所组成的边缘性机构。此时，共同大会只有咨询审查之权而对决定与政策并无实质影响力。②经过半个世纪，欧洲议会最终取得了与理事会在立法程序中的平等地位，其作为欧盟立法程序的核心机构的身份也得到了欧盟基础法（EU Primary Law，指作为欧盟"根本大法"的《欧盟条约》、《欧盟运行条约》和《欧盟基本权利宪章》）的承认，但对其作为代议制机构性质的争议事实上并未停止。在民主制度中，代议制机构的身份同时又意味着作为立法机构的合法性支撑。例如，在对于《里斯本条约》与德国《基本法》的合宪性审查案中，德国联邦宪法法院就指出，民主代议制只能在国家层面建立，不能通过欧洲议会或者任何欧盟层面的直接民主得到实现③——这也是后来《里斯本条约》对欧盟立盟条约进行修改时

---

① Case 149/95 *Wybot* [1986] ECR 2391; Case 314/85 *Foto-Frost* [1987] ECR 4199: Case 260/86 *Commission v Belgium* [1988] ECR 955.

② Cini, M. & Borragán, N. P. S., *European Union Politics* (3rd Edition), Oxford University Press., 2010, 163.

③ Armin Steinbach., "The Lisbon Judgment of the German Constitutional Court-New Guidance on the Limits of European Integration?", 11 *GERMAN L.J., 2010,* 367, 389。

将成员国议会纳入欧盟立法程序的原因之一。然而，纵有前述争议，欧洲议会事实上在欧盟立法程序中扮演着越来越核心的角色。

3.3.1.1 欧洲议会作为立法机构的角色和权力行使

欧洲议会在共同立法中的角色一直处于变动之中，总体上其角色和权力趋于加强。在立法程序方面，1987年通过的《单一欧洲法案》引入了合作立法的二读程序，但理事会和欧盟委员会仍对立法之通过握有最终决定权。①根据该程序，尽管欧洲议会只有权利提出其意见，但是欧洲法院在一个判决中认为，欧洲议会可以拒绝发表意见的方式延搁立法的通过。②这一判决实质性地提升了欧洲议会在共同体立法程序中的谈判能力。此外，欧洲议会还采取了多种战略以实现其既有决定权力的效果和影响最大化，包括：关注和提升所提意见的内容以使其作为一个建设性伙伴的角色更易获得成员国的支持③；与欧盟委员会合作而使得立法法案更可能为理事会所接受（根据合作立法程序，当欧盟委员会与欧洲议会达成一致时，理事会接受该立法性法案只需要特定多数决，要提出修改则需要获得理事会成员全体一致支持）。④《里斯本条约》的修改似乎让欧洲议会成为最大赢家。在《里斯本条约》中，共决程序成为欧盟的一般性的立法程序，并且其适用范围延伸到了如下事务中：自由、安全和司法领域；对移民工人社会

---

① 《单一欧洲法案》第149条。
② Scully, R. M., "The European Parliament and the Co-decision Procedure: A Reassessment", *The Journal of Legislative Studies*, 1997, 3(3), 58-73.
③ Selck, T. J. & Steunenberg, B., "Between Power and Luck The European Parliament in the EU Legislative Process", *European Union Politics*, 2004, 5(1), 25-46.
④ Tsebelis, G., "The Power of the European Parliament as a Conditional Agenda Setter", *American Political Science Review*, 1994, 88(01), 128-142.

保险的协调；文化事务；欧元使用的必要措施；融合基金；知识产权保护；市场和农业整体目标的共同组织；执行共同商业政策的架构的确定；欧洲法院组织法案的修改。共决程序中欧洲议会与理事会平等立法机构地位与共决程序适用范围的扩大都强化了欧洲议会在欧盟立法程序中的重要角色。①

欧洲议会权力的扩大可以被视为是欧盟对其所遭遇的"民主赤字"批评的回应。民主问责制要求权力向共同体机构的转移伴随着代议制机构权力的扩大和规范化。这一趋势在《马斯特里赫特条约》生效之后更为加强———一方面是由于共同体正式由一个经济一体化组织转型为一个政治联盟，另一方面是由于"欧盟公民身份"这个概念的引入。德国前任外长菲舍尔（Fischer）对此进行了清晰的阐述："今天，欧盟不再仅仅是一个国家的联盟而越来越是一个公民的联盟。尽管如此，欧盟的决定仍然大多由成员国所做出。民选的欧洲议会作为直接合法性来源的角色仍有待发展。如果我们要克服欧盟的民主赤字问题，该角色必须进一步增强……"②另外，也有研究指出了政治家在条约中扩大欧洲议会权力的动力：在让渡到共同体机构以解决国际问题的权力规模与政治精英对民主赤字认知之间存在着正相关关系，而后者则构成了政治精英推动共同体机构"民主化"的动力。③此外，

---

① Piris, J. C., *The Lisbon Treaty: A Legal and Political Analysis*, Cambridge University Press, 2010, 112-122.

② Noury, A. G. & Roland, G., "More Power to the European Parliament?", *Economic Policy*, 2002, 17(35), 279-319.

③ Rittberger, B., "Removing Conceptual Blinders: Under What Conditions does the 'Democratic Deficit' Affect Institutional Design Decisions?" (No. p0023), *University of Bath, Department of European Studies and Modern Languages*, 2003.

欧洲议会权力的扩张也与它通过两项基本工具来扩张其影响力是分不开的：说服和惩罚。在一体化起初阶段，议会只有非常有限的权力，它选择更多说服而非惩罚。此时欧洲议会更多扮演一个建设性角色以使其声音得到听取并借此形成了一些非正式的惯例。一旦获得了新的权力，欧洲议会会立即发展出其内部程序和通过对条约模糊之处以立法方式进行阐释来"规训"其他机构接受其意见。[1] 此时，欧洲议会会更多使用"惩罚"权并通过其在对欧盟规则进行解释的裁量权来逐渐获得对议程的设定权。[2] 另外，在讨论成员国议会与欧洲议会的民主合法性提供关系时，也有学者指出，与通常所认知的"成员国议会可以为欧洲议会提供合法性供给"观念不同，欧洲议会事实上也在给成员国议会提供合法性供给的"反向依赖"（reverse dependence）现象。该观点认为，在一个民主社会中，代议制机构有义务保障公民的权利和社会正义，并且保护其免予任意性权力的支配。然而，由于经济贸易的发展与互相依赖，欧盟成员国的议会已经不可能在缺乏对跨国事务进行民主管理的情况下为其公民提供足够的上述保护。因此，是欧洲议会对于欧盟事务的民主管理弥补了成员国议会在区域经济一体化的情况下对本国公民保护能力之不足。因此，成员国议会的合法性事实上有赖于欧洲议会。[3]

---

[1] Earnshaw, D. & Judge, D., "Early Days: The European Parliament, Co-decision and the European Union Legislative Process Post-Maastricht", *Journal of European Public Policy*, 1995, 2(4), 624-649.

[2] Hix, S., "Constitutional Agenda-setting Through Discretion in Rule Interpretation: Why the European Parliament Won at Amsterdam", *British Journal of Political Science*, 2002, 32(2), 259-280. 在本文中，作者概述了欧洲议会通过其在条约规则解释方面的裁量权实现其权力和影响最大化的过程。

[3] Lord C., "Democracy at the EU Level: Folly or Necessity? More Work for a Directly Elected European Parliament", *European Law Journal*, 2020, 26(5-6): 448-459.

3.3.1.2 欧洲议会作为立法机构的缺陷

民主决策和政治代表是欧洲议会过去面临并且将来仍然面临的问题。[1]欧洲议会虽然系为回应欧盟主权让渡而产生的民主赤字问题而得以建立和增强[2]，但它仍然面临着代表性不足的问题。首先是民主输入方面。欧洲议会长期受到选举低投票率的困扰。[3]此外，欧洲议会的选举更多扮演着对各国当下执政党的"期中考"的角色，选民投票时的主要依据是本国执政党的执政绩效和国内政策，各党在欧盟议题上的立场和政策常常是次要的考虑。[4]此外，欧洲议会还面临着选

---

[1] Bernhard Wessels, "Institutional Change and the Future Political Order", in Katz, R. S. & Wessels, B. (1999), *The European Parliament, The National Parliaments, and European Integration*. Oxford University Press, USA. 213.

[2] Rittberger, B., "The Creation and Empowerment of the European Parliament", *Journal of Common Market Studies*, 2003, 41(2), 206-208.除了对民主赤字的回应之外，本文还指出欧洲议会的建立也是关于治理的"合法性信仰"的结果。

[3] 很多学者已经指出了这一问题。尽管对这一事实的解读和判断存在分歧，但是各方在一个事实上存在基本共识：欧洲议会选举的投票率相对较低。参见：Franklin, M. N., "How Structural Factors cause Turnout Variations at European Parliament Elections", *European Union Politics*, 2001, 2(3), 309-328; Franklin, M. N. & Hobolt, S. B., "The Legacy of Lethargy: How Elections to the European Parliament Depress Turnout", *Electoral Studies*, 2011, 30(1), 67-76; Mattila, M., "Why Bother? Determinants of Turnout in the European Elections", *Electoral Studies*, 2003, 22(3), 449-468.

[4] Reif, K. & Schmitt, H., "Nine Second-order National Elections-A Conceptual Framework for the Analysis of European Election Results", *European Journal of Political Research*, 1980, 8(1), 3-44; Schmitt, H., "The European Parliament Elections of June 2004: Still Second-order?", *West European Politics*, 2005, 28(3), 650-679; Hix, S. & Marsh, M., "Punishment or Protest? Understanding European Parliament Elections", *Journal of Politics*, 2007, 69(2), 495-510; Hobolt, S. B. & Wittrock, J. (2011), "The Second-order Election Model Revisited: An Experimental Test of Vote Choices in European Parliament Elections", *Electoral Studies*, 2011, 30(1), 29-40; De Vreese, C. H., Banducci, S. A., Semetko, H. A. & Boomgaarden, H. G., "The News Coverage of the 2004 European Parliamentary Election Campaign in 25 Countries", *European Union Politics*, 2006, 7(4), 477-504.

民和欧洲议会之间"极弱的联系"的问题——一方面,大多数欧洲选民对于欧洲议会议员在欧洲议会的表现缺乏了解;[1]另一方面,欧洲议会议员的提名权仍然掌握在各国政党手中,这也给欧洲议会议员对欧盟事务进行独立判断——超越国家利益的桎梏而关注欧盟整体利益——造成了负面影响。[2]

此外,尽管欧洲议会在立法程序和选举罢免欧盟委员会主席方面获得了越来越多的权力,但是欧盟民主赤字的问题似乎并未得到明显解决。事实上,正如学者所指出的,民主也包括"代议士—选民联系"的维度。[3]在这方面,欧洲议会的选举低投票率、欧盟公民对欧洲议会的缺乏了解以及选民心理上对欧洲议会的距离感促成了如下事实:成员国议会仍然在选民的代议制机构排序中占据首位。部分欧盟政治家对这一事实的回应便是将成员国议会纳入欧盟决策程序之中:由于欧洲议会目前未能成功地为欧盟提供充分的合法性,成员国议会应当制度化为欧盟政治决策的一部分——《里斯本条约》中的辅助性审查的预警机制即是该回应的制度体现。对这一做法的分析和评价,将在本章第三部分中具体展开。

---

[1] Hix, S., Noury, A. G. & Roland, G., *Democratic politics in the European Parliament*, Cambridge University Press, 2007, 26-29.

[2] Kreppel, A. (2002), *The European Parliament and Supranational Party System: A Study in Institutional Development*, Cambridge University Press, 210; Katz, R. S. & Wessels, B. (1999), *The European Parliament, the National Parliaments, and European Integration*, Oxford University Press, 217; Hix, S., "Parliamentary Behavior with Two Principals: Preferences, Parties, and Voting in the European Parliament", *American Journal of Political Science*, 2002, 688-698.

[3] Katz, R. S. & Wessels, B., *The European Parliament, the National Parliaments, and European Integration*, Oxford University Press, 1999, 13, 21-22.

3.3.2 欧盟理事会作为立法机构的角色及其缺陷

由各国部长所组成的欧盟理事会曾长期被认为是欧盟立法程序中代表成员国利益的核心参与者。[1]作为政府间主义路线的代表性机构，理事会的权力和影响在"卢森堡妥协"后得到了极大的增强。[2]在现行欧盟的机构设置中，理事会被认为扮演着类似两院制下的参议院/上议院的角色，与欧洲议会共享立法权和预算权。[3]

3.3.2.1 欧洲理事会作为立法机构的角色

与两院制下的参议院/上议院类似，理事会也扮演着代表联盟组成单位（如州、邦、加盟共和国、成员国等）的个别利益的角色，这一点从其组成人员的背景可以得到明确显示——理事会由各成员国政府的部长组成。[4]从机构间互动的角度来说，理事会也是与超国家主

---

[1] Sherrington, *Council of Ministers: Political Authority in the European Union*, A&C Black, 2000, 32; Naurin, D. & Wallace, H., *Unveiling the Council of the European Union: Games Governments Play in Brussels*. Springer, 2008, 1; Craig, P., *The Lisbon Treaty: Law, Politics, and Treaty Reform*, Oxford University Press, 2010, 33; Bindseil, U. & Hantke, C., "The Power Distribution in Decision Making among EU Member States", *European Journal of Political Economy*, 1997, 13(1), 183.

[2] 该妥协系由于法国拒绝参加理事会会议所引发的"空座危机"而达成的解决方案，根据该妥协协议，与某项政策存在核心利益关联的成员国对该政策拥有事实上的否决权。See: Judt, T. Postwar, *A History of Europe Since 1945*, New York: The Penguin Press, 2005, 308.

[3]《欧盟条约》第14条、第16条。

[4] See: Hix, S., *The Political System of the European Union*, Palgrave Macmillan, 2005, 103-106; Crombez, C., "Co-Decision: Towards a Bicameral European Union", *European Union Politics*, 2000, 1(3), 363-381；Thomson, R. & Hosli, M., "Who Has Power in the EU? The Commission, Council and Parliament in Legislative Decision-making", *Journal of Common Market Studies*, 2006, 44(2), 413-414; Craig, P., *The Lisbon Treaty: Law, Politics, and Treaty Reform*, Oxford University Press, 2010, 45; Bulmer, S. J., "The European Council and the Council of the European Union: Shapers of a European Confederation", *Publius: the Journal of Federalism*, 1996, 26(4), 17-42.

义路线的机构相对而捍卫成员国核心利益的联盟机构。[1]另外，理事会同时也是一个欧盟机构，这意味着它也具有超国家性的方面。因此，对理事会角色的一种更为准确的描述或许是："在关涉共同体的事务中它表现为一个超国家机构；在还未完全让渡到共同体的事务中它表现为一个事实上的政府间会议。"[2]

根据《里斯本条约》之规定，自2014年11月1日起，理事会内的表决门槛将确定为特定多数决制度（Qualified Majority Voting, QMV）——需要理事会成员的55%以上且需要代表欧盟65%以上的人口。[3]然而，这一表决方式很少被动用，大多数决策都是通过共识决的方式做出的。[4]这一"共识文化"的形成是多个因素作用的结果：首先，在理事会中没有固定而长期的联盟，而是因政策而变。[5]因此，理事会成员更倾向于以一种妥协式和合作式方式来

---

[1] Sherrington, P., Council of Ministers: Political Authority in the European Union, A&C Black, 2000, 32.

[2] Lasok, D. & Lasok, K. P. E., Law and institutions of the European Union, 7th edition, Butterworth, 2001, 246.

[3]《欧盟条约》第16条。

[4] Craig, P., The Lisbon Treaty: Law, Politics, and Treaty Reform, OUP Oxford, 2010, 44. 理事会决议的绝大多数，大约占81%，是通过全体一致方式做出的。See: Heisenberg, D., "The Institution of 'Consensus' in the European Union: Formal Versus Informal Decision-making in the Council", European Journal of Political Research, 2005, 44(1), 66. See also: Novak, S., "The Silence of Ministers: Consensus and Blame Avoidance in the Council of the European Union", Journal of Common Market Studies, 2013, 51(6), 1091-1107; Nugent, N., The Government and Politics of the European Union, 4th edition, Durham, NC: Duke University Press, 1999, 168-169; Hix, S., The Political System of the European Union, Palgrave Macmillan, 2005, 87.

[5] Naurin, D. & Wallace, H., Unveiling the Council of the European Union: Games Governments Play in Brussels, Springer, 2008, 8; Peterson, J. & Shackleton, M., The Institutions of the European Union, Oxford University Press, 2012, 86.

谈判促成协议。① 其次，"共识文化"也是"避免羞辱"（Avoiding Blame）战略的结果——如果理事会成员在表决中未能形成"有否决权的少数派"而落败，该成员所属的成员国执政党很可能会因为未能成功捍卫本国利益而遭受选民惩罚。② 换言之，理事会中特定多数决的正式表决制度，事实上多作为理事会为实现全体一致的谈判的筹码而发挥作用。③ 在共识文化和机构运作的路径依赖下，正式表决规则很少得到运用，欧盟理事会在特定多数决和形成否决的少数派等制度方面的演化往往表现为谈判能力的强弱演变而非决策能力的变化。④

3.2.2.2 欧盟理事会作为立法机构的缺陷

传递民主负责制是欧盟的立法——行政关系面临的主要挑战之一⑤。当欧洲议会已经通过直接选举产生并且欧盟委员会逐渐演变成议会制内阁之后，理事会作为代议制机构的民主性就愈发受到质疑。

真正的决策者?

在理事会的组织结构中，部长们应当受到常任代表委员会（以

---

① Sherrington, P., *Council of Ministers: Political Authority in the European Union*, A&C Black, 83; Lewis, J. (2000), "The Methods of Community in EU Decision-making and Administrative Rivalry in the Council's Infrastructure", *Journal of European Public Policy*, 2000, 7(2), 261.

② Novak, S., "The Silence of Ministers: Consensus and Blame Avoidance in the Council of the European Union", *Journal of Common Market Studies*, 2013, 51(6), 1092. 作者详细分析了成员国倾向于不投反对票的各种理由：对于法、德这样的大成员国而言，不投反对票主要是避免被羞辱；对于小成员国而言，投出反对票很可能因为无法阻挡议案而白投了；对于新成员国而言，它们基于新来者的谦逊而不愿意投反对票。

③ Craig, P., *The Lisbon Treaty: Law, Politics, and Treaty Reform*, OUP Oxford, 2010, 44.

④ Moberg, A., "The Nice Treaty and Voting Rules in the Council", *Journal of Common Market Studies*, 2002, 40(2), 281.

⑤ Crum, B., "Legislative-Executive Relations in the EU", *Journal of Common Market Studies*, 2003, 41(3), 375-395.

下简称常代会)和总秘书处的辅助,前者负责做出程序性决策并完成分配给其的任务[1],后者则提供行政管理方面的支持[2]。在长期演变中,常代会已经逐渐发展为一个"多元的决策工厂"[3],决策重心实际上已经从负有政治责任的部长级下降到较低层级的常任代表,决策过程更加远离公众。对理事会决策的分析显示了决策中心从部长转移到委员会文官这一问题的严重性:35%—48%的共同体立法是由部长制定的,大约22%实际上是由常代会和农业特别委员会制定的,另有31%—43%是由各种工作组制定的——大约半数的决策不是由部长而是由高级文官做出的。[4] 这一现象造成了对部长进行政治问责时政策制定与政治责任承担之间的断裂问题。[5]

决策的透明性?

谈判和决策的不透明性是理事会长期为人诟病的问题[6],也由于其造成选民无法问责其政治代表(各国政府部长)而加剧了欧盟的民主赤字问题。[7]《里斯本条约》将理事会会议分为两类,其中的立法

---

[1]《欧盟运行条约》第240条第1款。

[2]《欧盟运行条约》第240条第2款。

[3] Peterson, J. & Shackleton, M., *The Institutions of the European Union*, Oxford University Press, 2012, 325.

[4] Häge, F. M., "Who Decides in the Council of the European Union?", *Journal of Common Market Studies*, 2008, 46(3), 554.

[5] Häge, F. M., "Who Decides in the Council of the European Union?", *Journal of Common Market Studies*, 2008, 46(3), 556.

[6] Heisenberg, D., "The Institution of 'Consensus' in the European Union: Formal Versus Informal Decision-making in the Council", *European Journal of Political Research*, 2005, 44(1), 67-68.

[7] Héritier, A., "Composite Democracy in Europe: the Role of Transparency and Access to Information", *Journal of European public policy*, 2003, 10(5), 830; Follesdal, A. & Hix, S., "Why There is a Democratic Deficit in the EU: A Response to Majone and Moravcsik", *Journal of Common Market Studies*, 2006, 44(3), 553.

性会议应当公开。① 然而，这一增进透明性之举仅限于部长层级，无法深入到常代会和其他文官系统。因此，这一"半套透明"措施被批评为仅仅是将实质谈判过程下推到更隐蔽的文官委员会。② 此外，投票记录的透明性也会给问责制带来负面效果：为了"避免羞辱"和表决失败而被国内选民惩罚，部长们可能更倾向于加入多数派——尽管其事实上未必与多数派立场一致。③ 这种投票策略与理事会的共识文化一道，通过阻碍公众对决策过程的了解而削弱了问责制的有效性。④

非正式规则的盛行

"卢森堡妥协"以来，理事会中的非正式规则日渐盛行，不仅补充了正式规则，而且取代甚至系统性地偏离了正式规则。⑤ 从积极方面来说，非正式规则有助于避免矛盾的台面化及由此引起的国家间的对立，塑造了忠诚合作的氛围并且推进了一体化进程。⑥ 但其消极后果是遮蔽了决策过程，使公众缺乏足够途径了解、批判和挑战理事会的决定，最终使得各国选民对本国部长在欧盟议题上的民主控制成为

---

① Craig, P. & De Búrca, G., *EU Law: Text, Cases, and Materials*, Oxford University Press, 2015, 40-41.
② Peterson, J. & Shackleton, M., *The institutions of the European Union*, Oxford University Press, 2012, 90.
③ Novak, S., "The Silence of Ministers: Consensus and Blame Avoidance in the Council of the European Union", *Journal of Common Market Studies*, 2013, 51(6), 1104.
④ Novak, S., "The Silence of Ministers: Consensus and Blame Avoidance in the Council of the European Union", *Journal of Common Market Studies*, 2013, 51(6), 1092; Heisenberg, D., "The Institution of 'Consensus' in the European Union: Formal Versus Informal Decision-making in the Council", *European Journal of Political Research*, 2005, 44(1), 67.
⑤ Kleine, M., "Informal Governance in the European Union", *Journal of European Public Policy*, 2014, 21(2), 303-314.
⑥ Heisenberg, D., "The Institution of 'Consensus' in the European Union: Formal Versus Informal Decision-making in the Council", *European Journal of Political Research*, 2005, 44(1), 81-82.

不可能。总而言之，理事会的合法性问题主要可以分为两个方面。第一个方面指向民主基础的缺乏，即理事会无法通过民主选举而被轮替（只可能通过各国国内选举每次更换一名成员）。[1]第二个方面是决策程序中的秘密性，公众缺乏足够的信息对其进行监督。

3.3.3 成员国议会参与立法的角色及其缺陷

在一体化初始阶段，成员国议会通过选举"共同大会"成员的方式在欧盟机构中拥有一定角色。1979年欧洲议会的直接选举终止了成员国议会在欧盟决策中的参与。数十年之后，为回应民主赤字的批评，在《里斯本条约》中成员国议会再度入场，重新参与到欧盟的决策过程中来。[2]一方面，在立法职能方面，成员国议会既需要修改本国国内法以使之与欧盟法相符合[3]，又需要将欧盟指令转换为国内法[4]。另一方面，一体化进程也对成员国国内的行政—立法关系产生了外溢效应：欧盟层面的行政主导促使政策的制定和落实也在成员

---

[1] Craig, P., *The Lisbon Treaty: Law, Politics, and Treaty Reform*, OUP Oxford, 2010, 72.

[2] 关于通过预警机制增强欧盟民主合法性的职责，参见：Cooper, I., "A 'Virtual Third Chamber' for the European Union? National Parliaments after the Treaty of Lisbon", *West European Politics*, 2012, 35(3), 446; Cygan, A., *Accountability, Parliamentarism and Transparency in the EU*, Edward Elgar Publishing, 2013, 21; Benz, A., "Path-dependent Institutions and Strategic Veto Players: National Parliaments in the European Union", *West European Politics*, 2004, 27(5), 875-876; Kiiver, P., *The National Parliaments in the European Union: A Critical View on EU Constitution-building*, Kluwer Law International, 2006, 184-185; Bellamy, R. & Kröger, S., "Domesticating the Democratic Deficit? The Role of National Parliaments and Parties in the EU's System of Governance", *Parliamentary Affairs*, 2014, 67(2), 437-457。

[3] Raunio, T., "Always One Step Behind? National Legislatures and the European Union", *Government and Opposition*, 1999, 34(2), 100.

[4] Kiiver, P., *The National Parliaments in the European Union: A Critical View on EU Constitution-building* (Vol. 50), Kluwer Law International, 2006, 11-12.

国层面促成了成员国行政机构相对于立法机构优势的产生[1]；理事会的特定多数决和共识文化也使得成员国层面的部长政治责任制受到损害。[2]面临被边缘化危险的成员国议会最终在《里斯本条约》中促成了辅助性审查的预警机制的建立。

3.3.3.1 成员国议会作为代议制机构的角色：以预警机制为例

一体化之初存在着成员国议会参与到欧盟治理中的多个模式。经典模式是议会通过审查成员国的外交政策来间接参与到国际事务中。共同体的议会大会模式则迈向了通过各国议会选举产生的议会大会以审议而非立法的方式直接审查超国家合作的模式。[3]从20世纪90年代起，成员国议会开始被授权参与到更多的欧盟决策的监督中。第一，欧盟条约允许成员国议会获得欧盟立法（自起草阶段起）的相关信息和文件。[4]第二，"议会欧盟事务委员会大会"（由欧盟各个成员国的议会中的欧盟事务委员所组成）于1989年建立并很快成为各国议

---

[1] Moravcsik, A., "Why the European Community Strengthens the State: Domestic Politics and International Cooperation", 1994, Center for European Studies Working Paper Series #52. See: https://ces.fas.harvard.edu/files/working_papers/CES_WP52.pdf，最后访问时间：2016年4月26日。

[2] Cygan, A., *Accountability, Parliamentarism and Transparency in the EU*, Edward Elgar Publishing, 2013, 106-107.

[3] Cooper, I., "A 'Virtual Third Chamber' for the European Union? National Parliaments after the Treaty of Lisbon", *West European Politics*, 2012, 35(3), 445. 本文还提到了超国家议会（如联邦议会或邦联议会）为第三种经典模式——由于这种模式迄今为止尚未在欧盟建立，因此此处不展开讨论。

[4] Fraga, A., "After the Convention: The Future Role of National Parliaments in the European Union (and the day after... nothing will happen)", *The Journal of Legislative Studies*, 2005, 11(3-4), 493；Auel, K., "Democratic Accountability and National Parliaments: Redefining the Impact of Parliamentary Scrutiny in EU Affairs", *European Law Journal*, 2007, 13(4), 488. 另见《马斯特里赫特条约》第13号宣言和《阿姆斯特丹条约关于成员国议会在欧盟中角色的附加议定书》第2条。

会共享与沟通欧盟政策和信息以强化其监督和问责能力的平台。[1]《欧洲宪法条约》中建立了仅有"黄牌"的咨询性的预警机制。[2]《里斯本条约》鉴于《欧宪条约》被否决的民主合法性考虑,在预警机制原有的"黄牌"基础上增加了"橙牌"机制。根据《关于辅助性和比例性原则适用的附加议定书》,成员国获得了集体性干预欧盟立法程序的权力。当"黄牌"机制启动时,立法动议草案必须进行审查,提出动议的机构必须说明理由。当"橙牌"机制启动时,只要55%的理事会成员或者欧洲议会的简单多数就足以否决相关动议。[3]

预警机制旨在为欧盟提供输出合法性之外的民主合法性支撑。[4]此外,这一机制也旨在通过成员国议会的桥梁加强公民和欧盟之间的联系与沟通。[5]另外,有学者通过对2009年至2017年之间成员国启动和运用辅助性原则的预警机制的实践进行研究发现,此间成员国议会只正式动用过三次"橙牌"程序(其中有两次还被推翻了)。尽管成员国议会在通过动用预警机制来挡下其所不欲的立法方面无甚成功之处,但它们将该机制成功转型成一个与欧盟机构进行政策对话的途径,并且在事实上对最终的立法结果产生了相当的影响。通过将成员

---

[1] Barrett, G., *National Parliaments and the European Union: The Constitutional Challenge for the Oireachtas and other Member States Legislatures*, Clarus Press, 2008, 456.

[2] Cooper, I., "A 'Virtual Third Chamber' for the European Union? National Parliaments after the Treaty of Lisbon", *West European Politics*, 2012, 35(3), 447.

[3]《里斯本条约》第2号附加议定书第7条。

[4] Cygan, A., *Accountability, Parliamentarism and Transparency in the EU*, Edward Elgar Publishing, 2013, 220-221; Cooper, I., "The Watchdogs of Subsidiarity: National Parliaments and the Logic of Arguing in the EU", *Journal of Common Market Studies*, 2006, 44(2), 282.

[5] Cygan, A., *Accountability, Parliamentarism and Transparency in the EU*, Edward Elgar Publishing, 2013, 67.

国议会在法律上纳入立法程序并在事实上纳入政策讨论之中，欧盟的民主合法性也得到了一定的强化。[1]此外，由于成员国议会在预警程序中所提出的附理由的意见书通常可以代表其政府对于欧盟委员会相关动议的反对立场，因为欧盟委员会在提出动议后、递交欧盟理事会审议前，事实上就已经可以通过成员国议会的意见书捕捉到成员国政府的立场。因此，即使反对欧盟委员会动议的成员国议会数量无法达到启动"橙牌"程序的门槛，欧盟委员会也相当有可能会撤回相关动议，从而避免在后续理事会审议中可以预见到的阻碍。[2]

预警机制引入的一个更为深远的影响是为欧洲一体化进程引进了一种尊重辅助性原则和成员国自主性的新文化，使得欧盟的立法更加倾向于质量导向而非数量导向，这对于纷繁复杂的欧盟立法和欧盟法律汇编而言是一个重大的方向转换。[3]在一体化所导致的欧盟和成员国两个层面上行政日益压倒立法的背景下，将成员国议会纳入欧盟决策机制意味着成员国议会的欧盟化。[4]成员国议会的欧盟化意味着处于两层治理中边缘化危机的成员国议会得到一定程度的重振：强化了对本国政府的欧盟事务的控制并让成员国得以以集体行动方式对欧盟

---

[1] Cooper, I., "National parliaments in the Democratic Politics of the EU: The Subsidiarity Early Warning Mechanism, 2009-2017", *Comparative European Politics*, 2019, 17(6): 919-939.

[2] Van Gruisen, P., Huysmans, M., "The Early Warning System and Policymaking in the European Union", *European Union Politics*, 2020, 21(3): 451-473.

[3] Cooper, I., "The Watchdogs of Subsidiarity: National Parliaments and the Logic of Arguing in the EU", *Journal of Common Market Studies*, 2006, 44(2), 281-304.

[4] 学者已经对成员国议会的欧洲化设定了一些标准：信息不对称地减少，行政机构在欧盟议题上对成员国议会的咨询以及议会意见对行政机构的法律和事实上的约束力。See: Neunreither, K., "The Democratic Deficit of the European Union: Towards Closer Cooperation between the European Parliament and the National Parliaments", *Government and Opposition*, 1994, 29(3), 304.

决策进行进一步的审查。[1]

3.3.3.2 预警机制的缺陷

对尚未具有丰富运行实践的制度进行评价并不是一个慎重的做法，这是因为，在人类制度史上存在着如下常见现象：法律制度的具体运作实践发展、超越甚至背离制度的字面规定乃至制度设计者原意。然而，在制度进行充分的运行之前，通过制度设计来对制度可能的运行情况及其解决问题之效果进行合理的假定，在此基础上，发现制度所存在的问题，同时对该制度提出一定程度的深入追问，也是一种合理的做法。基于上述判断，本部分将对成员国议会参与欧盟决策的预警机制提出一些问题。第一，欧盟28个（如不计入英国则为27个）成员国的政治制度各具特色，成员国议会的功能亦呈现多样化。甚至在一个采取两院制议会的成员国内部，两院之间在组织结构、功能重点、审查偏好、审议积极性、利益代表方面都存在着很大不同。那些积极参与到预警机制中的成员国议会很可能是那些本国执政政府联系较弱的议会，如少数党/多党联盟政府的议会。[2]此外，政党关系或者机构关系也是一个很有影响力的因素。例如，同样为多党联合政府，德国联合政府倾向于保护联盟和促进稳定性，荷兰的联合政府则更青睐对政府法令进行严审以有利于政党的利益博弈。[3]强调代表多

---

[1] Raunio, T., "Ensuring Democratic Control over National Governments in European Affairs", in G. Barrett (Ed.), *National parliaments and the European Union: The Constitutional Challenge for the Oireachtas and Other Member State Legislatures*, 2008, 12.

[2] Holzhacker, R., "The Power of Opposition Parliamentary Party Groups in European Scrutiny", *The Journal of Legislative Studies*, 2005, 11(3-4), 428-445.

[3] Holzhacker, R., "National Parliamentary Scrutiny over EU Issues Comparing the Goals and Methods of Governing and Opposition Parties", *European Union Politics*, 2002, 3(4), 476.

元利益的议会（如采取政党比例名单选制的议会）和强调稳定政府的议会（如采取单一选区选制的议会）对参与欧盟决策审查的积极性也不同。①第二，成员国议会参与欧盟决策机制更严重的问题是对某些基本政治原理的违背。长期以来，代表国家处理外交事务的权力被公认为属于行政机构而非立法机构的权力范围。行政部门在外交领域所享有的行政裁量权和措施的选择空间远超过在内政领域。相应地，各国代议制机构和司法机构对行政机构在外交领域的民主控制和司法审查也相对克制。一个国家对外只能有一个外交政策；如果一个国家对外表现为多个外交政策，那将是对国家信用度的侵蚀。相反，如果成员国议会对欧盟决策持有与本国政府一致的立场，那么成员国议会参与到欧盟决策中的意义将大打折扣。

事实上，如果我们将预警机制与理事会中的表决规则进行联系和对比，预警机制的真实功能就呈现出来：如果某些成员国未能在理事会表决中形成足以否定决策或立法的少数集团而在理事会的表决中败下阵来，但是这些成员国又足以达到启动"黄牌"机制或者"橙牌"机制的门槛，那么这些国家可以促使它们本国的议会采取集体行动来启动预警机制，要求提出动议的欧盟机构说明理由并且从程序上对相关的欧盟决策或立法进行延搁性阻挡。换言之，预警机制启动的最大可能性以及该机制运行的最大意义很可能并不在于维护成员国议会的权力或者增强欧盟的民主合法性，而在于为那些不足以形成"具有否决权的少数派"提供一个在理事会表决失败后的救济机制，通过预警机制发挥实质上的延搁法案这一程序性权利的效果。事实上，该机制

---

① Wessels, B., "Roles and Orientations of Members of Parliament in the EU Context: Congruence or Difference? Europeanisation or Not?", *The Journal of Legislative Studies*, 2005, 11(3-4), 453.

迄今为止的唯一一次启动所产生的争议恰恰证实了对这一制度的真实功能的判断。2012年，经济学家蒙蒂基于《欧盟运行条约》第352条提出了"蒙蒂第二动议"，试图引入一个警告机制以实现内部市场的要求（尤其是提供服务的权利和营业权利的行使）和工人的罢工权利之间的平衡。①对"蒙蒂第二动议"的反对达到了成员国议会预警程序的"黄牌"程序启动的门槛。由于"黄牌"程序中成员国的反对，欧盟委员会最终撤销了"蒙蒂第二动议"。然而，无论是欧盟委员会的撤销考虑还是成员国议会所提交的反对意见都可以看出，该决议最终被撤销并非由于该动议违反了辅助性原则，而是该决议对部分成员国国内的劳动法制度可能造成的负面影响。②尽管这次启动被批评为成员国扭曲了该制度的制度目标（对欧盟立法进行辅助性维度的审查），但是在这一启动中，部分成员国议会成功地运用该程序阻止了自己可能无法通过表决程序进行阻止的对本国不利的欧盟立法。

3.4 欧盟立法机构的功能碎片化及其可能解决方案

立法机构在超国家治理中的角色在一体化设计和肇始阶段并未受到重视。正如前文所提到，在欧盟"建盟之父"们看来，超国家机构应当更多遵循排除民主输入的官僚理性治理逻辑而非一个全面的政府架构。然而，伴随着主权持续让渡到超国家层面和立法机构在此进程中的滞后，欧洲立宪主义传统中对民主合法性的需求逐渐显现出来并

---

① 根据该动议，成员国应当在如下情况发生时通知受到影响的成员国和欧盟委员会："如果某种严重的行为或情形影响了营业自由或提供服务自由的有效行使，从而足以对内部市场的良好运行造成严重干扰并且或者会对工业关系制度产生严重伤害或者在其或其他成员国领土上产生严重的社会不安。"

② Kaczorowska-Ireland, A., *European Union Law*, Routledge, 4th edition, 2016, 197-198.

促成了代议制机构的实质参与。与此相呼应，超国家机构的民主基础也逐渐从间接民主（各成员国民选的部长和政府首脑）转向双重民主（直接选举的欧洲议会和间接选举的理事会）。在《欧宪条约》和《里斯本条约》之中，这一模式又进化为"双重民主＋成员国议会＋公民倡议直接民主"的模式。

然而，这一复杂的组合并未有效地回应民主赤字的批评。欧盟公民似乎对欧盟的民主化进程并不买账。欧盟债务危机和难民危机在各个成员国进一步引发了将对欧盟的民主合法性质疑推到高峰的民粹主义运动——德国的其他选项党、法国的国民阵线（及其继承者的国民联盟）、英国的独立党（及其继承者的脱欧党）、奥地利的自由党和波兰的法律与公正党等——暴露了过去几十年间欧盟民主化努力的脆弱性。除了经济、社会和文化方面的原因外，欧盟的代议制结构设计的缺陷也是形成欧盟民主合法性危机的原因之一。如前文所述，代议制机构之功能可以大致分为三类：政府的选举罢免功能（民主输入）、政策的审议功能和政策—选民的联系功能。在选举罢免功能方面，如果在议会制体制下，欧盟选民可以通过直接选举欧洲议会来影响甚至决定欧盟委员会主席及其组成。然而，在2019年欧盟委员会主席选举的过程中，欧盟成员国首脑拒绝议会第一大党领袖（领衔候选人）作为欧盟委员会主席而另择冯德莱恩出任主席的实践使2014年欧洲议会选举中欧洲议会所试图推行的"第一大党领衔候选人担任欧盟委员会主席"的议会制努力戛然而止。[①] 欧盟委员会主

[①] 事实上，早在2014年欧洲议会选举的领衔候选人制度实施后，已经有学者指出该制度的脆弱基础，并对其被重复实践持悲观态度。See: Goldoni, M., "Politicising EU lawmaking? The Spitzenkandidaten Experiment as a Cautionary Tale", *European Law Journal*, 2016, 22(3): 279-295.

席的提名和任命再度成为欧盟成员国首脑尤其是大国首脑们博弈的产物。这在一定程度上可以看作是欧洲一体化道路中政府间主义路线对超国家主义路线的胜利。[①]此外，欧洲理事会和欧盟理事会仍无法在一次选举中进行更替。其次，在政策审议方面，理事会（在常代会的辅助下）的影响力仍然相对地优先于其他代议制机构。然而，理事会由于其决策的机密性、独特的共识文化和非正式规则的盛行，恰恰成为欧盟民主合法性问题的一部分。如果我们将政策审议和选民联系反馈功能结合来看，欧洲议会和成员国议会所面临的困境就很清楚了。欧洲议会虽然在欧盟政策的审议方面的权力和角色得到增强，但其与选民之间仍然是"极弱的联系"。成员国议会则恰恰与此相反：成员国议会虽然与选民联系较为密切，但其仍然主要关注本国内政事务，缺乏足够的权力、角色、资源和政治动力来对欧盟政策进行有效审议。[②]因此，无论是欧洲议会还是成员国议会，在行使代议制机构的功能方面都存在严重缺陷。笔者认为，欧盟内部代议制机构在行使代议制机构的功能方面的碎片化问题形成了欧盟民主合法性的重要原因之一：欧洲议会、理事会和成员国作为代议制机构的碎片化是功能性的——《里斯本条约》将更多的代议制机构纳入欧盟决策过程对这一问题的解决所做出的努力似乎更多是流于表面的应付之计而非建立在对欧盟机构体制所存在的缺陷的准确判断之上。权力的划分应当充分考虑功能的达成和治理绩效的提升。欧盟决策过程中参与的代议制机构的数量的增加无法解决目前代议

---

① 张亚宁：《2019年欧盟委员会主席换届——新政府间主义的视角》，载《德国研究》2020年第1期，第76—97页。
② Winzen, T., "Constitutional Preferences and Parliamentary Reform: Explaining National Parliaments' Adaptation to European Integration", 2017, Oxford University Press.

制机构功能行使上的碎片化问题，反而可能产生新的问题。这是因为：一个系统不仅仅是所有组成部分之和，更重要的是，系统还包括其组成部分之间的联系。如果在进行权力分配时没有将系统组成部分之间的联系和互动考虑进去，权力的分配就只是割裂了各组成部分之间的联系从而最终导致系统功能作用的失败和系统的瘫痪。行使立法权的代议制机构的三项功能之间形成了一个相对独立的系统，在这个系统中，至少，选举罢免、政策审议和选民联系功能是彼此依赖、相辅相成的：选民通过选举表达的民主输入、政策审议和政策反馈三者共同构成一个个政策的民主化过程。然而，当前欧盟层面立法权在代议制机构之间的权力分立恰恰在事实上将三项功能拆分给了不同的代议制机构。民主赤字并不是必然指向代议制机构权力在数量上的缺乏，或许更是对一个运行不良的代议制机构的功能缺陷的描述。功能碎片化的欧盟代议制机构不是民主赤字问题的解决方案，而是问题本身的一部分。

在上述功能主义分析的基础上检视《里斯本条约》将成员国议会纳入欧盟决策以增强欧盟民主合法性的方案是否有助于实现代议制机构的功能，答案是否定的。解决方案或许不在于代议制机构的数量多少，在欧洲议会和成员国议会都是选民直接选举（即都具备民意输入）的情况下，问题就在于是否二者之一可能同时具备政策审议和选民联系功能？只要对欧盟政治民主化稍加思考便可以发现，让成员国议会开展对欧盟政策的实质审议似乎并不是一个可行的方案。毕竟，成员国议会关注的事务目前首要并且仍将继续首要的是国内的内政问题。那么，让具备政策审议功能的欧洲议会增强联系选民的功能似乎是一个可行的方案——事实上，只要将欧洲议会的选举制度进行改革即可在相当程度上实现该效果。通常情况下，与政党比例代表名单制相比，单一选区制度具有更强的"代议士—选民"联系。[1]以较强的"代议士—选民"联系来促进问责制和民主合法性是选区选举制度的优点，无论是单一选区还是复数选区。[2]因此，将欧洲议会现行选举制度从政党比例名单制改为单一选区制度将有利于增强欧洲议会和选民之间的"代议士—选民"联系，从而增强欧盟的民主合法性。当然，选举制度的选择本质上是一个政治问题而非一个学术问题，从政党比例名单制改为单一选区制度更关涉到政党对本党议员的掌控力，因而更是一个需要政治决断力的决定。但是，《里斯本条约》将成员国议会纳入欧盟决策过程对于增强民主合法性到底是具有实质意义还是仅仅是一项"制度化妆"，仍有反思的价值。

3.5 结论

作为对欧洲一体化的权力从成员国到欧盟层面移转所导致的民主赤字问题的回应，欧盟政治精英也在欧盟民主化方面进行了持续的努力。这些努力大致包括两个方面：第一，扩大既有的欧盟内的代议制机构的权力和角色，同时通过对这些代议制机构的内部组织和议事规则的修正增强其民主成分；第二，将更多的代议制机构纳入欧盟决策中。《欧宪条约》被否决所引发的危机之前，欧盟民主化主要着力于第一方面。《欧宪条约》被否决后，深受震撼的欧盟政治精英采取了将成员国议会纳入欧盟决策的新的民主化路径。然而，这一做法并未

---

[1] Carey, J. M. & Shugart, M. S., "Incentives to Cultivate a Personal Vote: A Rank Ordering of Electoral Formulas", *Electoral Studies*, 1995, 14(1), 117-139.

[2] Norris, P., "The Twilight of Westminster? Electoral Reform and Its Consequences", *Political Studies*, 2001, 49(5), 877-900.

有效回应欧盟民主赤字的问题，欧元区债务危机、难民危机的双重刺激将欧盟民主赤字所引发的合法性危机提高到新的水平。从系统论和功能主义相结合的角度来看，代议制机构的"代表"、"审议"和"反馈"三项功能乃是一个相互联系之系统，三者之有机结合方是代议制机构有效发挥功能、为政体提供民主合法性的关键。然而，将成员国议会纳入欧盟决策过程的做法不是回应了欧盟的民主赤字问题而是造成了欧盟代议制机构的功能的碎片化，成员国议会参与欧盟决策的机制设计本身所存在的内在制度缺陷很可能在未来为欧盟决策和民主化造成更多新问题。基于系统论和功能主义的路径分析，一个可能的解决思路是为欧洲议会形成一个足以有效发挥"代表"、"审议"和"反馈"功能的制度设计，将欧洲议会的选举制度从政党比例代表制修改为选区制度（单一选区制度或复数选区制度）或许是一个可供参考的方法。

2022年5月欧洲未来会议闭幕后，欧洲议会迅速抓住会议有关欧盟机构改革的结论之机通过了两个决议。第一个决议主张建立欧盟范围内统一的、普遍的欧洲议会选举制度。根据该决议，欧洲议会的选举将大致采用德国的联立式选举制度，选民可以投出两票，一票选出所在选区的欧洲议会议员，另一票则给泛欧盟的政党名单投票。各党所获席次以政党所获选票的比例分配，其中小选区当选的议员优先获得议席，然后才由政党名单上的候选人获得剩余议席。[1]第二个决议

---

[1] 参见：REPORT on the proposal for a Council Regulation on the election of the members of the European Parliament by direct universal suffrage, repealing Council Decision (76/787/ECSC, EEC, Euratom) and the Act concerning the election of the members of the European Parliament by direct universal suffrage annexed to that decision，载于 https://www.europarl.europa.eu/doceo/document/A-9-2022-0083_EN.html，最后访问时间：2023年2月1日。

则要求赋予欧洲议会以立法的动议权。① 另外,"领衔候选人"制度也应当实现制度化。欧洲议会还要求扩大"特定多数决"表决方式的适用领域。尽管这可以看作欧盟领导人试图强化欧盟机构民主化(以及欧洲议会试图扩大其权力)的努力。然而,已经有观点指出,由于欧盟机构的制度问题并非欧盟当前困境的核心问题,并且上述目标要实现将不可避免地需要启动欧盟系列条约的修约程序(目前多数成员国对此反应冷淡或反对),因此,上述改革方案的通过仍难言乐观。②

---

① See. European Parliament, Resolution of 9 June 2022 on Parliament's Right of Initiative (2020/2132(INI))
② Jacqué, J. P., "The European Parliament's Institutional Proposals Following the Conference on the Future of Europe: Much Ado about Nothing?", *Common Market Law Review*, 2022, 59(Special).

第四章 后危机时代欧洲一体化模式之博弈
——以欧洲法院和德国宪法法院对反危机措施的司法审查为切入

4.1 序言

制度的顶层设计面临着人类理性和智识有限性的挑战。在这些挑战中，表现为一种突发性、剧烈性并且常常不可预见的社会某一个或多个领域的危机对于制度设计蓝图的冲击、改造甚至废弃尤为明显。面对危机时，一方面，政治决策者所采取的应对危机的措施常常偏离既有的制度顶层设计；另一方面，临时性的反危机措施又往往会走向制度化和常态化，对源自设计的既有制度进行相当程度的重塑并且改变制度演变的原有路径。2009年年底，作为《欧洲宪法条约》被否决后的替代性的《里斯本条约》生效后，迅速面临着欧洲债务危机对欧盟一体化和欧盟治理制度所造成的挑战。随后，围绕着欧盟尤其是欧洲央行的反危机措施与设计于危机产生之前的《里斯本条约》之间的一致性问题所衍生出的法律争议一直延续至今。其间的主要司法诉讼案件主要包括：经由欧洲法院的初步裁决程序后由德国联邦宪法法院最终于2016年所做出的关于欧洲央行推出的"直接货币交易项目"的合宪性审查、由欧洲法院于2018年7月做出的对欧洲央行等推行的塞浦路斯银行业重整项目的基本权利保障维度的司法审查和欧洲法院于2018

年12月做出的关于作为OMT项目后续的"公共部门购买项目"[①]的判决。在《里斯本条约》的在先制度设计和欧洲债务危机所引发的紧急事态的张力之间，德国联邦宪法法院和欧洲法院在前述判决中，试图在欧盟—成员国权能划分、欧洲央行的法定职责以及对欧盟机构的民主控制等问题上进行至少表面上有限的制度重写，以求得在维护表现为法律稳定性的法治价值与有效的反危机行动之间的协调。尽管欧洲法院和德国联邦宪法法院努力以司法被动主义的方式对反危机措施的合法性问题给出显为克制的答复，却无法掩盖司法机构已经在事实上形成的一体化的不同模式之间的冲撞问题上的尴尬处境。另外，作为反危机行动的实际执行者，欧洲央行在此间的角色和实际职权的增强使得欧盟"民主赤字"的问题空前凸显，更使欧洲一体化未来深化的模式之争彻底白热化。本章拟从《里斯本条约》中对欧洲央行的角色和法定职权入手，通过分析德国联邦宪法法院和欧洲法院对欧洲央行的反危机行动的宪法审查，探讨司法机构对欧洲央行职权的认定，同时考察司法机构就欧洲央行对出资国和受援助国的财政经济政策的实际影响之间落差的认定，以此揭示欧盟机构在反危机行动中所产生的民主失控和超越职权的问题；在此基础上，本章将基于关于欧洲一体化的现有研究，对如下问题进行分析：（1）欧盟在债务危机及后危机时代的多项一体化模式；（2）多项一体化模式各自面临的问题；（3）2019年欧洲议会选举和欧盟委员会主席选举在这场多种模式的博弈中所具有的标志性意义。

[①] 关于该计划的详情，参见：https://www.ecb.europa.eu/mopo/implement/omt/html/pspp.en.html，最后访问时间：2019年2月27日。

4.2 欧债危机前的一体化模式之争

美国政治经济学者丹尼·罗德里克（Dani Rodrik）在其《全球化的悖论：民主和世界经济的未来》(*The Globalization Paradox: Democracy and the Future of the World Economy*) 一书中提出了著名的"世界经济的政治三重困境"。作者认为，"我们无法同时拥有超级全球化（即货币和经济的一体化——作者注）、民主和民族自决。我们最多只能同时拥有三者之中的两者。如果我们想要超级全球化和民主，需要放弃民族国家。如果我们要保持民族国家和超级全球化，就必须忘记民主。如果我们要把民主和民族国家结合起来，那就该对深度全球化说再见了"。[1] 欧洲学者结合欧盟的一体化实践将这三重困境下的道路选择总结为三种模式：结合民族国家与货币经济一体化而放弃民主的模式为行政联邦主义模式，结合民主与货币经济一体化而放弃民族国家的模式为民主联邦主义，结合民主与民族国家则意味着货币经济联盟的崩溃——至少是经济的一体化将无法实现。[2] 行政联邦主义意味着通过非政治化的技术官僚以程序化的方式完成货币经济政策和市场监管，虽然这意味着将继续有国家主权被让渡到欧盟层面，但作为民族国家的欧盟成员国将继续保有对欧盟决策和一体化方向的最终政治控制权，但各国议会的监督和民主控制范围仅限于本国，事实上无法对欧盟层面的治理进行有效控制和监督。民主联邦主义则意味着在将治理的权力乃至统治的权力让渡到欧盟层面的同时，政治决策的民主机

---

[1] Rodrik, D., *The Globalization Paradox: Why Global Markets, States, and Democracy Can't Coexist*, Oxford University Press, 2011, 200-201.

[2] Snell, J., "The Trilemma of European Economic and Monetary Integration, and Its Consequences", *European Law Journal*, 2016, 22(2): 157-179.

制、作为政治合法性来源的民主基础也将由成员国议会转移到欧洲议会（或未来可能的欧元区议会）。由于政治和治理权力乃至民主合法性来源皆已转移到了欧盟层面，民族国家的统治架构将徒具形式甚至遭到废弃——这也意味着将欧洲带入民族国家时代的威斯特伐利亚体系的最终崩溃。第二种模式则意味着欧洲一体化倒退回起步或者《马斯特里赫特条约》生效之前的状态，欧盟将再度回归为一个内部市场联盟。虽然货币政策和经济政策等的一体化将走向结束，但民族国家和建立在民族国家基础上并以之为政治共同体范围的民主政治将得到保持。[1]

在欧债危机爆发前，欧洲一体化过程中的上述三种模式的博弈并未确定化和明晰化。尽管一体化在涉及的领域和程度上在加深，由成员国首脑所组成的欧洲理事会在欧盟治理和决策中的角色越来越居于主导地位，但欧洲议会的角色、权力以及成员国议会在欧盟决策中的参与也在增强——尽管未必与前者的进程相一致。在《里斯本条约》中，欧洲理事会被正式承认为一个"欧盟机构"，"应当为联盟的发展提供必要的推动力，并确定其总体政治方向和优先事项"。[2] 通过与欧盟委员会的共享动议权机制，欧洲理事会事实上获得了欧盟重大事务和一体化方向的决策权。[3] 与欧洲央行一道，欧洲理事会日渐

---

[1] Crum, B., "Saving the Euro at the Cost of Democracy?", *JCMS: Journal of common market studies*, 2013, 51(4): 614-630.

[2] 《里斯本条约》第15条。本书中所引用的《欧盟条约》《欧盟运行条约》条文，均采用程卫东、李靖堃之中文译本。《欧洲联盟基础条约：经〈里斯本条约〉修订》，程卫东、李靖堃译，社会科学文献出版社2010年版。

[3] 关于欧债危机前欧洲一体化的行政联邦主义模式之崛起，参见：杨国栋：《欧盟行政决策权分配的"名实分离"：模式、成因与影响》，载《欧洲研究》2018年第4期，第48—65页。

具备"欧盟经济政府"的雏形。作为以成员国主导为其鲜明色彩的政府间主义路线的机构呈现，欧洲理事会在条约文本和机构实践中角色与权力的增强标志着行政联邦主义模式在欧洲一体化进程中的崛起。

此外，《里斯本条约》也赋予了成员国议会参与欧盟决策的权力并建立了相应的机制：《关于辅助性和比例性原则适用的附加议定书》赋予了成员国议会集体干预欧盟立法程序的权力——当黄牌机制启动时，立法动议草案必须进行审查，提出立法动议的机构必须说明理由；当橙牌机制启动时，只要55%的理事会成员或者欧洲议会的简单多数就足以否决相关动议。因此，在欧债危机爆发之前，货币经济一体化、成员国的控制和民主政治三个方面都在以法律文本形式或事实上的机构运作实践得到深化或增强，行政联邦主义、民主联邦主义和"主权、民主的成员国"三种模式都在推进；尽管从事实上的机构运作和治理决策权来说，行政联邦主义相对于另外两种模式取得了相对优势，但对货币经济一体化的限制（如德国联邦宪法法院对《里斯本条约》合宪性的判决）和欧盟层面的民主制度的建设对行政联邦主义模式推进的制衡仍相当有力。然而，欧债危机的爆发及欧盟与成员国所推出的反危机措施和计划所形成的新的经济治理格局和决策机制，最终促成了三种一体化模式博弈的激烈化以及行政联邦主义在此次博弈中的明显胜出——即使这种胜出可能在未来遭到其他模式的代表力量的反击和挑战。下文将通过德国联邦宪法法院和欧洲法院对欧盟成员国、欧洲央行先后推出的"欧洲稳定机制"、"直接货币交易项目"和"公共部门购买项目"所进行的合宪性审查和"超越职权"审查及两个法院在其裁判逻辑中所透露出的各自的一体化模式底色对此进行阐述。在此基础上，本部分还将对欧元区债务危机及成员国和欧盟的纾困计划（bail-out）对欧盟的民主控制和问责制所带来的冲击进行分析。

4.3 危机产生的经济和法律背景：欧盟的经济货币政策权能

4.3.1 欧盟金融和经济危机

共同货币的启用意味着欧洲一体化进程的新时代的来临。共同货币"欧元"启用后，成员国将货币政策权能从成员国层面让渡到超国家层面的独立技术官僚机构，免受政客的指令和干预，以实现《马斯特里赫特条约》中所规定的确保欧盟物价稳定的长远利益。共同货币标志着欧元区国家中货币国家主义和浮动汇率制的终结。[1]然而，使用共同货币的影响因国而异。对于承受公共债务沉重负担的南欧国家而言，欧元意味着一个减少此类赤字并重振其竞争力的千载良机。然而，这一良机同时也意味着南欧国家面临着利用国债利率降低之机进行更多借款以实现短期政治效果的诱惑。结果是，南欧国家的确借此借入了更多的公债。[2]同时，对欧洲中北部国家，尤其德国，欧元的引入则将其拖入了数年之久的停滞。为此，德国总理施罗德被迫推出改革措施以恢复由于资本外流而失去的经济活力。[3]

---

[1] Huerta de Soto, J., "In Defense of the Euro: an Austrian Perspective (with a critique of the errors of the ECB and the interventionism of Brussels)", *Journal de Economistes et des Etudes Humaines*, 2014, 19(1), 6.

[2] Sinn, H. W., *The Euro Trap: on Bursting Bubbles, Budgets, and Beliefs*, OUP Oxford, 2014,第二章：Bubbles in the Periphery。

[3] Sinn, H. W., *The Euro Trap: on Bursting Bubbles, Budgets, and Beliefs*, OUP Oxford, 2014,第三章：The Other Side of the Coin。

2008年，肇始于美国的大衰退传导到了欧洲，并引发了其本已存在的结构赤字危机，欧盟锋线国家（periphery states），包括希腊、西班牙、爱尔兰、意大利先后陷入危机。作为回应，欧元区成员国以及欧洲央行先后推出了一系列反制措施以通过提供货币流动性的方式向遭受危机打击的成员国提供流动性。这些反危机措施包括欧洲金融稳定工具、欧洲金融稳定化机制和它们的后继者欧洲稳定机制。在这些机制的效果相对有限的问题出现后，成员国支持欧洲央行在2012年推出了"直接货币交易项目"。这场危机不但暴露了欧洲一体化和团结的脆弱性，也揭示了欧盟建构中的结构缺陷。

4.3.2　欧盟的经济治理权能

《里斯本条约》对欧盟和成员国的权能根据领域不同而进行了划分。不同的政策领域适用不同的决策程序和权力分配模式。根据条约之规定，货币政策属于欧盟的专属权限范围之内。[1]或者更精确地说，欧元区成员国的货币政策属于欧盟的专属权能。非欧元区成员国的货币政策应当归类为经济政策领域，否则，就无法在欧盟—成员国权能划分中确定其准确定位。[2]专属权限意味着，欧元区成员国的货币政策应当由欧盟独享，禁止成员国制定任何新的立法（三种情形除外）。[3]经济政策的权能划分则有争议。从条约文本排列顺序和文本排列顺序所包含的逻辑（由一般性条款到具体条款）来说，经济政策条款位于共享权能条款和协调权能条

---

[1]《欧盟运行条约》第3条第1款。
[2] Geiger, R., Khan, D. E. & Kotzur, M. (Eds.), *European Union Treaties: A Commentary*, Hart, 2015, 211.
[3] Geiger, R., Khan, D. E. & Kotzur, M. (Eds.), *European Union Treaties: A Commentary*, Hart, 2015, 211, 204.

款之间，因此其应当属于（欧盟和成员国）共享权能的范围。然而，从欧盟对经济政策已制定之立法的内容和成员国对经济政策权能让渡的意愿来看，经济政策权能似乎归为"支持、协调或补充成员国行动之权能"更为恰当。[1] 就"支持、协调或补充成员国行动之权能"而言，条约规定，"欧盟的立法性法令不得规定对成员国法或条例的协调化"。[2] 该条暗示，保留着制定经济政策权能的是成员国而非欧盟，成员国的"自我协调"应当优先于欧盟所进行的协调和补充。在一定程度上，经济政策的权能可以被视作成员国的"专属权能"。[3] 此外，在货币政策一章中的条款将制定货币政策以确保物价稳定的任务赋予了欧洲央行体系，央行体系单独对这一目标之实现负责，免受任何其他机构和政府的政治干预。虽然经济政策的权能仍然保留在成员国，然而成员国（无论是否欧元区成员国）也有义务对于构成欧盟共同关切一部分的经济政策进行协调。[4]《欧盟运行条约》中经济政策一章的具体规则对成员国主导下的欧盟协调权能进行了更为清晰的规定。欧盟机构可以制定广泛的指导方针以进行协调。这些指导方针尽管是由欧盟委员会提出动议，但最终仍然要受到代表成员国利益的欧盟理事会和欧洲理事会的审查。另一个超国家主义机构——欧洲议会，则被排除了制定过程之外。指导方针的内容方面也会设置一些限制：指导方针可以设定一般性目标，但是政策细节尤其是立法性法令

---

[1] Geiger, R., Khan, D. E. & Kotzur, M. (Eds.), *European Union Treaties: A Commentary*, Hart, 2015, 211.
[2]《欧盟运行条约》第2条第5款。
[3] Geiger, R., Khan, D. E. & Kotzur, M. (Eds.), *European Union Treaties: A Commentary*, Hart, 2015, 205.
[4] Geiger, R., Khan, D. E. & Kotzur, M. (Eds.), *European Union Treaties: A Commentary*, Hart, 2015, 581.

的具体内容必须保留给成员国。①因此，无论是从制定过程还是从指导方针的实体内容来看，欧盟在经济政策制定方面的支持、协调和补充权能仍较为受限，与货币政策权能不同，经济政策权能仍然主要在成员国手中。

4.4 政府间主义机制对危机的回应

欲对欧盟机构尤其是欧债危机期间的问责制危机进行考察，对欧盟机构整体架构进行把握是必要的。这是因为，欧盟是一个由适用不同路径和方法（超国家主义方法和政府间主义方法）的不同领域所组成的复合结构。因此，如果不对适用政府间主义方法的分支进行考察，欧盟的问责制危机就无法进行完整展现。更重要的是，在政府间主义的领域中，通常采用的是成员国之间合作的方式。相对于超国家主义，政府间主义的方法更缺少透明性，条约中也没有明确的条款对此种方法进行监督和问责。由于条约将经济治理的权能保留给了成员国而欧盟应促成成员国之间的合作②，欧盟经济政策的制定通常采取高层政府协调的方式来做出。在《里斯本条约》时代，这一做法得到了进一步加强。③经济危机时代，许多反危机决策都是通过经济协调机制做出的。这些措施常常不是单纯的经济政策或货币政策，而是二者的包裹式决策。凡是权力缺乏监督之处，问责制问题就产生了。因此，在缺乏监督和问

---

① Geiger, R., Khan, D. E. & Kotzur, M. (Eds.), *European Union Treaties: A Commentary*, Hart, 2015, 582-583.
②《欧盟运行条约》第2条第3款。
③ Puetter, U., "Europe's Deliberative Intergovernmentalism: the Role of the Council and European Council in EU Economic Governance", *Journal of European Public Policy,* 2012, 19(2), 161-178.

责机制的经济政策制定尤其是反危机措施的决策部分，应当进行着重考察。

欧元危机不但对现行的一体化的货币政策提出了挑战，也对基于成员国协调的经济治理提出了挑战。欧盟和成员国在欧盟框架内外通过政府间主义方法采取了许多反危机的立法性措施，包括欧洲稳定机制《稳定、协调和治理条约》（《财政公约》）以及欧盟开放协调方法下的"欧元+"公约。这些政府间主义措施的效果虽然存有争议，但其不但重塑了欧盟的治理结构①，而且重写了刚刚于2009年生效的《里斯本条约》的宪法秩序。②

早在2010年，欧盟财经部长理事会就已经绕过欧盟机构来设立欧洲金融稳定基金以对危机进行管控。在随后的2011年，欧洲理事会制定了"六袋立法"以取代《稳定和增长公约》，进行进一步的经济协调和监管③。在2012年，《欧洲稳定机制条约》取代了欧洲金融稳定基金，同时对《欧盟运行条约》第136条进行了修改，增加了如下

---

① 这些条约建立了许多新的相应的机构，包括欧洲银行业管理局、单一处置机制、行长董事会和欧洲稳定机制基金董事会（European Banking Authority, the Single Resolution Board, the Board of Governors and the Board of Directors of the ESM funds）。

② The Six Pack includes the Regulation 1175/2011 amending Regulation 1466/97(On the strengthening of the surveillance of budgetary positions and the surveillance and coordination of economic policies), Regulation 1177/2011 amending Regulation 1467/97(On speeding up and clarifying the implementation of the excessive deficit procedure), Regulation 1173/2011(On the effective enforcement of budgetary surveillance in the euro area), Directive 2011/85/EU(On requirements for budgetary frameworks of the Member States), Regulation 1176/2011(On the prevention and correction of macroeconomic imbalances) and Regulation 1174/2011(On enforcement action to correct macroeconomic imbalances in the euro area).

③ "EU Economic governance 'Six-Pack' enters into force"，载于https://ec.europa.eu/commission/presscorner/detail/en/MEMO_11_898，最后访问时间：2023年2月6日。

内容："货币为欧元的诸成员国可以建立稳定机制,并在必要时启动以维护整个欧元区的稳定。根据该机制所提供的任何所需的财政援助都将受到严格的条件限制。"

欧盟随后制定了两个条例：第472/2013号条例（《关于加强欧元区遭受财政稳定严重困难或面临威胁的成员国经济与预算监管条例》）[①]和第473/2013号条例（《关于监管和评估欧元区成员国预算计划草案以及确保纠正过度赤字的共同规则条例》）[②]。根据这两个条例，欧盟制定了"欧元学期"以解决过高赤字和财政失衡的问题，授权欧盟委员会参与到对成员国财政的"强化型监管"的审查之中。此外，成员国还批准了《有关经济和货币联盟的稳定、协调和治理条约》[③]以促进更为严格的财政一体化。这些条约和机制实现了经济政策的进一步一体化，预算权力的自主性被纳入了超国家和政府间主义机制的控制之中，欧洲经济政府而非欧洲经济治理已隐约可见。

在这些反危机措施之中，《欧洲稳定机制条约》被诉至德国联邦宪法法院。德国联邦宪法法院判决，欧洲稳定机制符合德国宪法的规定（除了某些例外情况）。在法院看来，《基本法》授予了联邦议会如下自由裁量权："决定外国担保的数额；对作为担保人而最终影响进行给付的可能性进行评估。"司法机构无权对联邦议会的这些判断

[①] 载于 https://eur-lex.europa.eu/LexUriServ/LexUriServ.do?uri=OJ:L:2013:140:0001:0010:En:PDF，最后访问时间：2023年2月6日。

[②] 载于 https://eur-lex.europa.eu/LexUriServ/LexUriServ.do?uri=OJ:L:2013:140:0011:0023:EN:PDF，最后访问时间：2023年2月6日。

[③] 载于 https://www.consilium.europa.eu/media/20399/st00tscg26_en12.pdf，最后访问时间：2023年2月6日。

进行司法审查。[1]尽管联邦宪法法院批准了这一机制，但即便是最激进的欧洲一体化支持者都不会否认这一系列反危机措施对超国家和国家层面的宪法秩序及权能结构所带来的重大且长远的影响。以下部分将对（尤其是欧元危机期间的）欧盟经济治理结构及其宪法秩序中的问题进行分析。

4.4.1 政府间主义机构在反危机行动中的角色

就反危机行动而言，其中的许多计划经由欧盟的立法程序已经具有了法律效力，并成为欧盟法律体系的一部分，例如欧盟的"六袋立法"。然而，还有些措施是经由政府间条约的方式所缔结的，其在本质上仍然属于国际条约的范围，应当由与国际条约相关的法律进行规制（包括根据开放协调方法所达成的条约）。欧盟系列条约中建立了两种开放协调方法：多边监管程序（Multilateral Surveillance Procedure）和过度赤字程序（Excessive Deficit Procedure）。[2]这些程序和机制的法律基础是《欧盟运行条约》第121条和第126条。除此之外，还有许多措施是以在欧盟法律框架中不具有法律约束力的欧洲理事会决议（European Council Conclusion）的方式制定和适用的。[3]尽管这种方式有许多支持理由[4]，但它们客观上已经被经常地

---

[1] Becker, F. & Merschmann, A., "National Constitutional Reservations with Respect to Budget Policy", in *The EU between 'an Ever Closer Union' and Inalienable Policy Domains of Member States* (pp. 187-200). Nomos Verlagsgesellschaft mbH & Co. KG, 2014, 192-197.

[2] Paul, C., *EU Administrative Law*, 2012, 106-107.

[3] Puetter, U., "Europe's Deliberative Intergovernmentalism: the Role of the Council and European Council in EU Economic Governance", *Journal of European Public Policy*, 2012, 19(2), 169.

[4] Collignon, S., Is Europe Going Far Enough? Reflections on the EU's Economic Governance", *Journal of European Public Policy*, 2004, 11(5), 911.

用于执行有关经济治理的政策。另外，无论这些措施是以硬法还是软法的形式制定的，它们对相关各方都具有事实上的约束力。有时候，软法更具有约束力。这是因为，法律约束力的最终来源之一是规范制定者的政治权威。这意味着，由成员国首脑所组成的欧洲理事会，由于其政治权威远高于其他欧盟机构，其制定的软法也具有相当之事实上的约束力。

欧元危机为政府间主义机构强化其在超国家决策过程中的决策提供了良机。在欧元区债务危机期间，政府间主义机构（包括欧洲理事会、欧元区高峰会、欧盟理事会、欧盟财经部长理事会和欧元集团）成功获得了反危机行动的主导地位，促使政府间主义方法在欧盟决策中占据优先地位，强化了欧洲理事会而非欧盟委员会作为形式上和实际决策中的"最高政治机构"的角色。[1]支持欧洲理事会的角色增强的主要理由是应对欧元危机之行动的紧急性和欧盟在决定核心议题上的权能和权威的欠缺之间的矛盾。然而，当欧元危机逐渐得以缓和之后，欧洲理事会仍然在欧盟经济治理和财政联盟持续扮演着核心角色。[2]有学者总结了欧洲理事会在解决欧元危机中发挥作用的六个方式："创设和改造经济和货币联盟"、"为硬协调和软协调设定和修正指导方针"、"管理经济和财政危机并在混乱的欧元区中发挥强化了的领导角色"、"制定共同体政策"、"制定和使用财政规定"以及作为"多支柱架构中的制度核心"。[3]换言之，欧洲理事会不仅在《里斯本条约》设计的

---

[1] Wessels, W., *The European Council*, Palgrave Macmillan, 2016, 85.

[2] Puetter, U., "Europe's Deliberative Intergovernmentalism: the Role of the Council and European Council in EU Economic Governance", *Journal of European Public Policy*, 2012, 19(2), 161.

[3] Wessels, W., *The European Council*, Palgrave Macmillan, 2016, 187-210.

制度结构中拥有最终发言权，而且开始将其权威延伸到了内部市场经济事务和社会就业政策领域。在这些事务中，欧洲理事会都发挥着集体决策的欧洲经济政府的最高机构的角色，接管了原本保留给成员国政府的经济治理权力。[1]欧元区高峰会就是一例。这一会议最早是由时任法国总统的萨科齐所提议的。萨科齐声称，欧盟成员国首脑（尤其是欧元区成员国首脑）是唯一有足够的民主合法性就经济治理事务进行决策的主体。[2]这一转变既不符合跨国主义也不符合超国家主义。对这一演化的解释，无论是共同体方法还是政府间方法，都不能反映其核心内容。除了欧洲理事会之外，理事会（欧盟财经部长理事会）也强化了其在欧盟架构和欧洲经济治理中的角色。与欧洲理事会作为政治决策者的角色相对应，理事会和欧元集团也逐渐成为政策辩论（尤其是部长级谈判）的平台。[3]与理事会和欧盟财经部长理事会相比，欧元集团的主要特点是：非正式性、讨论的保密性和缺少决策权力。这些特点使其成为一个就敏感和争议的议题以灵活方式进行讨论的在先平台。[4]欧盟的领导人事实上已经意识到了欧元集团作为"中央控制室"、短期内"在有关欧元区利益的讨论、促进和代表中扮演着核心作用"的现状以及长远来看在"单一货币区内外利益的代表

---

[1] De Schoutheete, P. & Micossi, S., "*On Political Union in Europe: The Changing Landscape of Decision-making and Political Accountability*", CEPS Essays, 2013, 5.

[2] Wessels, W., *The European Council*, Palgrave Macmillan, 2016, 205.

[3] Puetter, U., "Europe's Deliberative Intergovernmentalism: the Role of the Council and European Council in EU Economic Governance", *Journal of European Public Policy*, 2012, 19(2), 171.

[4] Paczynski, W., "ECB Decision-making and the Status of the Eurogroup in an Enlarged EMU", *CASE Research Paper*, 2003, (262). 21.

中发挥着更大角色"的潜力。[1]然而，这对欧盟委员会对外代表欧盟整体利益的角色构成了损害。

在欧元危机期间，大多数重大的反危机措施都是由上述政府间主义机构或机关做出的，集体谈判的方法似乎已经克服了集体行动方面的问题。政府间主义方法在成员国领导人中间的大行其道使得它们不愿意赋予欧盟以更多新的权能，这些方法目前的表现也显示了它们对于组织谈判和采取集体措施是有效的。[2]然而，集体行动的问题不只存在于决策阶段，更存在于决定的执行和执行的监督阶段。在这方面，超国家主义机构，尤其是欧盟委员会，仍然在克服集体行动的困局方面扮演着主要角色，这恰恰就是欧盟委员会在欧元区债务危机和反危机纾困行动期间获得的新角色。

4.4.1.1 欧盟委员会在反危机行动中的角色

如上节所述，欧盟委员会逐渐丧失了《里斯本条约》所规定的欧盟治理中的议程设定者的紧要角色，演化为欧洲理事会的秘书处和执行机构。[3]即使欧洲议会选择站在欧盟委员会一边，欧洲理事会和欧盟理事会仍然具有法律上和实际上的设定欧盟议程的权力。[4]欧洲理事会不仅可以发布战略文件、制定具体的立法建议，还走得更远：通过采取一系列协调性措施，欧洲理事会实际上也

---

[1] Juncker, J. C., Tusk, D., Dijsselbloem, J., Draghi, M. & Schulz, M., "Completing Europe's Economic and Monetary Union", Brussels: European Commission, 2015, 18.

[2] Chiti, E. & Teixeira, P. G., "The Constitutional Implications of the European Responses to the Financial and Public Debt Crisis," *Common Market Law Review*, 2013, 50(3), 689.

[3] Schmidt V., Democratizing the Eurozone, *Social Europe Journal*, 2012, 5.

[4] Craig, P., "The Financial Crisis, the European Union Institutional Order, and Constitutional Responsibility", *Indiana Journal of Global Legal Studies*, 2015, 22(2), 249.

侵夺了条约所授予欧盟委员会的监督欧盟措施之执行的权力。[1]这一职责如今已经是欧洲理事会的主要功能之一，并且已经从欧元区延伸到了本应当适用共同体方法的领域（如内部市场领域）。[2]然而，必须指出，欧盟委员会权力的损害也从欧盟委员会执行反危机决议和经济治理政策的过程中得到了补偿。根据"欧洲学期"制度，成员国的预算计划应当送至欧盟委员会进行仔细审查，欧盟委员会可以根据各国国情提出建议和意见。[3]"反向特定多数决"制度也促进了这一变化。[4]

在权力受到损害的同时，欧盟委员会也面临着危机期间的角色混淆的风险。根据欧盟系列条约，欧盟委员会被赋予了代表作为一个整体的欧盟的利益而非一个或多个成员国的利益的职责。[5]然而，在反危机措施决策期间，尤其是当欧盟委员会（与国际货币基金组织和欧洲央行合称所谓的"三巨头"）参与到与债务成员国的谈判中时，它已经成为债权人的代表。这一新角色与它作为独立的欧盟整体利益的守护者和促进者的原始身份相冲突。此外，欧盟委员会选择进入强成员国和弱成员国之间的国际政治博弈中。与强国站在一边的做法让其

---

[1] Dawson, M. & Witte, F., "Constitutional Balance in the EU after the Euro-Crisis", *The Modern Law Review*, 2013, 76(5), 831.

[2] Dawson, M. & Witte, F., "Constitutional Balance in the EU after the Euro-Crisis", *The Modern Law Review*, 2013, 76(5), 832.

[3] Scharpf, F. W., "After the Crash: A Perspective on Multilevel European Democracy", *European Law Journal*, 2015, 21(3), 391.

[4] Curtin, D., "Challenging Government Dominance in European Democracy", *The Modern Law Review*, 2014, 77(1), 9.

[5] 《欧盟条约》第17条。

失去了平衡和协调成员国利益的中立地位和权威。① 对于一个其民主合法性经常受到挑战的独立机构来说，其中立性和独立性的丧失对其合法性基础的威胁是巨大的。与"通过增加欧盟委员会主席选举中的政治因素来实现欧盟委员会的政治化"的热门话题不同，上述事实恰恰代表了另一种形式的欧盟委员会的政治化，即在发生欧盟内部冲突（如东西欧矛盾或南北欧矛盾）时，欧盟委员会参与到这一争端中并选择与特定阵营站在一起。在欧元区债务危机和纾困阶段，欧盟委员会明显加入了债权人阵营。结果是，欧盟委员会根据债权成员国的意识形态（秩序自由主义）来制定或监督成员国的经济政策，而非能够最好地服务于欧盟整体利益的解决方案。相反，小成员国的利益和声音则越来越被忽视，欧盟的内部矛盾由于协调者的缺失而愈发被激化。② 由此，欧盟委员会逐渐偏离乃至走向了其在条约中所设定的本位角色和目标的反面。欧盟委员会的这一异化，也使得其建立在独立性和促进欧盟整体利益这一无法替代的角色之上的合法性基础受到侵蚀。

4.4.1.2 反危机行动中立法机构的角色

截至目前，欧盟立法机构是欧元危机所启动的权力游戏中最大的输家。为了实现欧元区稳定和救助债务缠身的成员国，成员国和欧盟所采取的系列措施逐渐将成员国预算的主导权力从成员国立法机构让渡到了成员国政府和欧盟机构。这一让渡常常伴之以如下话语："别无他法"（No Alternative）。用债权国的财政预算来救助债务国对

---

① Soares, A. G., "EU Commission Participation in the Troika Mission: Is There a European Union Price to Pay?", *Revista Brasileira de Política Internacional*, 2015, 58(1), 111-112.

② Soares, A. G., "EU Commission Participation in the Troika Mission: Is There a European Union Price to Pay?", *Revista Brasileira de Política Internacional*, 2015, 58(1), 111-112.

债权国纳税人的利益产生了直接影响。然而，相关成员国议会在宏观经济治理和欧洲稳定机制中却几乎没有角色——除了"经济对话"（Economic Dialogue）之外。[①] 由于欧洲金融稳定基金、欧洲稳定机制和财政契约等政府间机制被界定为国际政策而非欧盟政策，成员国议会也获得了更多参与。[②] 然而，"欧洲学期"等制度也已经实质改写了议会预算权力的行使边界。根据"欧洲学期"制度，对预算计划的实施具有优先地位的是欧盟委员会而非成员国议会。[③] 欧洲学期将成员国的预算权能置于"鸟笼"之中：成员国议会拥有预算方面的一切权力和自主性，只要它们在受到欧盟财经部长理事会和欧洲理事会所支持的欧盟委员会所确定的范围内采取行动。此外，透明性问题在欧元危机期间加剧了，因为大多数主要决定都是经由政府间主义的机构制定的，而这些机构的谈判和决策过程，欧洲议会和成员国议会很难参与。在大多数情况下，立法机构都被排除在上述过程之外，或者最多扮演着事后背书的角色，更不用提公众的知情权了。[④] 由于缺乏直接透明（对公众公开）和间接透明（通过立法机构），纾困行动增加了政府间主义机构对信息和决策过程的单方掌控，加剧了决策过程的"黑箱"程度，进一步削弱了欧盟和成员国

[①] Van den Brink, T., "National Parliaments and EU Economic Governance. In Search of New Ways to Enhance Democratic Legitimacy", In *Democracy and Rule of Law in the European Union*, TMC Asser Press, 2016, 21.

[②] Auel, K., & Höing, O., "Parliaments in the Euro Crisis: Can the Losers of Integration Still Fight Back?", *JCMS: Journal of Common Market Studies*, 2014, 52(6), 1186.

[③] Majone, G., "From Regulatory State to a Democratic Default", *JCMS: Journal of Common Market Studies*, 2014, 52(6), 1221.

[④] Curtin, D., "Challenging Government Dominance in European Democracy", *The Modern Law Review*, 2014, 77(1), 2.

层面立法机构对政府的控制。①欧元危机和纾困行动将欧盟推向了行政主导的方向，机构平衡倒向了行政首脑和政府间主义机构的强势地位②，有学者称之为"在民主政治的范围和从前由法治所确保的问责制形式之外的跨国行政机器"。③走向行政主导的转型和政府间主义机构对超国家机构的胜出，不只导致了成员国议会控制本国政府并对其进行问责的失败，而且也损害了欧洲议会作为立法机构和代议制机构的合法性。当超国家机构欧盟委员会成为政府间主义机构的秘书机构和执行机构时，对欧盟委员会拥有监督权的欧洲议会的重要性也就打折扣了。

然而，欧元危机和纾困行动对成员国议会的影响因国而异。一般而言，成员国议会在欧盟—成员国关系中的参与首先取决于本国宪法安排。④在德国，有关政府与联邦议会在欧盟问题上合作的法律要求政府应当先取得联邦议会在入盟谈判或条约修改上的同意然后方可在理事会或欧洲理事会中做出决策。此外，政府应当及时向议会两院通报有关欧盟的信息。⑤在德国的实践中，总理通常会在欧洲理事会之前向联邦议会进行事先报告，国务部长也会向议会做事后

---

① Curtin, D., "Challenging Government Dominance in European Democracy", *The Modern Law Review*, 2014, 77(1), 1-32.

② Dawson, M. & Witte, F., "Constitutional Balance in the EU after the Euro-Crisis", *The Modern Law Review*, 2013, 76(5), 832.

③ Joerges, C., "Brother, Can You Paradigm?", *International Journal of Constitutional Law*, 2014, 12(3), 778.

④ Leino, P. & Salminen, J., "Should the Economic and Monetary Union Be Democratic after All; Some Reflections on the Current Crisis", *German LJ*, 2013, 14, 862.

⑤ Fromage, D., "National Parliaments and Governmental Accountability in the Crisis: Theory and Practice", *The Never-Ending Reform of the EU: Another Chain in the Semi Permanent Treaty Revision Process?* 2015, 155.

报告。① 欧元危机加重了成员国议会之间的不平等，某些国家的议会得以取得其同行所不具有的优势地位。② 在德国联邦宪法法院的支持下，德国联邦议会成功抓住这一"黄金机遇"扩大其在欧盟事务尤其是纾困行动方面的权力。③ 在"欧洲稳定机制案"中，联邦宪法法院判决任何未取得议会同意的资金支付都是违宪的；只有获得联邦议会的同意，联邦政府才可以提供相当的财政担保。无论议会对纾困计划赞成与否，联邦议会永远都是预算主权的掌握者。④ 然而，对于弱势议会来说，尤其是债务国议会来说，欧元危机是它们权力战场的滑铁卢。它们不得不接受和听从没有替代选项的改革指示和项目，任三巨头（欧盟委员会、欧洲央行和国际货币基金组织）予取予夺，甚至在某种程序上被列入二等议会行列。⑤ 纾困期间爱尔兰预算案的"奇幻漂流"就讲述了这一尴尬故事。爱尔兰预算首先被送交三巨头，随后由三巨头将预算案连同爱尔兰对谅解备忘录中所规定的紧缩政策的执行情况报告一道送交欧盟财经部长理事会。在这

---

① Fromage, D., "National Parliaments and Governmental Accountability in the Crisis: Theory and Practice", *The Never-Ending Reform of the EU: Another Chain in the Semi Permanent Treaty Revision Process?* 2015, 160.

② Auel, K. & Höing, O., "Scrutiny in Challenging Times-National Parliaments in the Eurozone Crisis. Swedish Institute for European Policy Studies (SIEPS)", *European Policy Analysis*, 2014, 1-16.

③ Fromage, D., "National Parliaments and Governmental Accountability in the Crisis: Theory and Practice", *The Never-Ending Reform of the EU: Another Chain in the Semi Permanent Treaty Revision Process?* 2015, 151.

④ Becker, F. & Merschmann, A., "National Constitutional Reservations with Respect to Budget Policy", in *The EU between 'an Ever Closer Union' and Inalienable Policy Domains of Member States* (pp. 187-200), Nomos Verlagsgesellschaft mbH & Co. KG, 2014, 194-195.

⑤ Auel, K. & Höing, O., "Scrutiny in Challenging Times-National Parliaments in the Eurozone Crisis. Swedish Institute for European Policy Studies (SIEPS)", *European Policy Analysis*, 2014, 1-16.

之后，爱尔兰预算要送交德国联邦议会进行审查，最后才回到爱尔兰议会。为了确保德国联邦议会的预算主权所设立的程序，反而构成了对其他国家议会预算主权的侵害。[1]考虑到议会作为人民的代议机构的地位，某些成员国议会的次级地位意味着某些人民之意志的次级化。

4.4.2　对欧盟内部平衡的影响

机构平衡原则被认为是欧盟法律体系的宪法原则之一。[2]该原则的政治维度意味着实现由欧盟不同机构所代表的不同利益之间的平衡，从而使得一体化政策可以得到各方接受。[3]理事会、欧洲议会和欧盟委员会各自代表着成员国、欧盟公民和欧盟整体的利益。[4]在欧元危机中，欧洲议会（以及大多数成员国议会）在很大程度上遭到了边缘化，欧盟委员会被迫接受来自政府间主义机构的指令，机构平衡受到了很大影响。但是，断言欧盟机构平衡已经决定性地转向政府间主义或超国家主义仍显为时过早。我们假定机构平衡倒向了政府间主义，这似乎与超国家机构获得了许多领域中进一步一体化而国家层面转移到欧盟层面的权力（尤其是经济政策和预算领域）的趋势相反。然而，超国家主义胜出的假设也与政府间主义机构和

---

[1] Majone, G., "From Regulatory State to a Democratic Default", *JCMS: Journal of Common Market Studies*, 2014, 52(6), 1221.

[2] Lenaerts, K. & Verhoeven, A., "Institutional Balance as a Guarantee for Democracy in EU Governance", in Joerges & Dehousse (Eds.), *Good Governance in Europe's Integrated Market*, 35.

[3] Lenaerts, K. & Verhoeven, A., "Institutional Balance as a Guarantee for Democracy in EU Governance", in Joerges & Dehousse (Eds.), *Good Governance in Europe's Integrated Market*, 41-45.

[4] Majone, G., "Delegation of Regulatory Powers in a Mixed Polity", *European Law Journal*, 2002, 8(3), 320-326.

机制在欧盟经济治理中扮演着主导性角色（甚至在欧元危机产生之前就已如此，《里斯本条约》明显为欧盟设置了一个政府间主义导向的经济治理模式）似乎不相符。[1] 从政治权力分类的角度对欧盟的机构变迁进行审视可以发现，欧盟的机构平衡可以简言为趋向于包含欧盟和成员国层面的行政主导或行政优势模式。[2] 行政主导导向的失衡损害了边缘成员国的利益以及代议制机构的权力，权力向政府间主义机构的集中以及集体决策实践对成员国之间的平衡造成了严重威胁，侵蚀了成员国之间的平等原则，并将长期动摇一体化进程和欧盟工程的合法性。[3]

此外，从法律角度来说，有关机构平衡原则的判例法显示了欧洲法院出于促进和保障立法程序中民主输入的担忧而注意对于欧洲议会特权的保护。[4] 然而，成员国在欧盟法框架之外所采取的集体行动，例如欧洲稳定机制，唯一的代议制机构（欧洲议会）却被排除在决策程序之外，免受欧盟的问责制和透明性制度的监督。此时，欧洲法院的司法审查权也无法延伸到其中。此外，欧洲法院仍未将这一原则的适用范围及于使欧洲法院发挥欧盟机构框架的司法守护者的角色。《欧盟条约》有关机构平衡原则的这一条款（第13条）基本上只处理对已经明确授予给特定机构的权力的规制问题，不涉及在需要扩

---

[1] Puetter, U., "Europe's Deliberative Intergovernmentalism: The Role of the Council and European Council in EU Economic Governance", *Journal of European Public Policy*, 2012, 19(2), 161-178.

[2] Dawson, M. & Witte, F., "Constitutional Balance in the EU after the Euro-Crisis", *The Modern Law Review*, 2013, 76(5), 830.

[3] Dawson, M., & Witte, F., "Constitutional Balance in the EU after the Euro-Crisis", *The Modern Law Review*, 2013, 76(5), 817-818.

[4] Yuratich, D., "Article 13 (2) TEU: Institutional Balance, Sincere Co-Operation, and Non-Denomination during Lawmaking", *German LJ*, 2017, 18, 102.

张时对新权力或既有权力的分配。①当面临经济危机时，行政机构通常寻求行使新的权力（或"隐含的权力"）以采取特别措施来应对危机。此时，欧洲法院在适用机构平衡原则时的司法消极路线会使机构平衡由于失去司法机构的守护而出现更为严重的问题。正如第一章所提到的，欧洲法院一直拒绝援引该原则作为法律基础来对相关方（如成员国）所制定的新法令对机构平衡的影响进行机构框架方面的司法评估，而是限定于具体的机构程序。当欧盟机构被成员国使用到成员国在欧盟法律框架之外所建立的机制之中时，欧洲法院司法审查的范围也仅限于欧盟委员会和欧洲央行所行使的权力，拒绝表明这些新建立的机制是否以及如何对条约所规定的机构权力及其平衡造成了影响。②这就给欧洲法院对欧盟机构实施司法控制以及对由于机构平衡受到侵蚀而受到影响的相关方提供司法救济上留下了相当大的空白。

4.4.3 分析

4.4.3.1 更多超国家主义还是更多政府间主义？

在传统意义上，超国家主义指的是一种由独立的、超国家的机构掌握从成员国手中集中而成的主权并由其在治理中发挥主导角色的一体化方案。在这种方案中，作为超国家机构的欧盟委员会和欧洲议会构成了其机构基础。与之相反，政府间主义则强调成员国在一体化中的地位，尤其是它们作为"条约之主"的角色。成员国对一体化拥有决定性权力（具体而言即否决权）。成员国集体决策的欧盟理事会和欧

---

① Yuratich, D., "Article 13 (2) TEU: Institutional Balance, Sincere Co-Operation, and Non-Denomination during Lawmaking", *German LJ*, 2017, 18, 109.
② Chamon, M., "The Institutional Balance and Ill-Fated Principle of EU Law?", *European Public Law*, 2015, 21, 389.

洲理事会构成了该路线的机构基础。[1]然而，如前所述，《里斯本条约》时代尤其是欧元危机以来的欧洲一体化趋势似乎与二者并不一致。危机促成了新的主权从成员国向欧盟层面让渡的过程，但是并未具体分配到超国家主义机构，而是由政府间主义机构以及某些独立机构（如欧洲央行）所获取。与政府间主义不同的则是许多核心主权权力，例如预算和经济权力，已经让渡到了欧盟层面而非保留给成员国。[2]换言之，反危机措施将主权汇集到了采用集体决策方式的欧洲政府间主义机构。然而，考虑到由平等成员所组成的集体决策机构可能面临的集体行动逻辑困局，集体决策方式反而在危机时代能够有效采取反危机行动，这是一个很有意思的现象。[3]这一高度"共识依赖型"的工作方式被称为"审议式政府间主义"。[4]通过政策审议的过程而达成的共识使欧洲理事会和欧盟理事会可以处理越来越多的待决事务。问题是，欧洲理事会和欧盟理事会内的审议和决策过程可以有效运作并及时应对欧元危机期间的挑战的原因是什么？对该问题的一个可能回答是，尽管成员国在形式上和法律上是平等的，但欧洲理事会和欧盟理事会的审议以及决策一直处于数个大成员国的领导或引导之下。[5]特

---

[1] Tsebelis, G. & Garrett, G., "The Institutional Foundations of Intergovernmentalism and Supranationalism in the European Union", *International Organization*, 2001, 55(2), 357-390.

[2] Scicluna, N., "Politicization without Democratization: The Impact of the Eurozone Crisis on EU Constitutionalism" (No. 341), *Collegio Carlo Alberto*, 2013, 18-19.

[3] Chiti, E. & Teixeira, P. G., "The Constitutional Implications of the European Responses to the Financial and Public Debt Crisis", *Common Market Law Review*, 2013, 50(3), 687-688.

[4] Puetter, U., "Europe's Deliberative Intergovernmentalism: The Role of the Council and European Council in EU Economic Governance", *Journal of European Public Policy*, 2012, 19(2), 161-178.

[5] Fabbrini, S., "The Euro Crisis and the Constitutional Disorder of the European Union", in 21st International Conference of the Council for European Studies, Panel on "The Political and Economic Dynamics of the Eurozone Crisis", Washington DC (Vol. 15), March, 2014.

定成员国在决策中的主导性角色促成了共识的达成和方案的通过。①在德国的领导下，反危机行动明显反映了德国在过去数十年间所推定的政策偏好与经济意识形态②：秩序自由主义和稳定性文化。③这一范式就是目前在欧洲所发生的事情：一种由欧洲理事会和欧盟理事会制定"一系列具体规则以限制政治裁量权的方法"。④此外，越来越被用于规制多层欧盟的方法也被视为是德国的"联合决策联邦主义"模式的扩大版；根据该模式，联邦组成单位要参与到联邦立法程序中并负责执行这些联邦立法。⑤另外，欧盟也移植了具有专属货币政策权能并负责维护物价稳定的高度独立的中央银行的模式。⑥"把他们变成我们"不仅是寻求一种普遍主义，而且也是增强自我论述和自我认同的重要方法：当一个社会的观念和制度被移植到另一个社会中，移出国不但其影响力得到了强化，移出国社会也会受到反向效果，即移出国

---

① 本研究主要关注英国脱欧完成前欧洲理事会内部权力分配情况。有关英国脱欧后欧洲理事会的权力再分配，参见：何晴倩、[瑞典]丹尼尔·诺兰：《英国脱欧与欧盟理事会权力的再分配——基于跟踪问卷调查数据的社会网络分析》，载《欧洲研究》2020年第1期，第27—54页。

② Vilpišauskas, R., "Eurozone Crisis and European Integration: Functional Spillover, Political Spillback?", *Journal of European Integration*, 2013, 35(3), 368.

③ Meiers, F. J., "Introduction: Europe's Powerhouse", in *Germany's Role in the Euro Crisis*, Springer International Publishing, 2015, 5.

④ Fabbrini, S., "The Euro Crisis and the Constitutional Disorder of the European Union", in 21st International Conference of the Council for European Studies, Panel on "The Political and Economic Dynamics of the Eurozone Crisis", Washington DC (Vol. 15), March, 2014.

⑤ Scharpf, F. W., "After the Crash: A Perspective on Multilevel European Democracy", *European Law Journal*, 2015, 21(3), 399.

⑥ 在斯大林和吉拉斯的一场对话中，斯大林提到，"这场战争（指'二战'）和过去的不同：谁占领了一个地区，就会在那里推行它的社会制度。每个人都会将它的社会制度推广到它的军队所及之处。没有例外"。See: Djilas, M. (1962), *Conversations with Stalin* (Vol. 63), Houghton Mifflin Harcourt, Part 5 of the Chapter "Doubts".

社会也会强化对其观念和信仰的信心。然而，移入国社会则不得不承受融合过程的成本和后果：最好的结局也许是，在移入国，移植仅限于表面。在许多个案中，这一移植过程常常引发移入国的内部动荡以及对移出国的反抗运动。由于"德国权力悖论"这一问题①（指德国位于欧洲地理中间位置的半霸权国家的特殊背景，造成德国既无力争夺世界霸权却又不甘于地区霸权的困局）的存在，德国对规则、秩序自由主义和稳定性文化的输出恰恰加剧了欧盟以及成员国内部的不稳定。②

4.4.3.2 成员国在欧盟之外缔结国际条约对欧盟法律框架的影响

在危机期间，绝大多数应对危机的重大决定和机制都是在欧盟法律框架之外的国际条约的形式通过的。③采用这种方式的主要考虑是要在欧盟法律框架之外采取措施。④因为，《里斯本条约》并没有提供应对这一危机的有效工具。⑤虽然事急从权，但这种双轨法律治理的模式在重叠的领域中不可避免地引发了欧盟法律统一适用的问题。接下来就两者之间的法律问题争议进行讨论，主要涉及条约中新引入的规则和现有的欧盟法规则之间的冲突、不经过正式的修约程序对条约进行实质修改的问题以及欧盟目标在法律上的外溢等问题。

首先，国际条约中的规则可能跟欧盟现行法产生冲突。一些最近

---

① Kundnani, H., *The Paradox of German Power*, Oxford University Press, 2015, USA, 8.
② Kundnani, H, *The Paradox of German Power*, Oxford University Press, 2015, USA, 107-110.
③ Fabbrini, S., "After the Euro Crisis: A New Paradigm on the Integration of Europe", *Available at SSRN*, 2014, 2441201.
④ Soares, A. G., "EU Commission Participation in the Troika Mission: Is There a European Union Price to Pay?", *Revista Brasileira de Política Internacional*, 2015, 58(1), 109-110.
⑤ Van Rompuy, H., "Lessons from a Crisis: Reflections on Economic Governance for Europe", *European View*, 2010, 9(2), 134.

建立的机制,例如欧洲稳定机制,已经由于违反欧盟法条款而被诉至了欧洲法院。① 在 Pringle 案中,Pringle 先生主张,某些成员国建立起来的、旨在执行某些为欧盟法所禁止之行动的永久机制不太可能符合欧盟法的规定而且损害了作为欧盟基本价值的"法治"。② 他在某些论据中援引了欧盟法的最高性原则和忠诚原则。根据这些原则,成员国不得缔结与欧盟条约所设定的义务相冲突的国际条约,③ 也不得加入此类国际组织。④ 法院通过对《欧盟运行条约》第125条进行目的论解读为欧洲稳定机制扫清了道路。欧洲法院认为,《欧盟运行条约》第125条并未禁止欧洲稳定机制下的财政救援行动(另外,欧洲法院同样认定欧洲稳定机制也没有违反《欧盟条约》第4条第3款、第13条,《欧盟运行条约》第2条第3款、第3条第1款(c)项、第119条到第123条以及第126条到第127条以及欧盟法的有效司法保护原则)。⑤ 然而,即使那些支持欧洲稳定机制的合法性的学者也对稳定条约的执行可能导致对欧盟法的侵犯这一点表达了担忧。⑥ 维特试图对这些有关欧洲稳定机制与欧盟法相冲突的担忧和怀疑进行缓和。他认为,一旦欧盟通过有关这些问题的立法,这些条约就应当终止其效力;此外,财政契约敦促成员国"采取必要措施……以便实现将条约

---

① ECJ Case C-370/12, the Pringle.
② Tomkin, J., "Contradiction, Circumvention and Conceptual Gymnastics: The Impact of the Adoption of the ESM Treaty on the State of European Democracy", *German LJ*, 2013, 14, 174-175.
③ Observations of Pringle, at page 7, in Case C-370/12, Pringle v. Ireland. Para. 3.97.
④ Observations of Pringle, at page 7, in Case C-370/12, Pringle v. Ireland. Para. 3.100-3.101.
⑤ Observations of Pringle, at page 7, in Case C-370/12, Pringle v. Ireland. Para. 3.129-3.149.
⑥ De Witte, B., "European Stability Mechanism and Treaty on Stability, Coordination and Governance: Role of the EU Institutions and Consistency with the EU Legal Order", *Challenges of Multi-tier Governance in the European Union*, 2012, 84.

的核心内容纳入欧盟法律框架的目标"。① 另一个问题是，赋予欧盟机构欧盟法规定之外的新职责是否构成对欧盟法的违反？维持对职责和权力进行了区分后提出，给欧盟机构设定新的职责并不必然等于授予新权力，只要这些国际条约没有对欧盟机构授予新的决策权力，这些国际条约就没有与欧盟法冲突。② 然而，有学者指出，财政契约很可能授予了欧盟委员会设定有约束力的标准的权能，因为财政契约第3条第2款建立了一个校正机制。③ 此外，在条约的执行过程中对欧盟机构（尤其是欧盟委员会）进行实质授权的可能性也无法事先排除。因此，这些条约未来还有可能因为其执行构成了对欧盟法具有违反之效果的理由而再次被诉至欧洲法院。

其次，在欧盟法之外缔结国际条约可能会导致对条约修改程序的架空。④ 在危机和反危机时代，《里斯本条约》中的许多规则被认为

---

① De Witte, B., "European Stability Mechanism and Treaty on Stability, Coordination and Governance: Role of the EU Institutions and Consistency with the EU Legal Order", *Challenges of Multi-tier Governance in the European Union*, 2012, 84; Art.16 of the Treaty on Stability, Coordination and Governance in the Economic and Monetary Union.

② De Witte, B., "European Stability Mechanism and Treaty on Stability, Coordination and Governance: Role of the EU Institutions and Consistency with the EU Legal Order", *Challenges of Multi-tier Governance in the European Union*, 2012, 83-84. Bruno discussed roles given by the ESM and Fiscal Compact to the Commission respectively and conducted a point-by-point rebuttal that the role to negotiate and monitor the Memorandum of Understandings is consistent with the Council Regulation 407/2010 of 11 May establishing a European Financial Stabilization mechanism, the role to report and assess belongs to the Commission's existing competence with regard to economic policy and the formal role to challenge states before the ECJ in case of certain acts has not be conferred finally.

③ Pernice, I., "What Future (s) of Democratic Governance in Europe: Learning from the Crisis", *Challenges of multi-tier Governance in the European Union*, 2013, 15.

④ Scicluna, N., "Politicization without Democratization: The Impact of the Eurozone Crisis on EU Constitutionalism" (No. 341), *Collegio Carlo Alberto*, 2013, 19.

"过时"了、与一体化的经济和财政联盟的方向不一致。然而，成员国领导人选择通过欧盟法框架之外的国际条约而非对《里斯本条约》的修改程序来制定新的规则。①《里斯本条约》所规定的条约修改程序是非常复杂、冗长而耗时的，几乎所有欧盟机构和成员国都要参与到无尽的讨论、谈判之中，通过的投票门槛也很高。最后，条约的修改还要由全体成员国根据本国宪法规定进行表决，举行全民公决也是常有的事。②只要想一想《欧洲宪法条约》在法国和荷兰的遭遇就会发现，批准过程充满了意外事件和结果。在欧元危机的背景下，任何批准过程中的意外都将是欧盟不可承受之重。尽管如此，通过绕过正式的修订程序来对欧盟法进行实质修改的做法还是会损害救助行动以及自称为"基于法治"的欧盟的合法性。③鉴于法律在欧洲一体化进程中所扮演的重要角色④以及构成了欧盟宪法传统不可分割一部分的法治价值，"绕过法律的治理"这一实践将对欧盟的长期稳定和合法性构成损害。

再次，在这些国际条约中，全体一致作为条约生效的条件，被废弃了。在财政契约中，全体一致原则首次不被作为国际条约的生效门槛。该条约规定，"如果使用欧元的12个缔约国已经交存了批准书，该条约应当于2013年1月1日生效；或者在使用了欧元的12个缔约国交存批准书之后的那个月的第一天；以上两者以较早者为准"⑤，不需要全

---

① Leino, P. & Salminen, J., "Should the Economic and Monetary Union Be Democratic after All; Some Reflections on the Current Crisis?", *German LJ*, 2013, 14, 861.
② 《欧盟条约》第48条。
③ 《欧盟条约》第2条。
④ Cappelletti, M., Seccombe, M. & Weiler, J. H., *Integration through Law: Europe and the American Federal Experience* (Vol. 1)., Walter de Gruyter, 1986.
⑤ Art. 14(2) Treaty on Stability, Coordination and Governance in the Economic and Monetary Union.

体缔约国的批准。① 此外，该条约还有一个欧盟委员会对不履行条约的准自动干预，除非"使用了欧元的成员国中达到有效多数的成员国反对欧盟委员会提议或建议的决定"时，该程序才可以得到豁免，② 以免招致"未来的否决威胁"。③ 这一转换不仅意味着程序门槛的变化。在Weiler看来，全体一致包含着"主权平等的原则，批准是一个国际主义的标志"，而多数主义观念则代表着"将一个人的集合自我交托给多数派决策规训的意愿，即使是在非常高的宪法层次……这些忠诚和承诺意味着服从一个新的集体及其意志"，即宪法主义。④ 吊诡的是，这一宪法化的过程恰恰是通过国际条约的形式才得以发展的。⑤ 尽管文理上自相矛盾，但这一实践仍然是原创性的或者史无前例的。在20世纪50年代塑造了欧洲诸共同体的系列条约并非从第一天开始就被解释为一个"独特的"法律体系，而是被当作一个国际条约对待。此外，如上所述，这些国际条约中规定的规则应当在时机成熟时纳入欧盟法的事实也有助于对那些规则的性质（宪法化）和它们的形式（国际条约）之间所存在的张力进行正当化。然而，由于这些国际条约所建立的议程或机制由大成员国所主导，小成员国提出了对自身地位边缘化的担忧。

最后，欧盟目标的"法律外溢"沟通了欧盟法律框架和基于政府

---

① Fabbrini, S., "Intergovernmentalism and Its Limits Assessing the European Union's Answer to the Euro Crisis", *Comparative Political Studies*, 2013, 1019.

② Art. 7, Treaty on Stability, Coordination and Governance.

③ Fabbrini, S., "After the Euro Crisis: A New Paradigm on the Integration of Europe", *Available at SSRN*, 2014, 2441201.

④ Weiler, J. H., "A Constitution for Europe? Some Hard Choices", *Journal of Common Market Studies*, 2002, 40(4), 565 566.

⑤ Manzella, A., "Is the EP Legitimate as a Parliamentary Body in EU Multi-tier Governance?", *Challenges of Multi-tier Governance in the European Union*, 2012, 145.

间主义方法的国际条约，欧盟目标成为对两种法律框架下所采取的行动进行目的论解释时共享的渊源。①Andrea Manzella 总结了这些国际条约在加强型合作方面的四个原则，包括"在评估成员国之间的协议时共同体目标的流行性"、"共同机构框架的不可侵犯性"、"作为最后手段的临时辅助性特征"以及"全体成员国的开放合作性以及平等条件"。②换言之，欧盟目标已经从欧盟法律框架外溢到了国际条约的框架，成为两种框架的共同顶层结构。在共享目标以及援引这些目标进行目的论解释的时候，两个法律框架中的规则可以在解释和适用的过程中得到协调和融合，促进国际条约法律框架最终融入到欧盟法律体系中，以加强欧盟法律体系中成员国之间的合作。简而言之，共享目标扮演着转换期里两种法律体系的结合点的角色。

4.4.3.3 "多速一体化"方法的优缺点

欧元区的建立体现了"双速（或多速）欧洲"的理念，并得到了《里斯本条约》中的"加强型合作"条款的明确确认。③这一观点被发展为"有区分的一体化"。Wallace 认为，"有区分的一体化"是"用来表示欧洲政策适用的变化或者参与欧盟政策制度的程度与强度之变化的最直接、最中立的术语"。④Majone 对"公共物品"和"俱乐部物品"进行了区分：与公共物品相比，俱乐部物品意味着专属

---

① Manzella, A., "Is the EP Legitimate as a Parliamentary Body in EU Multi-tier Governance?", *Challenges of Multi-tier Governance in the European Union*, 2012, 143.
② Manzella, A., "Is the EP Legitimate as a Parliamentary Body in EU Multi-tier Governance?", *Challenges of Multi-tier Governance in the European Union*, 2012, 142-143.另见《欧盟条约》第20条。
③ 《欧盟条约》第20条。
④ "Differentiated Integration", In D. Dinan (Ed.), *Encyclopedia of the European Union*. Boulder, CO: Lynne Rienner Publishers, 2000, Inc. Retrieved from http://search.credoreference.com/content/entry/lrpenceu/differentiated_integration/0，最后访问时间：2021年6月8日。

第四章　后危机时代欧洲一体化模式之博弈
——以欧洲法院和德国宪法法院对反危机措施的司法审查为切入

于某些个人，俱乐部成员要承担俱乐部物品的成本。①他还指出，"和谐化/去异化的发生是对市场一体化的回应，但只是在异质性并不太大的情况下"。然而，当一个高度异质化的社会中要实现内部和谐化/去异化的难度和成本都很高的时候，新的俱乐部就会被建立起来。②基于此，Majone认为，欧洲一体化正在变成一个包括多个俱乐部的协会，其中成员国可以根据成本—收益分析来选择加入一个现有的俱乐部或者设立一个新的俱乐部。③欧元区就是一个仅向满足了特定标准的国家开放的俱乐部的典型例子。加入欧盟内部不同的俱乐部意味着对欧洲一体化程度的不同偏好。这构成了双速欧洲或多速欧洲一体化的基础。这一趋势在欧元区债务危机期间表现得更为明显。因为，在危机期间，欧元区成员国采用了开放协调方法（OCM），通过进一步的合作、协调和深度一体化采取了很多行动来应对危机，加速了欧元区一体化的速度，包括财政政策协调与监管以及预算政策的复审。

欧盟是建立在许多宪法妥协之上的，包括欧元区内外的成员国之间的妥协。④在欧元区债务危机期间，欧洲货币联盟的许多成员国都在推进从财政政策到经济政策的深度一体化，非欧元区成员国（包括

---

① Majone, G., "Rethinking European Integration after the Debt Crisis", *UCL, The European Institute, Working Paper*, 2012, (3), 24.
② Majone, G., "Rethinking European Integration after the Debt Crisis", *UCL, The European Institute, Working Paper*, 2012. (3), 24-25.
③ Majone, G., "Rethinking European Integration after the Debt Crisis", *UCL, The European Institute, Working Paper*, 2012. (3).
④ Fabbrini, S., "The Euro Crisis and the Constitutional Disorder of the European Union", in 21st International Conference of the Council for European Studies, Panel on "The Political and Economic Dynamics of the Eurozone Crisis", Washington DC (Vol. 15), March, 2014, 4-7.

英国和丹麦）则逐渐疏离。①货币联盟成员国的推进不仅在欧元区成员国和非欧元区成员国之间建立了两套规则，而且更为"倾向于更深和更宽的一体化的法律和机构情境"做好了准备，从而扩大了不同阵营的成员国之间的区别和差距。②在各种治理和协调机制混合的情况下，欧洲货币联盟逐渐变成了一个有区分的参与者的诸法律和监管框架的集合。作为一个如此复杂的组织，欧盟也必然面临着有关透明性和民主问责制的合法性挑战。③有区别的一体化和治理机制也对议会控制这些机制和有区分的政策制造了困难。与这些有区分的机制不同，欧洲议会被设计为代表着欧盟人民而非欧盟人民的特定部分或集团的欧盟机构。那么问题来了，那些有区分的一体化是应当受到整个欧洲议会还是参加了那些机制的成员国选出的欧洲议会议员的民主控制呢？在此，欧洲议会进退维谷。如果欧洲议会议员有权监督那些机制，这会导致一个与欧洲传统宪法观念"无代表不纳税"相冲突的结果，未参与这些机制的人民所选出的欧洲议会议员就会参与到这些机制的审议和监督之中。④然而，如果欧洲议会根据成员国参与特定机

---

① Fabbrini, S., "The Euro Crisis and the Constitutional Disorder of the European Union", in 21st International Conference of the Council for European Studies, Panel on "The Political and Economic Dynamics of the Eurozone Crisis", Washington DC (Vol. 15), March, 2014, 10.

② Chiti, E. & Teixeira, P. G., "The Constitutional Implications of the European Responses to the Financial and Public Debt Crisis", *Common Market Law Review*, 2013, 50(3), 694.

③ Pernice, I., "What Future (s) of Democratic Governance in Europe: Learning from the Crisis". *Challenges of Multi-tier Governance in the European Union.*, 2013, 8.

④ Dehousse, R., "Is the 'Community Method' still Relevant", *Challenges of Multi-tier Governance in the European Union: Effectiveness, Efficiency and Legitimacy. Directorate General for Internal Policies, Compendium Notes*, 2012, 88; Wessels, W., "National Parliaments and the EP in Multi-tier Governance: In Search for an Optimal Multi-level Parliamentary Architecture Analysis, Assessment Advice", *Challenges of Multi-tier Governance in the European Union*, 2013, 103.

制的情况细分成数个"欧洲议会",这将损害欧盟民主代议制机构的整体性,创造另一个史无先例的工程。① 在成员国议会方面,Wessels 指出,成员国议会的角色已经受到了有区分的一体化的损害②,更不用提通过成员国议会对这些机制进行监督了。

此外,经由国际条约的有区分的一体化也将内部区分转换为外部区分、将法律区分转换为机构区分。③ 在特定机制的参与者通过对欧盟机构进行新的赋权以使之得以推进经济治理时(欧盟机构也因此有权参与到欧元区成员国相关事务的监管中),其他欧盟成员国将不得不依赖于有关更密切合作的双边协议来实现同样的效果(例如将银行监管的任务授予欧洲央行)。④ 当欧元区成员国实际上控制着整个欧盟的议程并且追求其政策优先项而非整个欧盟的政策优先项时(这可能导致非欧元区成员国的政策优先项遭到遗弃),欧盟的团结也将出现危机。

4.4.3.4 从民主赤字到民主缺陷?

民主是西方宪法传统的核心要素之一,构成了欧盟成员国宪法传统的一部分。在2001年公布的《拉肯宣言》中,欧洲领导人确认,"欧洲联盟从它所确立的民主价值、其追求的目标以及它拥有的权力

---

① Dehousse, R., "Is the 'Community Method' still Relevant", *Challenges of Multi-tier Governance in the European Union: Effectiveness, Efficiency and Legitimacy, Directorate General for Internal Policies, Compendium Notes*, 2012, 93.

② Wessels, W., "National Parliaments and the EP in Multi-tier Governance: In Search for an Optimal Multi-level Parliamentary Architecture Analysis, Assessment Advice", *Challenges of multi-tier governance in the European Union*, 2013, 102.

③ Fabbrini, S., "The Euro crisis and the constitutional disorder of the European Union", in 21st International Conference of the Council for European Studies, Panel on "The Political and Economic Dynamics of the Eurozone Crisis", Washington DC (Vol. 15), March, 2014, 14.

④ Chiti, E. & Teixeira, P. G., "The Constitutional Implications of the European Responses to the Financial and Public Debt Crisis", *Common Market Law Review*, 2013, 50(3), 694.

和工具中获得其合法性……欧洲一体化计划也从其民主的、透明的和有效能的机构中获得其合法性"。① 另外，欧洲一体化长期遭受"民主赤字"的批评，欧元危机和救助计划更对欧盟现有的民主基础构成了损害。伴随着独立机构（如欧洲央行）的角色扩张、代议制机构的边缘化以及欧盟锋线国家"有选票但没选择"的状况，欧盟出现系统性的民主赤字乃至民主缺陷问题。

首先，独立机构在欧盟的角色和权力在持续扩张，尤其是欧洲央行。如前所述，当欧洲央行基于特定事实基础而超越其法定权限（仅仅服务于物价稳定的货币政策权力）行使权力之时（即制定经济政策并进行全欧洲范围内的财富再分配），民主合法性的问题就产生了。欧洲货币联盟就被解读为技术官僚对民主的胜利。② 借由对货币流动性的垄断，欧洲央行将其角色延伸到欧元区的经济治理领域，并在成员国政府未能实现经济复苏时对其施加压力。③ 根据 Majone 对"效能性政策"和"分配性政策"所作的区分，前者可以被委托给非多数主义机构，后者则应当由具有民主基础的机构来决定。④ 但是，在欧盟现行体制下，很难找到足以对欧洲央行施加相当影响力的机构，更别提对欧洲央行进行民主问责。数轮博弈之后，欧洲央行取得了对欧洲议会的优势地位。⑤ 在欧元危机期

---

① Laeken Declaration of the Future of the European Union.
② Dyson, K. H. & Featherstone, K., *The Road to Maastricht: Negotiating Economic and Monetary Union*, Oxford University Press, 1999, 801.
③ Fontan, C., The ECB: A Democratic Problem for Europe?
④ Verdun, A., "The Institutional Design of EMU: A Democratic Deficit?", *Journal of Public Policy*, 1998, 18(2), 107-132.
⑤ Jabko, N., "Democracy in the Age of the Euro", *Journal of European Public Policy*, 2003, 10(5), 710-739.

间，欧洲央行甚至涉入了意大利的内政之中。[1]更严重的是，不但普通公民被排除在了塑造欧盟一体化的未来框架的谈判之外，小成员国也不得不接受三巨头所建议的、有利于大成员国的项目。[2]在欧洲央行对债权国的预算方面所扮演的角色部分，仍有待解答的问题是，德国联邦宪法法院所设立的宪法限制是否足以守护成员国的预算主权？如果答案是否定的，那么重塑对欧洲央行的民主控制机制并对其进行问责可能就要写入欧洲政治领导者的议程中了。

其次，代议制机构在危机期间被进一步边缘化。在与金融危机和集体行动困境的对抗中，欧洲领导人和政府间主义机构逐渐成为决策机构，超国家机构尤其是欧洲议会的角色进一步被削弱。无论是否有效应对危机，决策机制以及最近在欧盟之外建立的机构都引发了欧盟的合法性和问责制问题。欧盟和成员国层面的行政机构主导了重大决策过程并将代议制机构排除在外。[3]危机期间，欧洲议会未能推出自己版本的货币改革计划，也未能对已经作出的决定进行审议或修改。[4]欧洲议会也未能说服欧洲理事会在欧盟框架之内建立欧洲稳定

---

[1] Dario Stefano Dell'Aquila, Stephan Kaufmann & Jannis Milios, Blackbox ECB: The Power and Impotence of the European Central Bank, 2014, See: https://www.rosalux.de/fileadmin/rls_uploads/pdfs/Materialien/Materialien2_BlackboxEZB_engl_web.pdf, 最后访问日期：2016年8月25日。

[2] Majone, G., "From regulatory state to a democratic default", *Journal of Common Market Studies*, 2014, 52(6), 1216-1223.

[3] Schmidt, V. A., "The Eurozone Crisis and the Challenges for Democracy", *The State of the Union (s): The Eurozone Crisis, Comparative Regional Integration and the EU Model*, 2012, 104.

[4] Montani, G., *The German Question and the European Question. Monetary Union and European Democracy after the Greek Crisis* (No. 0105), University of Pavia, Department of Economics and Management, 2015, 12.

机制。①尽管在通过普通或特别立法程序制定的立法性法令中，欧洲议会分别具有咨询性或决定性权力，但是在新缔结的国际条约中，欧洲议会则被剥夺了决策者的角色。②在欧洲稳定机制和财政契约中，欧洲议会没有什么角色。成员国议会对本国政府的控制也由于上述机制所设定的限制（尤其是欧盟委员会对成员国预算的复审）而被削弱。③但从代议制机构整体所拥有的权力来看，在欧洲议会的权力被边缘化的同时，它所失去的权力并没有经由成员国议会权力的增长而得到补偿。④如第三章所论，由于成员国议会权力被削弱，成员国人民对"直接货币交易项目"中涉及本国预算的决定的意愿表达也受到了影响。欧洲央行所实施的"直接货币交易项目"和"欧洲学期"制度使得欧洲央行可以在无需成员国议会批准的情况下将一个特定成员国的预算转移给另一个成员国。更严重的是，它在事实上使欧盟委员会可以复审成员国的预算，甚至在成员国施加影响力之前。此外，作为真正决策者的欧洲理事会既不对欧洲议会也不对成员国议会负责。成员国议会没有权力罢免作为一个整体的欧洲理事会，仅仅有权罢免欧洲理事会的一名成员（即本国总统或首相）。伴随着国家和欧洲层面的代议制机构的边缘化和权力被剥夺，民众意愿在决策程序中的输

---

① Tomkin, J., "Contradiction, Circumvention and Conceptual Gymnastics: The Impact of the Adoption of the ESM Treaty on the State of European Democracy", *German LJ*, 2013, 14, 173-174.
② Fabbrini, S., "The Euro Crisis and the Constitutional Disorder of the European Union", in 21st International Conference of the Council for European Studies, Panel on "The Political and Economic Dynamics of the Eurozone Crisis", Washington DC (Vol. 15), 2014, 10.
③ Dawson, M. & Witte, F., "Constitutional Balance in the EU after the Euro-Crisis", *The Modern Law Review*, 2013, 76(5), 832.
④ Fasone, C., "European Economic Governance and Parliamentary Representation. What Place for the European Parliament?", *European Law Journal*, 2014, 20(2), 183.

入受到阻滞。反危机措施将欧元区推进为一个摆脱了《里斯本条约》所设计的现行法律和政治问责机制的全方位的联盟，包括货币联盟、银行联盟和财政联盟。截至目前，没有可见的替代性结构可以增强欧盟的民主并对这一新出现的"经济政府"进行问责。[1]危机期间，大多数的救助措施针对的是成员国债务危机而非由此引发的社会和政治危机，这使得在此过程中感到被抛弃的选民开始了对布鲁塞尔、柏林乃至一体化工程的反抗。[2]

4.4.3.5 治理机构的混杂和碎片化：散乱的民主（diffused democracy）？

针对过去几十年间欧洲一体化进程中决策过程和权力分配中碎片化的政府治理模式，"散乱的民主"这一概念作为一种解释被提了出来。[3]一方面，行政权力逐渐委托给官署或独立机构[4]；另一方面，欧盟委员会的行政权力也受到了其他成员国可以影响的政府间机构（如常任代表委员会）的限制。[5]早在欧元危机之前，欧盟委员会在设定议程和政策制定方面的权力逐渐被欧洲理事会所侵蚀，演化为欧洲理事会的秘书处和执行机构的角色（第二章有讨论）。在 Imelda Maher 看来，欧盟经济治理的混杂性主要体现在以下几个方面：高度一体化

---

[1] Dawson, M., "The Legal and Political Accountability Structure of 'Post-Crisis' EU Economic Governance", *JCMS: Journal of Common Market Studies*, 2015, 53(5), 976-993.

[2] Scharpf, F. W., "After the Crash: A Perspective on Multilevel European Democracy", *European Law Journal*, 2015, 21(3), 384-405.

[3] Costa, O., Jabko, N., Lequesne, C. & Magnette, P., "Diffuse Control Mechanisms in the European Union: towards a New Democracy?", *Journal of European Public Policy*, 2003, 10(5), 666-676.

[4] Costa, O., Jabko, N., Lequesne, C. & Magnette, P., "Diffuse Control Mechanisms in the European Union: towards a New Democracy?", *Journal of European Public Policy*, 2003, 10(5), 668-669.

[5] Craig, P., *EU Administrative Law.*, Oxford University Press, 2012, 114.

的货币政策和分散化的经济政策，欧洲央行对货币政策的独享式主导与数个欧盟机构之间对经济治理的复合职责，硬法（条约、立法）和软法的结合，非欧元区成员国不因过度赤字而遭受制裁以及统一适用于所有成员国的多边监管机制。这一混杂由于成员国在欧盟法律框架之外新建立的机制而加剧了。除了硬法和软法的混杂之外，又产生了包括经济货币联盟和内部市场的双支柱结构，两个部分适用不同的规则但是却可能共享同样的法律基础。[1]此外，还有超国家的欧盟法和政府间的国际条约的混杂以及被赋予了经济治理职责的超国家机构的混杂。[2]Hodson和Maher提出了当有数方参与到决策过程中时机构职责的划分问题。[3]而在立法控制一端，立法分支的权力一直是碎片化的。欧洲议会有相对充分的时间和资源参与到立法和审议中，但是其民主基础一直受到选举低投票率的影响，而且通常被视作次等选举。另外，欧洲议会就欧盟政策与选民进行的联系和沟通也被认为存在缺陷。甚至，连欧洲议会的组成都是碎片化的。欧洲议会由九个党团组成，其中最大的欧洲人民党党团也只有200多个席位，仅占全体议席的不到30%。欧洲议会要发挥功能并且作出决议几乎只能够通过欧洲人民党和欧洲社会民主党的"大联盟"形式。[4]在2019年欧洲议会选举之后，欧洲议会各个党团议席数量方面的"碎片化"趋势更

---

[1] De Witte, B., "Euro Crisis Responses and the EU Legal Order: Increased Institutional Variation or Constitutional Mutation?", *European Constitutional Law Review*, 2015, 11(3), 442.

[2] De Witte, B., "Euro Crisis Responses and the EU Legal Order: Increased Institutional Variation or Constitutional Mutation?", *European Constitutional Law Review*, 2015, 11(3), 443.

[3] Hodson, D. & Maher, I., "The Open Method as a New Mode of Governance: The Case of Soft Economic Policy Co-ordination", *JCMS: Journal of Common Market Studies*, 2001, 39(4), 719-746.

[4] Fabbrini, F., "Representation in the European Parliament", *Zeitschrift Fuer Auslaendisches Oeffentliches Recht Und Voelkerrecht*, 2015, 838-839.

为强化：欧洲人民党党团的席次从216席减少为179席，欧洲社会党/社会民主党党团的席次从185席减少为153席，欧洲自由民主党党团的席次则从原来的69席增长为106席，欧洲绿党从52席增长为74席。另外，除了欧洲保守派和改革主义者党团以及欧洲左翼党团的席次有所减少外，另外两个极右派党团和民粹主义者党团的议席数量皆有所上升。换言之，在751席的欧洲议会中，如果按照意识形态的政治光谱来计算，中右派为179席，中左派为153席，自由民主党106席，绿党和其他左翼党合计121席，右翼民粹（疑欧主义派）合计122席，几乎呈现五大派均分席次的格局。

另外，成员国议会一直被看作是第一等的代议制机构，经验分析发现，欧元危机问题已经成为成员国议会讨论和审议的重要议题。[①]然而，由于目前成员国议会参与欧盟层面的机制相当有限而且集中于辅助性审查，成员国议会在欧盟决策中也并没有多大角色。正如我们在欧元危机期间所看到的，代议制机构之间的碎片化使它们难以捍卫条约和本国宪法所赋予它们的权力，更不用说对混杂的欧盟行政权力进行足够的控制和监督了。行政分支和立法分支在机构结构上的混杂和权力的碎片化构成了对决策进行问责的障碍，因为代议制机构现有的问责程序、机制和问责对象并不足以监督和控制真正作出决策的机构，从而形成"做决策的无法被问责，能被问责的不做决策"的困局。[②]

---

① Auel, K. & Höing, O., "Parliaments in the Euro Crisis: Can the Losers of Integration still Fight back?", *JCMS: Journal of Common Market Studies*, 2014, 52(6), 1191-1193.

② Maduro, M. P., "A New Governance for the European Union and the Euro: Democracy and Justice", *Yearbook of Polish European Studies*, 2013, (16), 111-140.

4.5 欧洲央行参与欧元区债务危机应对及其所受到的独立性挑战

4.5.1 欧洲央行的独立性

在《里斯本条约》关于欧盟与成员国的权衡划分中，货币政策被排他性地划入欧盟的权能范围之中。根据《欧盟运行条约》第119条第2款之规定，欧元区范围内应当"制定和实施单一货币政策和单一汇率政策，二者的主要目标是维护价格稳定，并在不影响价格稳定的前提下，按照自由竞争的开放市场经济原则，支持联盟总体经济政策"。《欧盟运行条约》第282条第1款将这一职责赋予由欧洲央行和成员国央行组成的欧洲央行体系。该条第2款则再度强调了"欧洲中央银行体系的首要目标是维持价格稳定"。在随后的第3款中，欧洲央行的独立性即通过法律明示规定的方式得到了确立："欧洲中央银行独立行使其职权及管理其财务。联盟机构、团体、机关和办事机构及成员国政府应尊重其独立性。"事实上，欧洲央行的独立性保障制度设计与其法定职权的履行相关联，是德国式秩序自由主义理论在欧盟制度设计中的体现。[①]在央行独立性的支持者看来，首先，货币政策由于其技术性本质而应当与政治性事务相区隔，交由专业人士进行判断；[②]其次，过往的

---

① 近年来，有学者就秩序自由主义对欧盟治理的影响进行了分层次和分领域的研究。笔者认为，秩序自由主义对欧洲一体化的影响主要体现在观念领域，在宪制和实践层面则影响相对较小。就具体政策领域而言，秩序自由主义对共同农业政策（CAP）影响最弱，影响最大的则是竞争政策。See: Nedergaard, P., "The Ordoliberalisation of the European Union?", *Journal of European Integration*, 2020, 42(2): 213-230.

② Berman, S. & McNamara, K. R., "Bank on Democracy: Why Central Banks need Public Oversight", *Foreign Affairs*, Vol.78, No.2, 1999, 3.

国家治理经验显示，政客常常会滥用货币政策以追求短期政治利益而有害于长期的货币稳定和经济发展。当决策者利用货币政策图利特定政治集团和游说集团时，这一问题常常更为严重。[1]面对这一政治人物往往难以抵抗的诱惑，赋予央行货币政策制定的独立性就成为规避上述风险的方案之一。这一方案也得到了实证研究的支持：那些央行独立于政治影响的国家中往往具有更好的经济表现尤其是相对较低的通货膨胀。[2]此外，"二战"后德国联邦央行的独立性的成功实践也是欧洲央行独立性制度设计的重要背景。[3]

欧洲央行的独立性制度可以分为四个方面。[4]首先是其管委会和执委会成员的独立性。根据条约之规定，"在行使由两部条约与本章程赋予的权力、履行两部条约与本章程授予的任务和职责时，无论是欧洲中央银行、成员国中央银行，还是其决策机构的任何成员，均不得寻求或听从联盟机构、团体、机关或办事机构、成员国政府或其他任何机构的指示。联盟机构、团体、机关或办事机构，以及成员国政府应承诺遵守该原则，不在欧洲中央银行或成员国中央银行决策机构的成员执行任务时试图对其施加影响"。另外，欧洲央行

---

[1] Hasse, R., Weidenfeld, W. & Biskup, R., *The European Central Bank: Perspectives for a Further Development of the European Monetary System* (Vol. 2), Bertelsmann Foundation, 1990, 122-125.

[2] Alesina, A. & Summers, L. H., "Central Bank Independence and Macroeconomic Performance: Some Comparative Evidence", *Journal of Money, Credit and Banking*, Vol.25, No.2, 1993, 151-162; Bernhard, W., "A Political Explanation of Variations in Central Bank Independence", *American Political Science Review*, Vol.92, No.2, 1998, 311-327; Blinder, A. S., *Central Banking in Theory and Practice (2nd MIT Press paperback edition)*, Mitpress, 1999, 56.

[3] Jabko, N., "Democracy in the Age of the Euro", *Journal of European Public Policy*, 2003, 10(5), 714.

[4] 另有研究从功能独立、机构独立、人员独立和财政独立资格方面分析欧洲央行的独立性。See: Bini Smaghi, L., "Central Bank Independence in the EU: From Theory to Practice", *European Law Journal*, 2008, 14(4): 446-460.

执委会成员任期相当之长（八年）且不可连任。条约对于成员国撤换本国派出的管委会成员（即该成员国本国的央行行长）设置了严格的标准——欧洲法院的佐审官（Advocate General）Kokott于2018年12月19日在拉脱维亚央行行长罢免案中所发布的佐审官意见书即是一例。[①]其次是欧洲央行的决策独立。欧盟系列条约规定，只有欧洲央行有权处理欧元事务，其他欧盟机构应当尊重其独立性。[②]尽管理事会主席和欧盟委员会委员可以参加行长委员会会议，但没有表决权。理事会主席可以向行长委员会提交动议以供审议，但是欧洲央行不必考虑该动议，更无须接受其立场。再次，对欧盟系列条约中有关欧洲央行的条款和《欧洲央行体系章程》的修改或废除标准相当困难，其过程相当冗长，并且需要获得全体成员国之赞同方可为之。具体而言，除了欧盟系列条约的修改需要获得全体成员国同意外，《欧洲央行体系章程》第40条第1款所列举的条款可通过普通立法程序由欧洲议会和理事会修改（"经欧洲中央银行建议并经咨询委员会之后，或者在经委员会提议并经咨询欧洲中央银行之后，由欧洲议会和理事会予以修订"），其他条款之修改则亦需要获得全体成员国的批准（"欧洲理事会可根据欧洲中央银行的建议并经咨询欧

---

① 在本案中，拉脱维亚央行行长被拉脱维亚防止和打击腐败办公室以涉嫌图利一家银行触犯利用影响力交易罪为由罢免职务。佐审官Kokott认为，尽管该办公室的决定具有暂时性，但是该决定的实际法律后果将是该行长的欧洲央行管委会委员职务遭到解除，应当适用《欧洲央行章程》和《欧洲央行体系章程》中有关"解除职务"的规定，即只有在"行长不再能够满足履行其职责所要求的条件或者在犯有严重行为不当的情况下才能解除其职务"（《关于欧洲中央银行体系与欧洲中央银行章程的议定书》第14.2条）。本案中拉脱维亚当局所提交的证据并未得到证明上述事实存在的标准，因而佐审官建议欧洲法院判决这一决定未能履行拉脱维亚对欧盟的义务。参见：Advocate General's Opinion in Cases C-202/18。

② 《欧盟运行条约》第282条第3款。

洲议会和委员会之后，或者经委员会提议并经咨询欧洲议会与欧洲中央银行之后，以一致方式通过一项决定……上述修订在各成员国按照各自宪法要求批准之后生效"）。最后，最重要的是，欧洲央行无须对任何欧盟机构负责，仅在抽象意义上对欧元区人民负责。尽管欧洲央行要向欧洲议会、理事会、欧盟委员会以及欧洲理事会提交报告，但这些欧盟机构既无权撤换欧洲央行的管委会，也无权修改或撤销欧洲央行的决定。[①]

在高度独立性的背景下，欧洲央行的治理合法性主要来自"输出合法性"（output legitimacy），即其合法性来自欧洲央行在确保物价稳定的治理绩效以及对欧洲货币联盟的捍卫。[②]实际上，同样作为由专业技术人士所组成的独立公共部门，欧洲央行与司法部门共享相似的合法性基础逻辑。首先，无论是货币政策还是司法裁决，都被认为是一项应当由专业人士做出的技术性判断。其次，从输出合法性角度来说，独立的央行和独立的司法部门都被认为应当服务于国家或社会的长期利益而非追求短期政治效应。最后，可能更重要的原因是，在一个推崇经由选举而获得治理合法性的民主时代，非民选机构行使职权而不受政治机构干预，这一独立地位的获得，也是由于其采取了自我限制的克制战略，从而换取了民选机构的容忍。对于司法机构而言，这一战略表现为在案件尤其是政治性敏感

[①] Apel, E., *Central Banking Systems Compared: The ECB, the Pre-euro Bundesbank and the Federal Reserve System (Vol. 20)*, Routledge, 2003, 62-63; Taylor, C., "The Role and Status of the European Central Bank: Some Proposals for Accountability and Cooperation", *After the Euro: Shaping Institutions for Governance in the Wake of European Monetary Union*, 2000, 179-203.

[②] Torres, F., "The EMU's Legitimacy and the ECB as a Strategic Political Player in the Crisis Context", *Journal of European Integration*, Vol. 35, No.3, 2013, 294-295.

案件的审判中将司法管辖权限定于其中的法律问题而避免做出政治决断。

对于欧洲央行而言，相似的逻辑在《马斯特里赫特条约》时代已见端倪。该条约一方面将货币政策的权能单独授予欧洲央行并赋予其独立性①，另一方面也将欧洲央行的权力严格限制在货币政策领域以防止其成为一个超级权力机构。禁止成员国公共部门融资的条款和禁止救市条款被写入条约。《欧盟运行条约》第123条规定，"禁止欧洲中央银行和成员国中央银行以欧盟机构、团体、机关或办事机构、成员国中央政府、地区或地方当局以及其他公共当局、受公法规范的公共团体或公共企业的名义提供透支信用或任何其他类型的信用贷款，也禁止欧洲中央银行或各国中央银行从上述机构直接购买债券"。另外，该条约第124条也规定，"任何非基于审慎考虑而采取的，规定联盟机构、团体、机关或办事机构、成员国中央政府、地区或地方当局及其他公共机构、受公法规范的公共团体或公共企业可以优先获得金融机构服务的措施，应予禁止"。这些规定不仅仅是基于防止成员国采取合理的预算政策的动力被影响的考虑（即防止成员国政府自恃有欧洲央行"兜底"而竞相推行过度赤字的财政开支），也旨在避免欧洲央行成为成员国的最终债权人而导致成员国政府将其预算权力拱手让与欧洲央行的风险。② 此外，一旦公共机构的融资得到许可，将不可避免地产生将债务国的风险转移至债权国纳税人的问题，这一具有再分配性质的行为在民主时代本质上应

---

① 《马斯特里赫特条约》第107条。
② Tuori, K., "From Expert to Politician and Stakeholder? Constitutional Drift in the Role of the ECB", in John Erik Fossum and Agustín José Menéndez, eds, *The European Union in Crises or the European Union as Crises?* Oslo: ARENA Report No.2/14, 491-525.

属于民选的代议制机构的职权范围。①因此,在欧洲央行将其职权行使范围限定于货币政策领域并具有治理绩效的情况下,欧洲央行的独立性不会面临严重质疑。②

另外,必须指出,在危机产生之前,欧洲央行就已经开始增强其在输出合法性之外的合法性建构。这些努力主要包括提高决策过程的透明性和公开性(过程合法性)及强化与代议制机构尤其是欧洲议会之间的关系(输入合法性)两个方面。在第一个方面,欧洲央行在2000年后就开始公布年度预测和《月报》,并在每次管委会会议后举行记者会说明其在货币政策方面的进展。③在输入合法性方面,欧洲央行首要的主张是它是由各国民选政府批准的欧盟系列条约所建立的欧盟机构,这是其最根本的输入合法性来源。欧洲央行在输入合法性方面的次要基础是其管委会成员皆是由民选的成员国政府所任命这一间接民主方式。④除了来自成员国层面的输入合法性基础外,欧洲央行也在加强与欧洲议会之间的联系以增强来自欧

---

① Murswiek, D., "ECB, ECJ, Democracy, and the Federal Constitutional Court: Notes on the Federal Constitutional Court's Referral Order from 14 January 2014", *German Law Journal*, Vol.15, 2014, 150.

② 然而,对这种央行独立性的辩护理论也不乏批评的声音,如有学者指出,作为央行独立性支撑的四个假设(有限的法定职权、较大的透明性、多元问责渠道和司法审查为主)在实践中是失败的,失败的部分原因是忽略了独立性和问责制的权衡而过于倾向独立性。See. Dawson, M., Adina Maricut-Akbik, and Ana Bobić, "Reconciling Independence and Accountability at the European Central Bank: The False Promise of Proceduralism", *European Law Journal* 25.1, 2019, 75-93.

③ Howarth, D. and Loedel, P., *The European Central Bank: The New European Leviathan?* (Revised, second edition), Basingstoke: Palgrave, 2005, 125.

④ Quaglia, L., *Central Banking Governance in the European Union: A Comparative Analysis*, Routledge, 2007, 116.

盟层面的输入合法性支持。根据欧盟系列条约，欧洲央行有义务在年度报告中说明其活动和政策。欧洲央行行长应当对理事会和欧洲议会进行报告并且参与到后续的讨论中。欧洲议会可以要求欧洲央行行长及管委会成员在欧洲议会的相关委员会上发言。①欧洲央行也接受了欧洲议会对于欧盟系列条约所作的宽泛解释，即欧洲央行也应当被进行民主问责。②然而，在与欧洲议会的既合作又竞争的复合关系中，欧洲央行选择接受一般意义上的问责制尤其是对欧洲议会负责的理念但拒绝在将其权力与活动置于其他机构的控制和监督方面做出实质性让步。③另外，在《欧盟运行条约》中有关监督的内容主要体现为所谓司法监督。《关于欧洲中央银行体系与欧洲中央银行章程的议定书》第35条（"司法监督与相关事项"）规定，"欧洲联盟法院应根据《欧盟运行条约》规定的情况和条件对欧洲中央银行的行为或不履行法律责任的行为予以审查或解释。欧洲中央银行可根据两部条约规定的情况和条件提起诉讼……欧洲中央银行应承担《欧盟运行条约》第340条规定的责任。成员国中央银行应按各自国家的法律承担责任……欧洲联盟法院对与成员国中央银行履行根据两部条约与本章程应该承担的义务有关的争端拥有司法管辖权"。这种主要基于治理绩效的输出合法性基础、有限职权行使的策略辅之以对代议制机构的渐进负责，构成了欧元区债务危机爆发前欧洲央行的主要合法性来源。

在金融危机传导到欧洲大陆后，负担债务的欧盟成员国迅速遭

---

① 《欧盟运行条约》第284条第3款。
② Jabko, N., "Democracy in the Age of the Euro", *Journal of European Public Policy*, Vol.10, No.5, 2003, 711.
③ Ibid, 716.

遇到国债价格直线下降、利率快速上升的危机并危及欧元区的稳定。为稳定金融市场，恢复金融市场参与者的信心，欧盟成员国通过欧洲理事会决议的方式对《欧盟运行条约》第136条进行了增修，新增一款："货币为欧元的诸成员国可以建立稳定机制，并在必要时启动以维护整个欧元区的稳定。根据该机制所提供的任何所需的财政援助都将受到严格的条件限制。"[1]该条款的新增为欧洲稳定机制的建立提供了法律基础。随后，欧元区成员国建立了欧洲稳定机制。然而，这一机制所设置的资金上限（5000亿欧元）影响了其效果和目标的实现。随后，欧洲央行推出了"直接货币交易项目"作为欧洲稳定机制的加强版，授权欧洲央行根据相关成员国对宏观经济调整项目的接受和执行情况来在二级市场上购买特定成员国的政府债券，这一项目并未设置调用的财政上限。[2]除此之外，欧洲央行声称这一项目纯粹系货币政策决定，其对这一事务具有独享权能，无须由成员国议会以行使预算权力的方式进行背书。与欧洲稳定机制类似，"直接货币交易项目"与德国联邦《基本法》的合宪性问题亦被德国的左右两翼团体（左翼认为侵犯了德国的议会民主制，右翼则认为侵犯了德国的议会主权原则）通过"机关争议程序"诉至德国联邦宪法法院。这一宪法诉愿的提出方认为，欧洲央行的这一项目系超越职权，而德国联邦政府和联邦议会却未能就此履行其守护德国的主

---

[1] "The Member States whose currency is the euro may establish a stability mechanism to be activated if indispensable to safeguard the stability of the euro area as a whole. The granting of any required financial assistance under the mechanism will be made subject to strict conditionality."

[2] Murswiek, D., "ECB, ECJ, Democracy, and the Federal Constitutional Court: Notes on the Federal Constitutional Court's Referral Order from 14 January 2014", 147-148.

权和宪法认同的义务。①此外，宪法诉愿人还提出，这一项目违反了作为欧盟基础法的《里斯本条约》中关于禁止政府货币融资的条款。2014年2月7日，德国联邦宪法法院就相关欧盟法的解释及OMT项目的合法性问题向欧洲法院提出了初步裁决请求。②在获得欧洲法院于2015年6月16日所做出的初步裁决之后，德国联邦宪法法院于2016年6月20日做出了最终的宪法判决。③

4.5.2 对欧洲央行OMT项目的司法审查

4.5.2.1 德国联邦宪法法院的第一次裁决

德国联邦宪法法院在将OMT案提交欧洲法院提出初步裁决请求时亦对该案表明了其初步立场。联邦宪法法院在很大程度上认为这一项目超越了欧洲央行的职权。④宪法法院通过多个路径表达了其忧虑。首先，OMT项目很可能是经济领域的政策而非单纯的货币政

---

① Federico Fabbrini指出，宪法认同这个概念已经越来越被成员国宪法法院/最高法院拿来抗拒欧盟法对成员国国内法律体系的影响力了，该概念的不确定性导致了滥用的危险。参见：Fabbrini F, Sajó A. "The Dangers of Constitutional Identity". *European Law Journal*, 2019, 25(4): 457-473；有关欧洲法院在适用《欧盟条约》第4条第2款方面的不足，See: Di Federico, G., "The Potential of Article 4 (2) TEU in the Solution of Constitutional Clashes Based on Alleged Violations of National Identity and the Quest for Adequate (Judicial) Standards", *European Public Law*, 2019, 25(3), 347-380.

② "Principal Proceedings ESM/ECB: Pronouncement of the Judgment and Referral for a Preliminary Rulings to the Court of Justice of the European Union"，参见：http://www.bundesverfassungsgericht.de/SharedDocs/Pressemitteilungen/EN/2014/bvg14-009.html，最后访问时间：2019年2月15日。

③ "Constitutional Complaints and Organstreit Proceedings against the OMT Programme of the European Central Bank Unsuccessful"，参见：http://www.bundesverfassungsgericht.de/SharedDocs/Pressemitteilungen/EN/2016/bvg16-034.html，最后访问时间：2019年2月15日。

④ Sinn, H. W., *The Euro Trap: on Bursting Bubbles, Budgets, and Beliefs*, OUP Oxford, 2014, 290-293.

策。这一判断是基于两项依据：第一，该项目的"立即目标"是"拉平欧元区某些成员国之间的国债价差"。第二，数个成员国购买和出售债券时具有选择性的特点。除了无须成员国议会批准这项区别之外，OMT项目与已经被成员国认定为明显的经济政策的欧洲稳定机制并无本质区别。根据欧盟和成员国的职权划分，欧洲央行无权制定属于成员国职权范围内的经济政策。[①]其次，该项目所包含的选择性购买、国债价差的中和、持有政府债券到期的可能性以及对市场及相关要素的价格形成的干预，实际上与《欧盟运行条约》第123条所禁止的货币融资措施具有同等效果。当这一交易机制中止时，欧洲央行用于使该项目正当化的项目目标——修正货币政策传导机制的中止——将不可避免地授权欧洲央行在事实上重复推出类似OMT项目的新项目。然而，德国联邦宪法法院在裁决的最后部分突然转向，为认可OMT项目的合宪性预留了可能性。宪法法院暗示，如果欧洲法院做出限制性解释，并且为该项目的执行设定额外的条件和排除条款，OMT项目可以合宪。裁决同时指出，它只有在收到欧洲法院所发布的意见并且在其意见中具体设定这些条件后才会做出最终判决。在这个裁决中，大法官Luebee Wolf和Gerhardt提出了不同意见书。Wolf大法官认为，德国联邦政府与联邦议会处理与欧盟机构的行动时，其所做出的决定应当基于其政治自由裁量权而非预先设定的具体的行动规则。大法官Gerhardt则主张，联邦宪法法院的这一裁决实际上将个人权利延伸到可以援引《基本法》第38条第1款对

---

① "Constitutional Complaints and Organstreit Proceedings against the OMT Programme of the European Central Bank Unsuccessful"，参见：http://www.bundesverfassungsgericht.de/SharedDocs/Pressemitteilungen/EN/2016/bvg16-034.html，最后访问时间，2019年2月16日。

欧盟机构的行动提起超越职权审查之诉，这已经超出了《基本法》的管辖范围。

德国联邦宪法法院向欧洲法院提出的上述初步裁决请求与过往的由欧洲法院对欧盟法的解释握有最终决定权的请求不同，这一初步裁决请求实际上给欧洲法院造成了压力甚至是威胁：OMT项目必须进行限制性解释，否则，从上述裁决的内容来看，德国联邦宪法法院很可能会判决该项目违宪。[①] 此外，该裁决继德国联邦宪法法院做出的关于《里斯本条约》合宪性的判决之后再次确认了德国联邦政府抵抗欧盟法令或行动的权力：当欧盟机构的法令或行动与德国宪法的基本原则冲突时，德国联邦政府有权并且应当抵抗前者。这些基本原则包括民主原则和"社会国"原则等德国宪法的基本原则。其中，根据民主原则，核心国家主权不可让渡，预算权力必须由联邦议会保留，德国人民的唯一代表系德国联邦议会，民主合法性只能由联邦议会而非欧盟层面的任何代议制机构所提供。[②] 此外，该裁决也表现了联邦宪法法院对于欧盟法令之执行进行司法审查时的司法管辖权的争夺。德国联邦宪法法院事实上通过间接的方式——对成员国执行欧盟法令的行为进行审查并且禁止本国政府参与到欧盟法令的执行中的方式——获得了对欧盟机构法令的司法审查权。此外，在之前的Honeywell案中，德国联邦宪法法院指出，在欧洲法院对德国联邦宪法法院提出的关于欧盟法解释的初步裁决请求做出答复之前不会对欧盟法令的超越职权之诉做出最终判决或者否决其在德国的适用，实际上意味

[①] Schiek, D., "German Federal Constitutional Court's Ruling on Outright Monetary Transactions (OMT)-Another Step towards National Closure", *German Law Journal*, Vol.15, 2014, 337.

[②] Schiek, D., "German Federal Constitutional Court's Ruling on Outright Monetary Transactions (OMT)-Another Step towards National Closure", *German Law Journal*, Vol.15, 2014, 338-340.

着德国宪法法院主张自己拥有最终的裁决权。① 德国联邦宪法法院对《里斯本条约》合宪性的判决也是如此：在该判决中，德国联邦宪法法院指出，它自己而非欧洲法院才是作为成员国法和欧盟法之间连接之桥的议会批准行为的守护者。② 欧盟机构超越职权与违反民主原则之间的关系也在该案中得到了厘清：欧盟机构超越职权的法令必然构成对德国《基本法》中民主原则的违背，原因在于，当欧盟机构的法令超越条约的职权范围时，欧盟机构实际上是在行使并未得到成员国人民所许可授予的权力。因此，欧盟机构超越职权的法令必须面临缺乏民主合法性的问题。即使是那些属于欧盟机构的职权范围之内的法令，当这些法令形成了对构成成员国宪法认同的一部分的议会权力尤其是预算权力的威胁时，也会产生违反民主原则的问题。③

简而言之，虽然德国联邦宪法法院再一次采用了"可以，但是"(yes, but)模式的判决④，其判决中的措辞和分析仍然表达了对于OMT项目的担忧：如果不进行限制，该项目将在事实上成为一个经济政策，这将对成员国民主、自决以及以预算权力作为核心权力的议会主权产生严重影响。由于这一项目的推出并未在决策程序中经

---

① Murswiek, D., "ECB, ECJ, Democracy, and the Federal Constitutional Court: Notes on the Federal Constitutional Court's Referral Order from 14 January 2014", 160.
② Wendel, M., "Exceeding Judicial Competence in the Name of Democracy: The German Federal Constitutional Court's OMT Reference", *European Constitutional Law Review*, Vol.10, No.2, 2014, 273.
③ Murswiek, D., "ECB, ECJ, Democracy, and the Federal Constitutional Court: Notes on the Federal Constitutional Court's Referral Order from 14 January 2014", 159.
④ Murswiek, D., "ECB, ECJ, Democracy, and the Federal Constitutional Court: Notes on the Federal Constitutional Court's Referral Order from 14 January 2014", *German LJ*, 161.

过足够的民主审议，该项目的执行将对成员国和欧盟层面的民主问责制构成损害。① 另外，从结果角度看，这一项目对民主的风险涵盖债务国与债权国。对于债权国而言，欧洲央行的项目会导致债务分摊与风险由投资人转移至纳税人。② 对于债务国而言，它们必须接受欧洲央行的重整项目和经济政策以获得欧洲央行的融资，相关成员国政府除了批准之外几无选择余地。伴随着欧洲央行成为债务国的债权人，"债权优于主权"来临，合法性控制将由公民和议会转移至国际金融机构。③ 或许正是基于上述考虑，德国联邦宪法法院决定向欧洲法院提出初步裁决请求并且提议对OMT项目进行包括总额、期限、购买条件以及欧洲央行在执行OMT项目时应该避免的行动的负面清单等方面的限制。本案的特别意义在于，德国联邦宪法法院不只重申了它对不可让渡的主权的捍卫这一立场，而且进一步表达了它在欧盟—成员国关系相关的案件中应当具有最终决定权的观点。通过OMT项目的判决，德国联邦宪法法院进一步具体化了它对两项宪法原则（民主原则和参与欧洲一体化原则）之间进行平衡的立场并且继《里斯本条约》案判决之后为德国参与到欧洲一体化的限度划了更清

---

① Pianta, M., "Democracy Lost: The Financial Crisis in Europe and the Role of Civil Society", *Journal of Civil Society*, Vol.9, No.2, 2013, 148-161.

② Sinn, H. W., *The Euro Trap: On Bursting Bubbles, Budgets, and Beliefs*, 310-318; Michailidou, A., "Crisis and Change in Greece: What Price Democracy", in J. E. Fossum & A. J. Menendez, eds., *The European Union in Crises or the European Union as Crises*, Oslo: ARENA Report Series, 2014, 245-276.

③ Garcia-Arias, J., Fernandez-Huerga, E. & Salvador, A., "European Periphery Crises, International Financial Markets, and Democracy", *American Journal of Economics and Sociology*, Vol.72, No.4, 2013, 826-850; Armingeon, K., Guthmann, K. & Weisstanner, D., "How the Euro Divides the Union: The Effect of Economic Adjustment on Support for Democracy in Europe", *Socio-Economic Review*, Vol.14, No.1, 2016, 1-26.

晰的界限。[1]

4.5.2.2 欧洲法院的初步裁决及德国宪法法院的最终判决

欧洲法院于2015年发表了它对该案的初步裁决。[2]在这一裁决中，欧洲法院认定，即使该项目尚未实施，基于提供必要之法律保护的考虑，该案的初步裁决请求仍可接受。欧洲法院强调，由于初步裁决的问题系欧盟法的解释和欧盟机构的法令的合法性，欧洲法院的初步裁决对于成员国法院具有约束力，成员国法院必须接受——这是对德国宪法法院试图在其裁定中主张该案的最终决定权的回应。在初步裁决问题的实体部分，欧洲法院从以下几个方面结构性地捍卫了OMT项目的合法性：该项目的目标、方式、比例性原则测试、该项目所带来的后果的非决定性和不可避免性以及项目实施时间和条件的限定性。在欧洲法院看来，OMT项目的目标是确保货币政策传导性以及保障货币政策的单一性，这一目标显示了该项目仍属货币政策范畴。《关于欧洲中央银行体系与欧洲中央银行章程的议定书》也授权欧洲央行体系通过购买政府债券来参与到金融市场的运作中（《议定书》第18条。另外，《议定书》第21条第1款最后一句仅仅"禁止欧洲中央银行或成员国中央银行从公共机构或团体购买债券"，并未禁止在二级市场上购买之）。至于该项目的选择性则是为了"修复货币政策传导之中断"所必要，亦并未为条约所禁止。在比例性原则测试方面，欧洲央行强调，鉴于对其进行专业评估的技术性本质，在该项目的执行过程中欧洲央行应当在实体问题上享有广泛的自由裁量权，司法审查

---

[1] Miller, R. A., "Germany v. Europe: The Principle of Democracy in German Constitutional Law and the Troubled Future of European Integration", *Va. J. Int'l L*.Vol.54, 2013, 587.

[2] Case C-62/14 Peter Gauweiler and Others v. Deutscher Bundestag[2015] ECLI:EU:C:400.

应当主要关注程序维度。[1]在该项目可能对经济政策的影响和对市场运作的扭曲方面，欧洲法院认为，当条约和章程允许欧洲央行体系从二级市场上购买和售出金融工具并且并不必然享有优先债权人地位的情况下，这一影响是其必然结果。对于那些担忧《欧盟运行条约》第123条的禁止货币融资条款被实质性废弃而影响成员国采取合理的预算政策的质疑，欧洲法院回应，根据《欧盟运行条约》第119条、第127条和第282条之规定，欧洲央行体系有义务提出支持成员国经济政策的政策，这些政策并不能仅仅因为它们会在一定时期和特定条件下对成员国执行合理的预算政策的动力产生影响就被宣布违背《欧盟运行条约》第123条而无效。

德国联邦宪法法院在接受了欧洲法院对于OMT项目的初步裁决的基础上针对OMT项目的合宪性做出了最终判决。联邦宪法法院认为，在欧洲法院所设定的限定性框架和条件下，OMT项目仍然合乎欧盟法而且仍属于货币政策范围。在德国《基本法》与《欧盟条约》的关系中，德国联邦宪法法院指出，一方面，《基本法》通过授权联邦政府将部分主权让渡到欧盟而接受了欧盟法适用的优先性；另一方面，德国联邦宪法法院指出，根据德国《基本法》，作为《基本法》中不可修改的"宪章性宪法"，民主原则的位阶高于通过宪法修正案方式被纳入德国《基本法》的"尊重和参与欧洲一体化之义务"。因此，只有当该项目的限定性框架和条件达到时，联邦政府和联邦议会才可以参与到该项目的执行之中，并且此二者应当对该执行过程进行

---

[1] 欧盟层面的司法机构对纾困措施审查的主要特点是低强度的审查、比例性原则狭义版本以及对决策者广泛自由裁量权的认可，成员国宪法法院的审查风格则不同。See: Kombos C., "Constitutional Review and the Economic Crisis: In the Courts We Trust？", *European Public Law*, 2019, 25(1), 105-133.

密切关注。

4.5.3 对欧洲央行PSPP项目的司法审查

就在欧洲法院和德国联邦宪法法院在对OMT项目施加了限制而有条件放行之后一年左右，德国联邦宪法法院再度就欧洲央行的另一项反危机措施向欧洲法院提出了初步裁决请求。[①]该案争议所涉的是欧洲央行"公共部门购买项目"（PSPP项目）中的量化宽松政策。由于欧洲央行的OMT项目事实上从未实施，因此，德国联邦宪法法院和欧洲法院对PSPP项目的司法审查带有更为强烈的实践意义。但是，OMT案判决的司法逻辑仍然为PSPP案提供了足够的参考。根据该计划，欧洲央行体系有权从二级市场上购买欧元区公共部门所发行的债券，包括除了希腊之外的欧元区成员国中央政府、位于欧元区的管理局、国际组织和多边发展银行所发行的债券。[②]在所购买的债券中，欧洲央行购买所占的比例为10%，其余90%由成员国中央银行根据其在欧洲央行的资本额比例进行分配。根据该计划，到2017年底，欧洲央行将每个月购买600亿欧元的资产。实际购买情况是，从2015年3月至2016年3月，每个月购买额为600亿欧元；2016年4月至2017年3月底的月购买额为800亿欧元；从2017年4月至2017年底的月购买额为600

[①] 2 BvR 859/15 etc., PSPP, Order of July 18 2017, and ECLI: DE: BVerfG: 2017: rs20170718.2bvr085915 (hereafter: "BVerfG PSPP"). At the ECJ it is Case C-493/17, Weiss et al., pending. 参见：https://www.bundesverfassungsgericht.de/SharedDocs/Pressemitteilungen/EN/2017/bvg17-070.html，最后访问日期：2019年2月20日。

[②] Art. 1&Art. 3(1) of the Decision 2015/774 of the ECB of 4 March 2015 on a secondary markets public sector asset purchase programme, O.J. 2015.

亿欧元。①到2017年12月，该项目的购买额已经超过了1.9万亿欧元。到该案被诉至德国联邦宪法法院时，欧洲央行体系从二级市场上所购买的上述债券都未被出售，其中有些已经持有到期。在该次宪法诉愿中，诉愿人主张欧洲央行体系购买公共部门债券的计划违反了《欧盟运行条约》第123条的禁止货币融资条款以及《欧盟条约》第5条所规定的授权性原则。与OMT案类似，诉愿人也请求德国联邦宪法法院禁止德国央行参加这一资产购买计划，并且德国政府和德国联邦议会必须采取适当措施抵制该计划。

德国联邦宪法法院第二审判庭在对案件进行了审理后决定就其中涉及的欧盟法的解释问题向欧洲法院提起初步裁决请求。初步裁决请求中提出的主要问题仍然是关于PSPP项目与《欧盟运行条约》第123条的禁止货币融资条款的一致性，以及该计划是否属于欧洲央行的货币政策权限范围。对于第一个问题，德国联邦宪法法院在回顾了欧洲法院在OMT案中的初步裁决后指出，宪法法院推定欧洲法院在OMT案的初步裁决中所设定的条件和施加的限制都是具有法律约束力的，那么，任何对于这些条件和限制进行规避的计划都将构成对《欧盟运行条约》第123条的禁止货币融资条款的违反。在PSPP项目中，德国联邦宪法法院指出，尽管该计划只是从二级市场上购买债券，但是该计划的如下因素意味着其很可能违背了《欧盟运行条约》第123条：该计划所公布的购买细节可能在市场上产生所发行的政府债券将由欧元体系进行购买的确定性；无法确定债券在初级市场上的发行日期与其在二级市场上为欧洲央行体系所购买的

---

① Art.6 of the Decision 2015/774 of the ECB of 4 March 2015 on a secondary markets public sector asset purchase programme, O.J. 2015.

日期之间的时间间隔是否满足最低期限的要求；截至案件审理之日欧洲央行在PSPP项目下所购买的政府债券皆无一例外地持有至期满；所购买的债券包括一些自一开始便收益率为负的债券。在第二个问题上，德国联邦宪法法院也采用了欧洲法院对货币政策和经济政策进行区分的路径，即从客观方面考察一项措施所试图达到的目标、为了实现该目标所选用的方法以及与其他条款的关联。[1]在初步裁决请求中，德国联邦宪法法院第二审判院援引上述标准认为PSPP项目无法再被归类为货币政策而应当认定为经济政策：PSPP项目确实声称追求货币政策目标并以货币政策工具来实现这一目标，然而，该计划的数额及购买行为所产生的可预见的经济政策影响在计划设计时便为其所固有。即使该计划有利于追求货币政策目标，这一措施也已经不符合比例原则。此外，该计划所立基的决议缺乏可进行后续审视的充分理由。在该计划的后续执行中，这一问题将持续存在。最后，与OMT案一样，德国联邦宪法法院再度提出了该计划对德国的宪法认同[2]的挑战。

2018年12月11日，欧洲法院针对德国联邦宪法法院提出的裁决请求做出了初步裁决。在该裁决中，欧洲法院并不令人意外地认可了欧洲央行PSPP项目的合法性，认定该计划既没有超出欧洲央行的

---

[1] 2 BvR 859/15 etc., PSPP, Order of July 18 2017, and ECLI: DE. BVerfG. 2017. rs20170710.2bvr005915 (hereafter: "BVerfG PSPP"). At the ECJ it is Case C-493/17, Weiss et al., pending. 参见：https://www.bundesverfassungsgericht.de/SharedDocs/Pressemitteilungen/EN/2017/bvg17-070.html，最后访问日期：2019年2月20日。

[2] 有关成员国最高法院/宪法法院对欧盟行为提出的宪法认同审查，参见：Spieker, L. D., "Framing and Managing Constitutional Identity Conflicts: How to Stabilize the Modus Vivendi between the Court of Justice and National Constitutional Courts", *Common Market Law Review*, 2020, 57(2)。

法定职权范围，也没有违反《欧盟运行条约》第123条的禁止货币融资条款。①欧洲法院在回顾了它在OMT案中的初步裁决之后指出，一项货币政策措施不能仅仅因为它会产生经济政策同样追求的间接效果就被等同于经济政策措施。相反，为了对通货膨胀率施加影响，欧洲央行体系必须采取对现实经济产生特定影响的措施，无论该影响是否会同样被一项经济政策为了实现不同目的而追求。如果禁止欧洲央行体系采用这种措施，那么很可能会妨碍欧洲央行体系根据欧盟系列条约来实施某些实现其货币政策目标的手段。欧洲法院认为，相关的欧盟基础法原则上也允许欧洲央行体系通过使用欧元买卖营销工具来操作金融市场。在比例性原则方面，欧洲法院认为，PSPP项目并没有明显超过提高通货膨胀率的必要范围：尽管欧洲央行体系已经实施了大规模购买私营部门资产的计划，但是利率仍处于低端，欧洲央行体系已经不太可能有其他手段来抵御通货紧缩的风险。此外，该计划不具有选择性，并非为某一成员国的具体融资需要所设计；欧洲央行体系也考虑到了购买大量资产可能会对成员国央行造成风险而拒绝建立损失共担的一般性规则。欧洲法院针对PSPP是否违反了禁止货币融资条款做出了回答。法院认为，尽管在宏观经济层面上可以预见到欧洲央行将从二级市场上购买政府债券，但是该计划的保障措施确保了私人运营商在购买成员国政府发行的债券时并不能确定在可预见的将来是否会被欧洲央行体系所实际购买，私人运营商无法确定他必然会成为欧洲央行体系直接购买成员国债券的中间人。此外，PSPP项目将使得成员国政府在决定其预算政策时必须考虑到如下因素：该计划的持续性并不确定已经在赤字

---

① ECLI:EU:C:2018:1000, Case C-493/17.

的情况下他们将无法利用PSPP项目实施可能带来的融资条件的宽松来寻求市场融资。此外，PSPP项目对于执行合理的预算政策的动力将受到以下因素的限制：（1）公共部门资产购买月度总量的限制；（2）PSPP项目的辅助性本质；（3）成员国根据其在欧洲央行资本额比例的分配；（4）单次发行和发行人的限制；（5）严格的资格标准（基于信用质量评估）。因此，PSPP项目的执行不会对成员国实施合理的预算政策的动力造成明显的影响，也因此并未违反《欧盟运行条约》第123条禁止货币融资的规定。

作为对OMT案的推进，德国联邦宪法法院对PSPP项目所提出的初步裁决请求将宪法法院与欧洲法院之间关于欧洲央行法令的司法对话从对债券购买项目本身存在的合法性转移到对该项目的具体内容和条件的关注。[1]德国联邦宪法法院延续了其在OMT案及其他在先案件中提出初步裁决请求的独特路径：在向欧洲法院提出初步裁决请求要求后者对相关的欧盟法律做出解释的同时提出自己对于相关欧盟法律解释的意见——这一做法既可能被解读为积极地开展与欧洲法院的司法对话，也可能被理解为逼迫欧洲法院接受自己见解的司法管辖权争夺之举。[2]在本案中，相对于OMT案的司法审查，德国联邦宪法法院采取了更为巧妙的司法战略：通过接受和援引欧洲法院在OMT案中的判决要旨来要求欧洲法院以"禁反言"的方式对欧洲央行的债券购买项目进行更为有效的限

---

[1] Lang, A., "B. National Courts Ultra Vires Review of the ECB's Policy of Quantitative Easing: An Analysis of the German Constitutional Court's Preliminary Reference Order in the PSPP Case", *Common Market Law Review*, Vol.55, No.3, 2018, 923-924.

[2] Lang, A., "B. National Courts Ultra Vires Review of the ECB's Policy of Quantitative Easing: An Analysis of the German Constitutional Court's Preliminary Reference Order in the PSPP Case", *Common Market Law Review*, Vol.55, No.3, 2018. 933.

制。①然而，德国联邦宪法法院持续地采用超越职权审查的方式审查欧盟机构法令的合法性同样也会面临正当性的挑战：根据《欧盟条约》，对欧盟法进行解释的最终权威机构是欧洲法院而非成员国法院，关于欧盟机构的法定职权的厘清与审查从根本上说是对欧盟系列条约的解释问题。成员国宪法法院以本国基本法为依据审查欧盟机构法令的合法性问题会产生司法机构本身的司法管辖权的范围问题和所援引之基础规范的有效法域争议问题——德国联邦宪法法院以本国基础规范对欧盟机构法令所进行的超越职权审查，其所产生的法律后果必然是全欧盟性的。

欧洲法院在PSPP案的初步裁决中则延续了其在OMT案的初步裁决中的相似路径，即强调欧洲央行决策的专业性和政策制定的广泛的自由裁量权，从而论证自己对欧洲央行的法令进行司法消极主义审查的正当性，这与德国联邦宪法法院坚持《基本法》的宪法认同核心要素之一的民主原则形成了鲜明的对照。②欧洲法院对于欧洲央行法令的合法性审查的逻辑依然是基于对于欧洲央行独立地位的合法性来源的既有立场：如前所述，欧洲央行独立地位和权力行使的主要合法性来源是输出合法性，即基于其专业性和货币政策效果（治理绩效）而选择将司法审查的范围限定于程序维度而不对法令的实体内容做出过多干预。换言之，欧洲法院的司法审查实际上是呼应了有关欧洲央行问责制的四个支柱理论：欧洲央行的独立性和问责可以通过狭窄授权、不断增强的透明度、多种

---

① Lang, A., "B. National Courts Ultra Vires Review of the ECB's Policy of Quantitative Easing: An Analysis of the German Constitutional Court's Preliminary Reference Order in the PSPP Case", *Common Market Law Review*, Vol.55, No.3, 2018, 929.

② Lang, A., "B. National Courts Ultra Vires Review of the ECB's Policy of Quantitative Easing: An Analysis of the German Constitutional Court's Preliminary Reference Order in the PSPP Case", *Common Market Law Review*, Vol.55, No.3, 2018, 950.

第四章 后危机时代欧洲一体化模式之博弈
——以欧洲法院和德国宪法法院对反危机措施的司法审查为切入

问责途径的创设以及司法审查的积极使用来实现协调——尽管这种"主流观点"也被批评为实际上导致了独立性高于问责的后果。[①]由于初步裁决程序的对象是欧盟法律的解释问题，因此作为德国宪法法院最核心的忧虑之一的该计划对德国宪法认同的问题并未出现在欧洲法院的初步裁决中。但是，欧洲央行的计划对于作为德国宪法认同的核心内容之一的民主原则的可能侵害一直是德国联邦宪法法院审查欧盟机构尤其是欧洲央行系列计划的核心要素之一，从《里斯本条约》合宪性审查到欧洲稳定机制的合宪性审查、OMT案的合宪性审查，直至PSPP项目的合宪性审查皆是如此。事实上，欧盟机构的法令或权力行使与成员国民主制度之间的矛盾并不限于德国，在接受欧洲央行救助的债务成员国，这一冲突甚至更为明显：在接受救助和紧缩政策的情况下，债务成员国的经济政策和预算的制定权实质上已经由成员国的代议制机构转移到了欧盟和相关的国际机构手中，而这一违背欧盟系列条约中关于欧盟与成员国权能划分的（一定期限内的）主权转移是以"债权债务关系"的名义绕开了成员国和欧盟层面的民主机制，并在可预见的未来决定性地强化了欧盟成员国之间经济政策的协调性与趋同性，开启了由欧洲央行所发动且主导的欧盟经济治理的一体化之路。[②]

---

① Dawson, M., Maricut-Akbik A., Ana Bobić, "Reconciling Independence and Accountability at the European Central Bank: The False Promise of Proceduralism", *European Law Journal*, 2019, 25(1): 75-93.

② Maduro, M. P., "A New Governance for the European Union and the Euro: Democracy and Justice", *Yearbook of Polish European Studies*, Vol.16, 2013, 111-140; Garcia-Arias, J., Fernandez-Huerga, E. & Salvador, A., "European Periphery Crises, International Financial Markets, and Democracy", 826-850; Pianta, M., "Democracy Lost: The Financial Crisis in Europe and the Role of Civil Society", 148-161; Fontan, C., "the ECB: A Democratic Problem for Europe", 参见：http://www.booksandideas.net/IMG/pdf/20150430_bce_en.pdf，最后访问时间：2019年2月22日。

4.5.4　后危机时代的欧洲一体化模式博弈

在 OMT 案和 PSPP 案的司法审查中，欧洲法院所采取的关注欧盟机构职权和自由裁量权的司法消极主义路径与德国联邦宪法法院以《基本法》的民主原则为核心担忧的能动主义之间的区别体现了基于机构角色的一体化的不同模式偏好。根据欧盟系列条约之规定，欧洲法院所适用之依据为欧盟法律，而在欧盟法律体系中欧盟条约构成了欧盟法的基础法。根据凯尔森规则，法院必须选择以其法律秩序中的基本规范而非其他法律秩序中的规范来裁判其所审理的案件。这意味着欧洲法院在对涉及欧盟法尤其是欧盟机构职权的案件进行裁判时，只需要对欧盟系列条约所试图达到的条约目的进行考察，无须关注成员国内国法之规定。[①]另外，考察欧洲法院在涉及一体化之目的与成员国主权之间的争议可以发现欧洲法院长期扮演着欧洲一体化的发动机的角色，意即在欧洲法院的裁判逻辑中，一体化相对于成员国主权的关注常常居于优先地位，欧洲法院甚至有时不惜改变既有的传统法律理论见解，这也是欧洲一体化常被描述为"通过法律实现的一体化"之故。[②]然而，对于成员国的宪法法院或最高法院而言，同样作为对凯尔森规则之遵循，它们则必须坚守本国法律秩序的基础规范

---

① 杨国栋：《接纳与冲突：欧盟法的自主性及国际法作为欧盟法之渊源》，载《法理》2018 年第 4 卷，第 54—71 页。
② 例如，为了推进欧盟一体化进程，欧洲法院对传统的行政法领域中的"比例性原则"测试进行了重写。经典的行政法领域中的"比例性原则"包括适当性、必要性和相称性或均衡性原则三个要素。然而，欧洲法院在其判例中指出，为了实现推进欧洲一体化之目标，对于一项欧盟措施或法令的比例性原则测试可以只包括前两项，无须必然符合相称性或均衡性原则。参见：Craig, P., *EU Administrative Law*, Oxford University Press, 2012, 591-592. 事实上，欧洲法院在 OMT 案和 PSPP 案的判决中都在事实上采用了这一司法逻辑。

（即本国宪法或基本法）尤其是基础规范中的核心内容如民主原则，特别是在欧盟层面的民主政治制度建设并不尽如人意、成员国和欧盟层面的代议制机构参与欧盟决策相当有限并且与其他领域中的一体化速度的差距有明显拉开之时，成员国宪法法院几乎成为唯一可以相对独立于政治局面的变化和压力而提供成员国代议制机构的决策参与权司法保障的机构。①

在前述三种一体化模式中，欧盟在欧元区债务危机之前事实上已经逐渐趋向于行政联邦主义的模式——尽管其中仍然混杂着成员国议会的民主参与机制和欧洲议会权力的增强。②欧元区债务危机的爆发意味着现有的一体化进程中"货币政策一体化+经济政策分散化"的混杂化治理模式已经无以为继，包含再分配本质的经济政策必须与货币政策一致性地或让渡到欧盟层面，或回归成员国之手——欧洲一体化来到了罗德里克所提出的"（欧洲）经济的政治三种困境"的抉择路口。欧元区债务危机期间，欧洲理事会推出欧洲稳定机制、《稳定、协调和治理条约》等措施（由于英国反对而改为在欧盟框架之外以国际协议的形式建立起来），并且与欧洲央行行长进行密切合作以对经济和金融危机进行应对和管控。欧洲理事会和欧元区高峰会的决策与行动在很大程度上重塑了欧盟体系和自身角色。事实上接管了之前属于成员国权能的经济政策权力的欧洲理事会，结合已经在法律上和事实上统一了货币政策的欧洲央行，正在初具欧盟经济政府的雏形——

---

① 有关成员国宪法法院在涉欧盟诉讼中的角色和功能，可参见：Dani, M., "National Constitutional Courts in Supranational Litigation: A Contextual Analysis", European Law Journal, 2017, 23(3-4): 189-212。

② 杨国栋：《欧盟行政决策权分配的"名实分离"：模式、成因与影响》，载《欧洲研究》2018年第4期，第48—65页。

尽管还未演化为传统意义上的全方位的经济政府。[1]欧洲央行和欧洲法院对OMT案和PSPP案（乃至之前的"欧洲稳定机制案"）的初步裁决，事实上都是以对条约中规定的机构法定职权进行"动态解释"的路径对上述一体化新格局和一体化模式的确认（至少是不否定）。这种"动态解释"实际上是一种以"危机"话语为主导和正当化理由的司法低度审查模式，低度司法审查、更为狭义的比例原则之适用以及对决策者自由裁量权的宽泛解释为其主要特点。[2]

《里斯本条约》生效以来德国联邦宪法法院的一系列判决则代表着对欧盟一体化试图进行有限抵抗的一定程度内的"民族国家结合民主政治"的第三种模式，这一模式至少从德国联邦宪法法院对《里斯本条约》与德国《基本法》的合宪性进行审查时就已经有所表达。德国联邦宪法法院的"里斯本条约案"判决宣示了如下观点：德国的（核心）国家主权不可让渡的概念不能经由任何与德国宪法不一致的欧盟立法或者对欧盟条约的修改来废弃。在判决中，德国联邦宪法法院虽然肯定了欧洲一体化的必要性，但同时也坚持欧盟政策不能与德国的国家权能构成竞争。除此之外，该案判决中同时也明确重申了民主代议制只能通过国家层面而非欧盟层面的欧洲议会或其他方式在欧盟得到实现的"宪法爱国主义"思想——德国联邦宪法法院仅承认基于国族同质性的选民群体所表达的民主合法性。[3]在OMT案的宪法判决中，德国联邦宪法法院除了以民主原则作为审查标准外还特别指

---

[1] Wessels, W., *The European Council*, Palgrave Macmillan, 2016, 187-210.

[2] Kombos C., "Constitutional Review and the Economic Crisis: In the Courts We Trust?", *European Public Law*, 2019, 25(1). 105-133.

[3] Schiek, D., "The German Federal Constitutional Court's Ruling on Outright Monetary Transactions (OMT)-Another Step towards National Closure", *German Law Journal*, Vol.15, 338-340.

出，由于OMT项目涉及德国财政收入和支出的决定权，因而该计划也对德国的社会经济制度和生活形态具有塑造的效果，这关涉作为德国核心主权的"社会国原则"的实现，这一权力必须为成员国所保留。在这一背景下，PSPP案的裁决令也就顺理成章地延续了德国联邦宪法法院于在先判决中所高举的"国家主权"与"民主政治"两大原则作为对货币和（可能的）经济一体化的抵抗这一路线，货币经济一体化的优先性低于国家主权和民主政治。

第二种一体化模式——民主联邦主义——的主张者以哈贝马斯为代表。哈贝马斯对欧洲一体化现状尤其是欧元区债务危机之后的欧盟治理（即第一种模式的行政联邦主义）的批评主要表现为：一体化掌握在官僚和政治精英而非泛欧社会手中；对于跨国民主进程的延宕促成了各国右翼势力的崛起；以欧洲理事会为代表的欧盟经济政府的出现带来了经济政策和预算政策的集中化但却将欧洲议会和成员国议会边缘化；秩序自由主义范式逐渐取代了政治决策和规则治理；[1] 经济和金融领域的发展路线产生了劳工政策和再分配领域中的问题；《里斯本条约》中所包含的联邦主义元素被欧洲理事会在危机期间以政府间主义的方式"偷梁换柱"。[2] 在哈贝马斯看来，欧元区债务危机所反映出来的欧洲一体化危机已经不能通过各国自行或协调解决，而需要一个欧盟层面的解决方案：民主联邦主义的欧盟治理或欧盟政府，这是一个以超越民族国家的泛欧公民社会为基础

---

[1] Fabbrini, Sergio, "The Euro Crisis and the Constitutional Disorder of the European Union", [Working Paper], LUISS Academy, Roma. P.18. Working Paper (2/2014), 2014.

[2] Habermas, J. "Europe's Post-democratic Era", The Guardian, Nov.10, 2011. 参见：https://www.theguardian.com/commentisfree/2011/nov/10/jurgen-habermas-europe-post-democratic，最后访问时间：2019年2月26日。

的，兼顾货币、经济与劳工政策、社会政策一体化的，以欧盟层面的代议制参与作为民主合法性来源的跨国民主政体。①既然对行政联邦主义模式的批评主要是该模式之中民主的缺失，那么哈贝马斯对以德国联邦宪法法院判决为代表的"主权、民主的成员国"模式批评的主要着眼点也就可想而知了：货币联盟的基本缺陷的解决方案不是退回到成员国主权的时代，而是需要推进和发展一个完备的政治联盟来解决；当成员国之间的经济实力和竞争力存在巨大差异时，再多的停留在和谐化层次的协调性措施也无法解决由此产生的再分配问题，德国联邦宪法法院的系列判决及其中所包含的一体化模式将最终导致欧盟的解体。②这种模式在法国总统马克龙上任后终于迎来了其在政治界的支持者。马克龙上任后对于欧洲一体化的深化进程提出了两项主要内容：其一为加强欧盟尤其是欧元区的财政一体化程度，设定了任命欧元区财政部长、欧元区内部税收、支出和国债发行统一化等目标；③其二为加强欧盟层面的民主化进程，不但要设立欧元区议会对欧元区财政政策进行民主决策，而且主张以打破成员国国界的泛欧洲政党名单的选举方式进行未来的欧洲议会选举，使得欧洲议会议员具有超越国界的民意代表性，推动真正的欧盟层面的民主政治。④

---

① Habermas, J., *The Crisis of the European Union: A Response*, Polity, 2012.
② Habermas, J., "Democracy is at Stake", *Le Monde*, Oct.27, 2011, 参见：https://voxeurop.eu/en/content/article/1106741-juergen-habermas-democracy-stake，最后访问时间：2019年2月26日。
③ 《欧元区共同预算初步达成，财政一体化仍前路坎坷》，载搜狐网，http://www.sohu.com/a/283021790_114986，最后访问时间：2019年2月26日。
④ 《外媒：马克龙吁欧洲改革遇冷　各国无暇顾及》，载环球网，https://m.huanqiu.com/r/MV8wXzExMzAxNjU5XzEzNF8xNTA2NzYzOTI4，最后访问时间：2019年2月26日。

如前所述，后危机时代的欧盟治理明显地趋于上述三种模式中的行政联邦主义模式，尽管"经济一体化的三重困境"的提出者本人更青睐"民主的、主权的成员国"模式；选择这一模式的主要原因事实上主要是基于实用主义的考虑：面对着欧元区崩溃的巨大代价和由此引发的不可控风险，维持货币的一体化是最没争议的共同理性选择。[①]然而，这种选择也如预期般产生了对民主政治的损害：成员国议会——无论是债权国议会还是债务国议会——和欧洲议会在债务危机期间的决策过程中都遭到了实质边缘化[②]，欧盟的民主赤字问题在此期间也更加严重化，成员国议会的边缘化则刺激了各国民族主义力量的兴起和壮大。[③]当危机逐渐平息之后，由危机刺激兴起但同时由于危机状态而暂未激烈化的欧洲一体化模式之争将浮上台面。届时，欧洲议会将成为三种模式之争的交汇点：首先，民主代议制重心与合法性来源的所在将成为"民主、主权的成员国"模式与其他模式的争议焦点：欧洲议会是否在未来将逐渐取代成员国议会成为欧盟选民的首要民主认同的机构投射？其次，2014年欧洲议会选举和欧盟委员会主席选举中所确立的"欧洲议会最大党团领袖出任欧盟委员会主席"这一不成文规则[④]是否可以成为一项欧盟的

[①] Crum, B., "Saving the Euro at the Cost of Democracy?", *Journal of Common Market Studies* Vol.51, No.1, 2013, 626.

[②] 尽管"欧洲学期"（European Semester）使得某些成员国议会获得了批准权并且通过审查预算而强化了对政府的问责制和信息获取以及参与到欧洲一体化中的审议之途径（成员国议会的"欧洲化"），但成员国议会对欧洲货币联盟的决策过程依然缺乏实质性的影响力。参见：Jančić D., "National parliaments and EU fiscal integration", *European Law Journal*, 2016, 22(2): 225-249。

[③] Macartney, H., "The Paradox of Integration? European Democracy and the Debt Crisis", *Cambridge Review of International Affairs*, Vol. 27, No.3, 2014, 401-423.

[④] 杨国栋：《欧盟行政决策权分配的"名实分离"：模式、成因与影响》，载《欧洲研究》2018年第4期，第53页。

宪法惯例将取决于在2019年的欧洲议会和欧盟委员会主席选举中是否得到重复遵循和实践。然而，2019年欧洲议会选举及其后的欧盟委员会主席选举却并未追随这一不成文规则。在2019年的欧盟委员会选举中，作为欧洲议会第一大党"欧洲人民党"的首席候选人韦伯并未获得欧洲理事会全体首脑之支持。法国总统马克龙提出了德国前国防部长冯德莱恩作为欧委会主席人选（她并未参与此次欧洲议会选举，因而不具有欧洲议会议员身份），并在各方妥协下由欧洲理事会向欧洲议会进行提名。随后，欧洲议会批准了这一提名。这一过程事实上使得前述不成文规则失去了成为欧盟宪法惯例的机会，欧盟委员会主席的提名依然保留在由各国首脑所组成的欧洲理事会手中，欧盟的议会内阁制路线遭到了否定，代表着经济治理的一体化结合成员国控制一体化进程的行政联邦主义明显居于上风。

一体化模式的竞争不仅受到欧盟与成员国之间、成员国相互之间的博弈的影响，也受到欧盟"通过法律实现的一体化"的路径依赖的影响：一方面，欧洲法院在一体化进程中尤其是内部市场的建构中扮演着发动机的重要角色[1]；另一方面，欧洲货币联盟工程的建设就是以秩序自由主义理念中"以规则代替政治、以具体规则限制政治随意性"的思路开展的。[2]然而，欧元区债务危机的发生却又是与这种带有"法律万能主义"倾向的思路分不开的。《马斯特里赫特条约》中有关规制欧洲货币联盟的条款虽然以法律术语的形式进行表达，但本质上仍然

---

[1] 详见：Cappelletti, M., Seccombe, M. & Weiler, J. H., *Integration through Law: Europe and the American Federal Experience* (Vol. 1), 1986, Walter de Gruyter。

[2] Fabbrini, S., "The Euro Crisis and the Constitutional Disorder of the European Union", in 21st International Conference of the Council for European Studies, Panel on *"The Political and Economic Dynamics of the Eurozone Crisis"*, Washington DC (Vol. 15), 2014, 15.

是政治运作的结果而且其执行在本质上更多是政治问题而非法律问题；当成员国违反了相关条款但并未受到实质惩罚时，这种安排给法律带来的过重负担最终将成为对法律权威性的挑战。① 因此，当相关的法律规制（尤其是《稳定与发展公约》）无力阻止危机的发生时，法律自身也被废弃了。另外，由于欧盟系列条约中对欧洲央行的授权条款未能为欧洲央行应对包括主权债券市场恐慌提供清晰指引以及所提供的行动工具之效能的限制，因此，无论是欧洲法院模式对欧洲央行决定的几乎照单全收还是德国宪法法院模式对欧洲央行的行为进行更为严格的司法审查都无法填补欧洲央行由于民主授权不足而造成的行为之民主基础缺憾。② 成员国将不得不通过超越法治的政治和行政权运作来对危机进行管理和应对。当欧盟和成员国领导人宣示他们将以一切手段拯救欧元区时，他们是在暗示他们会超越法律采取行动——这将引发民主和法治方面的合法性危机，并将欧盟带入行政联邦主义的模式之中。③ 欧盟和成员国在欧元区债务危机期间所制定的一体化或协调化政策，虽然在其中已经纳入了制裁机制，但是在欧盟决策中的政治联盟缺位——仍停留于全体一致的政府间主义而非联邦主义路径——的情况下能否发挥实效应有待观察。因此，在未来的一体化模式博弈之中可能会被提出的问题是：当欧洲一体化已经深入到核心国家主权的让渡、再分配本质的经济政策在全欧元区范围内的一体化、宪法认同

---

① Scicluna, N., *Politicization without Democratization: The Impact of the Eurozone Crisis on EU Constitutionalism* (No. 341), Collegio Carlo Alberto, 2013, 18-19.

② Van't Klooster J., de Boer N., "The ECB, the Courts and the Issue of Democratic Legitimacy after Weiss", *Common Market Law Review*, 2020, 57(6), 1689-1724.

③ Scicluna, N., "Politicization without Democratization: The Impact of the Eurozone Crisis on EU Constitutionalism" (No. 341), Collegio Carlo Alberto, 2013, 18-19.

在欧盟层面的重造[①]以及民主政治合法性来自欧盟代议制机构等政治性远超过技术性的抉择和制度安排的选择时,"通过法律实现的一体化"路径是否将面临在未来的一体化过程中淡出的结果?在过往的一体化进程中多次创造了"宪法时刻"(如Costa案和Van Gend en Loos案)的欧盟司法机构,是否会在未来的"欧洲合众国宪法时刻"中缺席?

4.5.5 小结

欧元区债务危机不只是一场金融危机和经济危机,它还引发了欧元区的社会和政治危机。在这场危机中经由欧洲央行和欧洲理事会所推行的危机控制和管理措施,虽然暂时控制了危机的蔓延,实现了欧元区的稳定,却也产生了欧盟民主赤字的恶化与成员国经济主权流失的问题而刺激了各国右翼势力的兴起,更将欧洲一体化推向了货币经济一体化与主权成员国控制一体化进程而牺牲了民主代议制与问责制控制的行政联邦主义模式。在对欧洲央行推出的包括OMT项目和PSPP项目等反危机项目进行司法审查的过程中,欧洲央行和德国联邦宪法法院基于各自的角色伦理而分别采用了不同的司法审查逻辑:欧洲法院强调对欧盟机构法定职权的动态解释和被动司法主义路线,德国联邦宪法法院则立足于德国《基本法》中作为德国宪法认同核心要素的民主原则对欧洲央行的反危机计划做了显为负面性的评价。在两种不同的司法判决逻辑背后事实上是两种一体化模式的竞争:欧洲央行和欧洲理事会所构成的"欧盟经济政府"的行政联邦主义模式和德国联邦议会和联邦政府所代表的"民主的、主权的成员国"的有限

---

① Martinico, G., "Taming National Identity: A Systematic Understanding of Article 4.2 TEU", *European Public Law*, 2021, 27(3), 447-464.

一体化模式。此外,面对反危机措施的行政联邦主义模式所造成的欧盟民主与合法性危机,哈贝马斯与法国总统马克龙等人提出了主张财政经济政策一体化与推进民主合法性重心向欧盟层面转移的民主联邦主义模式。

此外,在危机对顶层设计的重塑中,作为原有相关规则的解释者和适用者,如何履行其"规则的守护者"角色也是欧盟和成员国的司法机构在对一体化政策和反危机措施进行司法审查时面临的挑战。面对"坚守规则原意"的正当性与"应对危机、纾解困境"的必要性二者之间的进退维谷,如何找到原则与妥协的平衡点,如何看待司法判决的当下选择与嗣后影响,都考验着司法机构与法官的司法能力与智慧。

在一体化进程由技术性议题进入政治化议题的时代,欧盟既往的"通过法律实现的一体化"路径在未来的一体化进程中的角色和功能很可能遭到减弱。欧洲一体化的宪法时刻将更多地经由政治运作而出现,但这并不意味着司法机构在一体化进程中的淡出。相反,在对欧盟反危机措施的司法审查中,欧盟和成员国司法机构在未来欧洲一体化中的新角色和功能开始显露。如果说在危机前的一体化时代,由于一个自主的欧盟法律体系和内部市场的几乎所有规则都是通过欧洲法院的判例法建立起来的,那么,在危机中和后危机时代,司法机构的主要角色和功能将更多是在已臻于完备的法律体系和机构职责分配中为一体化进程中的重大政治问题划下法律的界分。换言之,司法机构的主要功能将不再是为一个空白的治理规则体系"产出规则",填补成文法的缺失,而是从一个个政治性案件中剥离出法律问题并做出回答。这正是司法机构在对欧盟反危机措施进行司法审查时扮演的角色,也是在未来的欧洲一体化模式博弈背景下,欧盟司法机构必须做出的重点功能的转向。尤为特别的是,这一功能将由欧盟法院和成员国最高法院或宪法法院之间经由司法对话、管辖权争夺和最终裁决权博弈共同完成，其发展的过程可能是史无前例的。

4.6 欧盟"通过法律实现的一体化"路径批判

与世界上绝大多数地区一体化或统一是经由战争的方式所实现的不同，欧洲一体化是一个经由和平方式实现的过程。在这一过程中，法律成为经济外溢和政治联合之外的一体化主要推动力。因此，欧洲一体化也被称为"通过法律实现的一体化"。经由法律规则的制定，一个社会中的各派政治力量的斗争被反映为受语言学、历史和专业等诸多因素所限制的社会规范文本的拣选与表达。经由司法机构对法律规则的解释、适用和对这一过程的重复实践（前案判决理由对后案裁判的事实上或法律上的约束力），社会力量之间的争议得以通过专业言辞和外观上排斥政治角力的司法推理（暂时）尘埃落定。在社会力量之间的冲突呈现为现有成文规则没有给出确切答案的法律争议之时，司法机构又须通过以高度专业的方式进行规则续造从而为当下发生的社会争议给出解决方案。成文规则的制定、适用成文规则解决争议并在成文规则出现空白或矛盾时进行必要的规则续造，成为立法机构和司法机构通过法律这一工具参与社会治理或社会运动的主要途径。"通过法律实现的 体化"的欧洲融合，具体而言也正是借由上述三种方式所提供的持续的动力而推进着。这其中，司法机构又发挥着更为主导性的作用。[1]当欧洲一体化的政治进程遭遇挫折时，法律

---

[1] 欧洲法院的创立者为其设置了三个角色：(1)确保欧盟委员会和部长理事会不超越其职权；(2)通过纠纷解决机制填补欧盟法的漏洞；(3)对欧盟委员会或成员国提起的"不遵守（欧盟法/共同体法）"的指控进行裁决。See: Alter, K. J., "Who are the 'Masters of the Treaty'? European Governments and the European Court of Justice", *International Organization*, 1998, 52(1): 124.

往往成为续推一体化进程的核心力量。在欧洲诸共同体和成员国分别作为不同规则的产出者发生权威冲突之时，欧洲法院通过系列判例建立起了共同体法相对于成员法的直接效力和优先性，开启了共同体法律秩序由国际法走向宪法化的过程。在空座危机导致欧洲一体化的政治决策方式改为事实上的全体一致同意原则而影响经济共同体建构的决策效率时，欧洲法院又通过对条约中的禁止数量限制等条款（《欧盟运行条约》第34条、第35条等）经由一系列典型案例的判决建立了一个较为完整的内部市场自由流动规则体系。当欧元区债务危机促使欧洲央行和成员国不得不采取紧急纾困行动时，在欧洲议会和成员国议会面临严重边缘化的情况下，欧洲法院几乎成为唯一可以对相关措施的合法性、必要性和民主性进行控制和监督的欧盟机构。可以说，欧盟司法机构几乎是唯一为欧洲一体化进程提供着持续的规则产出和合法性支撑的主体（尽管并非所有的判决都倾向于一体化的深化）。

　　法律在欧洲一体化中所扮演的重要角色以及与此相关的制度实践，却也让欧洲一体化产生了某种程度的"法律万能主义"式的"通过法律实现的一体化"的路径依赖。欧盟内部市场和货币联盟建设中的"以规则代替政治、以具体规则限制政治随意性"的秩序自由主义理念更加深了对该路径的依赖。[1]这在一个一体化深入到政治联盟和经济融合层面、一体化重要议题皆需政治方式解决的时代，无疑对欧洲法院和法律在一体化进程中的角色提出了挑战和重塑的必要情境。"通过法律实现的一体化"是如何发生，又是如何塑造了欧洲一体化

---

[1] Sergio Fabbrin, "The Euro Crisis and the Constitutional Disorder of the European Union", in 21st International Conference of the Council for European Studies, Panel on "The Political and Economic Dynamics of the Eurozone Crisis", Washington DC (Vol.15), 2014.

的面貌的？这一路径在推动欧洲融合的同时又产生了哪些对一体化不利乃至埋下了一体化隐患的问题？这一路径存在何种内在缺陷，这一缺陷如何造成了今日欧洲政治系统与法律系统之对抗以及法律系统的内部风险？以上构成了本章尝试作出回应的核心问题。本章以下部分也将围绕上述问题次第展开。首先，本章从欧洲法院推动一体化进程的、具有"宪法时刻"之意义的判决出发，对欧盟"通过法律实现的一体化"路径进行核心要素的回顾。其次，本章将对欧盟"通过法律实现的一体化"路径进行审视和反思，对这一路径被采纳后所暴露出的问题和争议进行分析。再次，本章将结合欧盟当前危机时代背景对欧洲"通过法律实现的一体化"路径的内在缺陷进行解释和分析。最后，在前述分析的基础上，本章将对与"通过法律实现的一体化"路径有关的两个问题以及该缺陷的回应方案进行探讨。

4.6.1 "通过法律实现的一体化"路径：一个回顾性考察

4.6.1.1 "通过法律实现的一体化"路径的合法性基础

"通过法律实现的一体化"路径是建立在对法律和司法机构能力的如下预设之基础上的：(1) 司法机构具有融合不同法律秩序（即共同体法律秩序和成员国法律秩序，以及之后的国际法法律秩序）的能力；(2) 法律以及作为"法律代言人"的司法机构有能力推动政治和经济的一体化。[1]然而，法律和司法机构作为一体化的推动力本身又会面临至少三个追问。第一，根据"委托—代理理论"，成员国建立共同体机构之目的在于实现成员国之意志，共同体机构作为成员国之

---

[1] Armstrong, K. A., "Legal Integration: Theorizing the Legal Dimension of European Integration", *Journal of Common Market Studies*, 1998, 36(2): 155-174.

代理人应当对委托方具有忠实之义务。①这一忠实义务至少应当包括不得超越成员国所赋予之权限与目标行使权力。那么，如何解释欧洲法院超越成员国政治协商所能达成的一体化程度而通过司法判决进行的单兵突进式的推进一体化的判决？第二，法律和司法机构如何在一个大量缺乏法律的环境中（一体化初期阶段）产生一个既倾向于一体化又保持多元主义的欧洲法律联盟？②第三个问题与第一个问题有所关联亦有所区别，即，作为既非成员国选民选举，又非共同体选民选举产生的共同体机构，欧洲法院持续通过司法续造规则的方式建构起欧盟法律体系（尤其是内部市场的繁密规则）的正当性何在？欧洲法院对上述问题的回应是围绕着有关司法机构在社会中的职能所展开的。对第一个问题的回应是，条约确定了欧洲法院作为共同体机构的身份，这意味着欧洲法院对于成员国之忠实义务的履行是经由切实行使由全体成员国所批准生效的条约中赋予欧洲法院的职权而实现的，而非对于个别成员国或全体成员国特定情境下的具体的忠实义务。对于第二个问题的回应是与司法机构对个案裁判的要求相关联的：即使在一个明显缺乏规则的环境中，欧洲法院面临缺乏明文规定的法律争议时，不得以缺乏法律依据而拒绝裁判，这既是一项得到普遍认可的司法要求，更构成公民基本权利的一部分（如《欧盟条约》第19条和《欧盟基本权利宪章》第47条都规定了的"获得有效司法保护"的基本权利）。③因此，

---

① Nowak, T., "Of Garbage Cans and Rulings: Judgments of the European Court of Justice in the EU Legislative Process", *West European Politics*, 2010, 33(4): 753-769.

② Azoulai L., "'Integration through law' and us", *International Journal of Constitutional Law*, 2016, 14(2): 450.

③ Lenaerts, K., Gutiérrez-Fons, J. A., "To say what the law of the EU is: methods of interpretation and the European Court of Justice", *Colum. J. Eur. L.*, 2013, 20: 4 5.

司法机构通过个案司法判决的方式逐渐建构出欧洲法律体系（尤其是内部市场领域）既是可行之举，又是必要的。对第三个问题的回应与欧盟机构尤其是独立监管机构（如欧洲央行）的正当性建构相似，即欧洲法院法官系由具备民主合法性基础的成员国政府首脑所提名担任，这种间接民主支撑构成了欧洲法院规则产出的合法性来源之一。另外，欧洲法院的司法活动加强了而非削弱了欧盟民主，促进了成员国政府和欧盟决策的透明度和可问责性。[1]因此，输入和输出两端的民主性为欧洲法院提供了合法性基础。

4.6.1.2 法律在欧洲一体化进程中的角色定位

在回答了"通过法律实现的一体化"路径的合法性基础问题之后，继之而来的问题是，法律在欧洲一体化进程中扮演何种角色？在有关"通过法律实现的一体化"路径最具代表性的文章中，Cappelletti、Seccombe和Weiler提出，欧洲一体化"本质上是一个政治进程"，法律只是"实现一体化目标的众多工具之一"。[2]作者得出这一结论的部分原因在于其看到了法律在欧洲一体化遭遇政治分歧的重大时刻所发挥的功能的有限性。[3]另外的部分原因在于，欧洲法院迄今为止所作出的带有突破性和开拓性的判决大多停留在内部市场

---

[1] Kelemen, R. D., "Judicialisation, Democracy and European Integration", *Representation*, 2013, 49(3): 295-308.

[2] Cappelletti, Mauro, Seccombe, Monica and Weiler, Joseph H. H., "Integration through Law: Europe and the American Federal Experience. A General Introduction", Book 1 A *Political, Legal and Economic Overview*, edited by Mauro Cappelletti, Monica Seccombe and Joseph H. Weiler, Berlin, Boston: De Gruyter, 2013, 3-68.

[3] Cappelletti, Mauro, Seccombe, Monica and Weiler, Joseph H. H., "Integration through Law: Europe and the American Federal Experience. A General Introduction", Book 1 A *Political, Legal and Economic Overview*, edited by Mauro Cappelletti, Monica Seccombe and Joseph H. Weiler, Berlin, Boston: De Gruyter, 2013, 46.

第四章　后危机时代欧洲一体化模式之博弈
——以欧洲法院和德国宪法法院对反危机措施的司法审查为切入

"（货物、人员、营业和资本）四大流动自由"的领域中，在其他领域（曾经属于"共同外交和安全政策"支柱和"内务和司法合作"支柱）中，欧洲法院基本没有作出超越政治决策的司法判决，成员国甚至在《马斯特里赫特条约》中对欧洲法院在上述领域中的管辖权进行了排除。①然而，法律在区域融合中的角色绝不只是促成经济政治一体化的工具。"法律的一体化"作为与"通过法律实现的一体化"相呼应的概念被提了出来。在区域整合或新的政治实体的整合过程中，"法律的一体化"甚至会晚于经济政治的一体化而成为一个新的政治实体最终整合成功的标志。②政治权威和经济的破除藩篱最终落实于规则的统一和普遍适用，一个政治实体的成功整合最终表现为一个新的法律秩序的产生。换言之，法律既是一体化深化的工具和道路，亦是一体化的终极目标之一。这一点也得到了欧盟将"法治"作为欧盟核心价值之一的确认。③在这个新的法律秩序中包括了作为该政治实体的基础规范的宪法（或等同于宪法地位的规范）、派生于基础规范的其他位阶的法律规范、一个法律规范的执行者以及一个对基础规范和派

---

① Burley, A. M., Mattli, W., "Europe before the Court: A political Theory of Legal Integration", *International Organization*, 1993, 47(1): 73; Mattli, W., Slaughter, A. M., "Law and Politics in the European Union: A Reply to Garrett", *International Organization*, 1995, 49(1): 189; Martinsen, D. S., *An Ever More Powerful Court? The Political Constraints of Legal Integration in the European Union*, OUP Oxford, 2015, 34.
② 例如，在美利坚合众国的整合过程中，最终以内战后的第14条宪法修正案实现了全联邦范围内的普遍保护。有意思的是，也正是内战后第14条宪法修正案颁布后，美国的国名United States在英语中才开始从复数形式变为单数形式。参见：[美]约翰·康力·威廉·欧巴尔：《法律、语言与权力》，程朝阳译，法律出版社2007年版，第196～197页。
③ 《欧盟条约》第2条规定，"联盟建立在尊重人类尊严、自由、民主、平等、法治，以及尊重人权（包括少数群体的权利）的价值观基础之上"。如无特别标示，本书所引用的《欧洲联盟条约》《欧洲联盟运行条约》条文均采用程卫东、李靖堃之中文译本：《欧洲联盟基础条约：经〈里斯本条约〉修订》，程卫东、李靖堃译，社会科学文献出版社2010年版。

生规范进行展开的司法机构。从一个法律秩序的构成内容可以看出，一个独立于其他法律秩序的、规定了一个新的政治共同体的核心要素与共同体成员之间基本关系的基础规范的产生，是一个新的法律秩序生成最重要的时刻，即所谓的"宪法时刻"。与绝大多数民族国家以成文式的宪法制定作为宪法时刻不同，欧洲共同体的宪法时刻是以欧洲法院在Van Gend en Loos案和Costa案中所做的判决而催生出来。①经由两个案例所确立的欧盟法的"直接效力"和"优先效力"原则建立了一个旨在限制成员国主权的新的宪法秩序。②

4.6.1.3 "通过法律实现的一体化"的核心实践：Van Gend en Loos案和Costa案的"宪法时刻"

Van Gend en Loos案③

Van Gend en Loos是一家从西德进口甲醛树脂到荷兰的运输公司。在荷兰海关当局对其课征进口税之后，公司以该税收违反了《罗马条约》第12条为由启动了诉讼程序，该案最终通过初步裁决程序被送到欧洲法院。在荷兰税务法院所提出的初步裁决请求中，其希望欧洲法院通过解释《罗马条约》来回答该条约第12条是否授予了成员国公民以可在成员国法院行使并得到保障的权利。在对本案的初步裁决中，欧洲法院首次明确提出，"共同体法形成了一个新的国际法的法

---

① 事实上，《罗马条约》第177条（即《欧盟运行条约》第267条）本意并非授予公民个人直接起诉成员国政府的权利，更无意赋予共同体法相对于本国法的优先效力。See: Martinsen D. S., "*An Ever More Powerful Court? The Political Constraints of Legal Integration in the European Union*", OUP Oxford, 2015, 37.

② Hendry J., Augenstein D., "The 'Fertile Dilemma of Law': Legal Integration and Legal Cultures in the European Union", *Tilburg Institute of Comparative and Transnational Law Working Paper*, 2009, 16.

③ Case 26-62. 裁判文书参见：https://eur-lex.europa.eu/legal-content/EN/TXT/?uri=CELEX%3A61962CJ0026，最后访问时间：2021年7月24日。

律秩序""共同体法独立于成员国立法之外,它不但可以给公民施加义务,也意图授予其权利"。尽管有观点认为该案的历史意义系后续经由司法机构和法学家的演绎努力所增添的,[1]但该案的标志性意义是无可否认的,甚至有代表性学者认为之后确立了欧盟法的"优先效力原则"的Costa案判决也是本案判决推理的必然结果。[2]通过确认欧盟法(共同体法)的直接效力,欧洲法院使欧盟法的效力得以越过成员国国家机关和国内规范而直接及于欧盟公民个人。从直接的法律效果来说,这意味着欧盟公民可以在欧盟法院和成员国法院直接援引欧盟法律作为自己主张的依据而无须成员国立法、执法或司法机构将其转化为国内规则后方可援引带有"欧盟法基因"的国内规则;此举一方面使得欧盟法可以直接对欧盟公民赋权,另一方面也使得所有成员国法院(后续判例又纳入了带有裁判职能的其他成员国国家机关[3])都成为有权也有义务适用欧盟法的"欧盟法院"。[4]更重要的是,直接效力原则从法律上将欧盟与成员国的关系从邦联关系转为联邦主

---

[1] Vauchez A, 'Integration-Through-Law': Contribution to a Socio-History of EU Political Commonsense, 2008, 5.

[2] Witte, Bruno de, "Retour à Costa La primauté du droit communautaire à la lumière du droit international", *Badia Resolana*, 1984, 257-289.

[3] Case 103/88, Fratelli Costanzo SpA v. Comune di Milano.

[4] 由于本案并非本章讨论的主要内容,此处不再展开对本案的讨论。有关本案的评论,可参见: Stein, E., "Lawyers, Judges, and the Making of a Transnational Constitution", *American Journal of International Law*, 1981, 75(1): 1-27; Weiler, J. H. H., "Van Gend en Loos: The Individual as Subject and Bbject and the Dilemma of European Legitimacy", *International Journal of Constitutional Law*, 2014, 12(1). 94-103; Rasmussen, M., "Revolutionizing European Law: A History of the Van Gend en Loos Judgment", *International Journal of Constitutional Law*, 2014, 12(1): 136-163; Chalmers, D., Barroso, L., "What Van Gend en Loos Stands for", *International Journal of Constitutional Law*, 2014, 12(1): 105-134; Vauchez, A., "The Transnational Politics of Judicialization. Van Gend en Loos and the Making of EU Polity", *European Law Journal*, 2010, 16(1): 1-28。

义关系，而且这种转变是通过有关规则的司法对话而非政治谈判所实现的。①

Costa案②

意大利公民Costa为一家私人企业Edison Volta的股份持有人。意大利政府根据1962年的一项法令对该电力能源的生产和分配进行了国有化措施并成立了Ente Nazionale Energia Eletrica（ENEL）来受让被国有化的原电力企业。Costa认为其受到了国有化措施的影响而拒绝支付电费表达抗议。ENEL随后对Costa提出了诉讼，该案最终经由共同体的初步裁决程序交由欧洲法院裁决。在审判中，Costa主张意大利政府的国有化行为违反了共同体法有关扭曲市场之行为的规定（《欧洲经济共同体条约》第102条、第93条、第53条和第37条）。欧洲法院认为，根据相关共同体条约，只有欧盟委员会有权就该措施对意大利政府发起诉讼，公民个人并未被赋予起诉权。然而，欧洲法院又指出，如果个人无权根据共同体法对与共同体法相冲突的成员国法提起诉讼，共同体法就无法得到有效遵循和执行。法院指出，共同体法作为一个独立的法律渊源，由于其固有与特殊的本质而不能被成员国法所推翻；亦即，当成员国法与共同体法产生冲突时，共同体法优先适用，由此首次明确确立共同体法相对于成员国法的"优先效力"原则。值得注意的是，与Van Gend en Loos案的判决相比，本案判决中欧洲法院不再使用"一个新的国际法的法律秩序"，而是简单提到"新的法律秩序"，似乎是为了将在前案中强调共同体法不同于国内法而使用"新

---

① Craig, P., "Once upon a Time in the West: Direct Effect and the Federalization of EEC Law", *Oxford J. Legal Stud.*, 1992, 12: 453.

② Case 6-64. 裁判文书参见：https://eur-lex.europa.eu/legal-content/EN/TXT/?uri=CELEX%3A61964CJ0006，最后访问时间：2021年7月24日。

的国际法的法律秩序"用语的真正意图揭示出来。①

作为 Van Gend en Loos 案的后续案例，Costa 案回答了一个由前者所引出却未作出回答的问题：既然共同体法和成员国法都对同一法律主体（即共同体公民）具有直接效力，那么当二者产生冲突时，规范效力位阶应当如何排序？欧洲法院对本案的回答是，共同体法律应当优先于成员国法（包括宪法）适用，共同体法居于适用于一个共同体公民身上的所有规范的最高位。然而，与 Van Gend en Loos 案不同，欧洲法院的这一判决并未终局性地得到完全接受。就在 Costa 案之后，意大利法院仍然坚持，只有意大利宪法有权决定意大利法律的位阶和适用优先顺序（即国内立法是否"合法"）。②另外，"共同体法优先于成员国宪法"这一点更触动了"欧盟—成员国"关系中最敏感的核心权威定位问题。若接受"共同体法位阶高于成员国宪法"，则无疑承认成员国宪法不再是一个政治共同体中的"基础规范"而共同体法成为新的"基础规范"，其意义不亚于承认国家作为社会整合共同体的终结与欧盟在国家的"废墟"之上新建政治共同体。因此，有关"欧盟法优先于成员国宪法适用"的规则至今仍未得到所有成员国的认同，这也为后续多个成员国宪法法院与欧洲法院之间的冲突（如2020年德国联邦宪法法院对欧洲央行的公共债券购买计划所做的违宪判决与欧洲法院的初步裁决之间的冲突）埋下了伏笔。

4.6.1.4 分析

欧盟法（共同体法）的出现为与欧洲一体化有关的各派力量提供

---

① 杨国栋：《接纳与冲突——欧盟法的自主性及国际法作为欧盟法之渊源》，载《法理——法哲学、法学方法论与人工智能》2018年卷，第56—57页。

② Stein, E., "Lawyers, Judges, and the making of a Transnational Constitution", *American Journal of International Law*, 1981, 75(1): 13.

了新的社会斗争和政治斗争空间，这种经由法律工具所开拓出的空间既是开放性的，又是限制性的。① 一方面，这种空间的开放性在于法律的确定性与司法判决的不确定性（即法律解释的裁量余地）：虽然法律具有确定性（或称稳定性），但司法机构对于法律中永远不可能消除的"不确定法律概念"的解释却是开放性的，司法判决的结果既无法通过民意测验也无法通过政治力量的强弱对比进行准确预判。甚至，司法机构作出与多数民意和执政力量的意见相反的判决也绝非新鲜事。② 因此，司法机构常常是政治上相对弱势力量的最后翻盘机会。另一方面，由法律工具所开拓出来的社会斗争空间又是限制性的，各派力量要参与到法律工具所开拓的社会斗争空间中，必须具备可表达为法律规范的诉求以及可供使用以参与到诉讼中的规范依据（即启动诉讼的权利），成文法、司法判例、法律原则、主流法律见解、习惯法等都构成了限制各方在这一空间中开展社会斗争的形式与内容方面的外部框架。由此，"通过法律实现的一体化"路径就表现为不是通过战争与征服而是通过规范的制定、为一体化参与各方（包括成员国、公民、法人和欧盟机构等）创设权利和义务、为欧盟公民创设新的身份、为一体化创设目标与价值以及一个司法机构来"确保在解释和适用两部条约时遵守法律"③。有意思的是，作为"通过法律实现的一体化"路径的代表性提出者之一，Weiler教授最初并不看好法律在欧洲一体化中所可以扮演的角色，或者说，并不看好法律在欧洲整合的"宪法时刻"所能扮

---

① Armstrong K. A., "Legal Integration: Theorizing the Legal Dimension of European Integration", *Journal of Common Market Studies*, 1998, 36(2): 164.
② 例如，在欧美多国的死刑存废等社会议题所引发的司法诉讼中，法院常常在主流民意仍然采取相对保守的态度时就做出了进步主义的判决。
③ 《欧盟条约》第19条。

演的角色。在Weiler教授看来，让一个共同体形成或者宪法化的，不是司法判决，而是组成共同体的成员之间的决策方式：由全体一致同意原则转为特定多数决定。① 然而，共同体的特定多数决定的决策方式很快在"空座危机"和"卢森堡妥协"中被实质搁置，全体一致同意原则重新成为主要的决策方式。② 就在欧洲一体化由于成员国领导人缺乏进一步一体化的意愿而陷入停滞状态（1970年至1985年）时，欧洲法院却通过上述两个案例积极建立起共同体规范的宪法化并通过初步裁决程序将成员国法院纳入欧盟法的实施机构范围之内，从而推动了更为深化的一体化。③ Weiler同时也注意到，由于"成员国越来越不愿意将政策执行权授予欧共体委员会而是将绝大多数共同体工作交给了部长理事会下面越来越多的政府间主义委员会"，这使得"决策的超国家主义"方式的应用逐渐下降而"规范超国家主义"方式则逐渐受到推崇。④ 因此，"政府间决策＋超国家规范＋成员国分散化

---

① Martinsen D. S., *An Ever More Powerful Court? The Political Constraints of Legal Integration in the European Union*, OUP Oxford, 2015, 43. 决策方式的改变成为共同体形成或宪法化的标志之原因在于，在全体一致同意原则下，每个成员皆对于共同事务具有最终之否决权，换言之，每个成员对于加诸自己身上之事务具有最高决定权（主权）；然而，当决策方式改为有效多数决定之后，此举意味着一个成员对于行将加诸自身之共同事务并无最终之决定权，每个成员的主权要么被剥夺，要么被限制；那些被剥夺或限制了的事务决定权（部分主权）即汇集到一起成为一个任一成员都不可抗拒之新的"公意"。换言之，此时在共同体的各个主权受到限制的成员之上建立起了一个由各个成员所让渡的主权所汇集而成的新的主权者。共同体成员国批准决策方式的改变，就是一个部分主权让渡和新主权主体诞生的过程。

② Kleine, M., "Informal Governance in the European Union", *Journal of European Public Policy*, 2014, 21(2), 303-314; Craig, P. & De Búrca, G., *EU Law: Text, Cases, and Materials*, Oxford University Press, 2015, 135.

③ Kaczorowska-Ireland, A., *European Union Law*, Routledge, 2016, 14.

④ Burley, A. M., Mattli W., "Europe before the Court: A Political Theory of Legal Integration", *International Organization*, 1993, 47(1): 46.

执行+超国家规范的普遍一致解释与适用"成为共同体的核心运作模式。在这个模式中，作为"超国家规范"的共同体条约和法律以及作为负责"超国家规范的普遍一致解释与适用"的欧洲法院，就成为这一模式中共同体整体利益的代表者。无论从角色定位（代表共同体利益而非个别成员国利益）还是从一体化治理的参与程序而言，欧洲法院就成为最有动力也最有权责推动欧洲一体化深化的欧盟机构；尤其是在超国家机构逐渐成为政府间主义机关的执行机关[①]以后更是如此。

4.6.2 "通过法律实现的一体化"路径的问题

正如卢曼所指出，在现代社会中，"法律系统通过预期规范与认知规范的区分将循环再生产的封闭性和与环境相联系的开放性结合了起来，换言之，法律是一个在规范上封闭而在认知上开放的系统"。[②]这意味着，虽然法律有其内部各组成部分之间封闭的运作和交流模式，但法律作为一个系统仍对包括政治、经济、文化等在内的社会因素进行互动、自我调整和自我适应，即使这一过程仍是以自身的规则为调整方式而进行的。因此，法律系统既相对独立于其他系统，却又受到其他社会系统的间接塑造，无论这种塑造是表现为其他社会系统对法律系统的直接干预，还是表现为法律系统隐秘地自主进行必要调整以免予来自其他系统的干预，抑或是表现为法律为适应其他系统基于某种特定原因而形成的独特环境对法律提出的要求而形成的异化突起。伴随着"通过法律实现的一体化"路径在一体化的政治动力减弱之际

[①] 杨国栋：《欧盟行政决策权分配的"名实分离"：模式、成因与影响》，载《欧洲研究》2018年第4期，第48—65页。

[②] 胡水君：《卢曼的法律与社会理论：现代与后现代》，载朱景文主编：《当代西方后现代法学》，法律出版社2002年版，第408页。

成为欧洲一体化的主要方向,法律系统在一体化进程中单兵突进相关的问题也逐渐显现。这些问题有些在民族国家情境中的法律与其他社会系统(主要是政治)的互动中已然存在,但在欧洲一体化的超国家层面的治理中由于"超国家—民族国家"的复合关系而得到了新的表达,有些则源自欧盟所沿循的独特的"通过法律实现的一体化"路径。

首先被提出来的是欧洲法院的"司法专断"问题。在司法与政治的关系中,"司法的政治化"与"政治的司法化"是经久不衰的两个命题。前者主要表现为政治机构对司法机构的干预。在欧美立宪主义传统之下,政治机构对司法机构的干预主要表现为政治机构对法院的人事任命权的行使,例如美国总统与在野党围绕最高法院大法官的任命之争以及波兰在2017年所推行的有关法官退休年龄提前的司法改革(后来招致欧盟委员会对波兰该项司法改革启动《里斯本条约》第7条进行"违反法治原则"的调查)。后者则表现为司法机构经由对社会焦点问题尤其是政治问题的个案裁判而成为政治争议的实际仲裁者。"二战"后,司法机构裁判公共政策问题和政治争议几乎成为欧美国家的常态,德沃金将之称为从"多数决主义"模式走向"宪法主义"模式。[1]欧洲法院遭受批评的"司法专断"问题指向的正是"政治的司法化"问题。在"通过法律实现的一体化"路径中,如前所述,由于欧盟行政机构的欧盟委员会和立法机构的欧洲议会的相对弱势以及在前述治理模式中欧洲法院作为欧盟整体利益的重要守护者的角色,欧洲法院通过提供法律意见或者裁判成员国之间、成员国与欧盟机构之间以及欧盟机构之间的法律争议事

---

[1] Kelemen, R. D., "Judicialisation, Democracy and European Integration", *Representation*, 2013, 49(3), 295.

实上成为欧盟内部争议的最高仲裁者。虽然欧洲法院本身也属于"欧盟机构"（Union Institution）之一，受到欧盟系列条约和欧盟法的规制，但由于欧洲法院作为欧盟法解释者和适用者的身份，欧盟法对欧洲法院的法律约束力实际上是由欧洲法院自己认定的。换言之，欧洲法院基本只受到司法机构内部的等级制、先例制度以及文本语言上的限制。①由于欧洲法院拥有欧盟次级法与欧盟系列条约之间一致性（即欧盟次级法是否符合欧盟系列条约）的司法审查权，欧盟委员会、欧洲议会和欧盟理事会通过立法程序修法亦很难对抗欧洲法院。唯一可以对欧洲法院的司法权进行限制的只有欧盟系列条约的修改程序。然而，对欧盟系列条约的修改需要欧洲议会、欧盟委员会和全体成员国的一致同意②，而欧洲法院无论是在权利侵害程序还是初步裁决程序中，同时得罪所有成员国和所有欧盟机构的可能性几乎不存在。因此，通过条约修改方式对欧洲法院司法权进行限制仅仅停留在理论层面上。

其次，欧洲法院惯常采用的"目的论"解释在填补了条约和次级立法的空白之时，也引起了有关权能向欧盟方向的"漂移"的争议。现任欧洲法院院长 Koen Lenaerts 引用佐审官 Fennlly 的观点指出，由于欧盟系列条约本身已经被灌注了目的导向的功能主义要素，因此，当欧洲法院在解释和适用欧盟法时，相对于体系解释和文理解释，目的解释常常被法官们置于优先地位。③此外，Lenaerts 指出，由于欧

---

① ［法］布迪厄：《法律的力量：迈向司法场域的社会学》，强世功译，载《北大法律评论》1999年第2卷·第2辑，第502—503页。
② 《欧盟条约》第48条。
③ Lenaerts, K. & Gutiérrez-Fons, J. A., "To Say What the Law of the EU Is: Methods of Interpretation and the European Court of Justice", Colum. J. Eur. L., 2013, 20, 31.

第四章 后危机时代欧洲一体化模式之博弈
——以欧洲法院和德国宪法法院对反危机措施的司法审查为切入

盟系列条约的词句和用语本身较为宽泛，条约在对机构授权时经常只是列出目标和一些一般性的抽象规则，欧盟机构在实现这些目标所采取的行动方面被保留了较大的裁量空间。较之欧盟基础法规则的抽象与宽泛，欧盟次级立法却又比一般国内立法更为技术化和琐碎。因此，结合条约和次级立法的目的对相关规范进行解释以确定这些"过宽"或"过细"的规范中所使用词句的准确范围就成为欧洲法院的合理选择。[1] 另外一个独特的原因是，欧盟法需要以全体成员国的官方语言进行表达并且相互之间的平等性造成了"作准语言"的缺位，对法律进行文理解释的前提条件（文本的唯一、确定）几乎不存在。[2] 尽管欧洲法院的目的解释并非总以"促进一体化"作为解释方向，但整体而言，欧洲法院的目的解释仍以扩大欧盟相对于成员国的权限作为主要方向，因此，欧洲法院事实上正是通过判例的方式持续改写着欧盟和成员国之间的权能界限，将二者之间的权能边界向着限缩成员国的方向推进。[3] 欧洲法院对条约和立法进行目的解释的最主要结果就是欧盟法的"有效性"原则得到确立。欧洲法院认为，欧盟法的立法目的之中自然包括欧盟法须"有效"这一目的。在个案中，一些从

---

[1] Lenaerts, K. & Gutiérrez-Fons, J. A., "To Say What the Law of the EU Is: Methods of Interpretation and the European Court of Justice", *Colum. J. Eur. L.*, 2013, 20, 31.

[2] Lenaerts, K. & Gutiérrez-Fons, J. A., "To Say What the Law of the EU Is: Methods of Interpretation and the European Court of Justice", *Colum. J. Eur. L.*, 2013, 20, 35.

[3] 英国曾在2012年至2014年间公布过有关欧盟与成员国在权限划分方面的变动情况的报告，这些报告显示欧洲法院在权能从成员国向欧盟的"漂移"过程中发挥了重要作用。See: Emerson, M., "The Dano Case-Or time for the UK to Digest Realities about the Balance of Competences between the EU and National Levels", *CEPS Commentary*, 14 November. 2014. 报告链接参见：https://www.gov.uk/guidance/review-of-the-balance-of-competences，最后访问日期：2021年7月30日。Lanaerts的文章对这一点持否定态度，然而，考虑到其在机构中任职的角色，这并不令人例外。

文理解释来看并不属于欧盟权能或欧盟只具有有限权能的领域也应当纳入欧盟权能的范围之内方可使欧盟法"有效"。①

最后,"通过法律实现的一体化"路径在将许多政治问题规定为法律并以司法手段进行解决的同时,也埋下了危机时期成员国和欧盟机构超越现行法采取政治行动而引发法治危机的隐患。"二战"之后,鉴于不受限制的议会民主的法西斯历史的教训,西欧各国相继建立起了强大而独立的司法机构以保障个人权利,同时还将货币政策等权能交由独立监管机构行使,以规范治理取代政治治理,这促成了战后欧洲的法律主义取向。②在欧洲一体化层面,共同市场规制的主要规则的建立是由欧洲法院的系列司法判例所实现的。③然而,当一体化进入货币政策乃至财政政策等成员国主权的核心领域时,继续以法律乃至极难修改的条约规则对相关问题进行规定超出了法律自身所能承载的范围④:司法机构并无力执行自身判决,判决之执行有赖行政机构。因此,当行政机构超越法律从事行为时,当一项措施是几乎所有成员国和欧盟机构通过政治方式超越法律规定采取的时候,司法机构不得不接受这种"法治例外状态"的出现并

---

① Garben, S., "Competence Creep Revisited", *Journal of Common Market Studies*, 2019, 57(2): 209.

② Scicluna N., "Politicization without Democratization: The Impact of the Eurozone Crisis on EU Constitutionalism", *Carlo Alberto Notebooks*, 2013 (341), 4.

③ Majone, Giandomenico, The European Community as a Regulatory State, in Academy of European Law (ed.), European Community Law, The Hague/Boston/London, Kluwer Law International/Martinus Nijhoff Publishers / Florence, Academy of European Law, European University Institute, 1996, Collected Courses of the Academy of European Law, 1994, V/1, 321-419, Collected Courses of the Academy of European Law, [AEL]-http://hdl.handle.net/1814/3027.

④ Scicluna N., "Politicization without Democratization: The Impact of the Eurozone Crisis on EU Constitutionalism", *Carlo Alberto Notebooks*, 2013 (341), 171-8.

通过目的解释方法对其进行合法性论证（常常以"yes, but"的方式出现）。[1]通过目的解释的方式对条约进行灵活解释固然可以暂时度过经济危机，然而法律的稳定性和可预测性却遭受了损害，对于未来规则的权威性也将构成损害。更重要的是，在时任央行行长德拉吉已经明确表示欧洲央行在超越条约规定的权限采取纾困行动时，欧洲法院仍能牵强地将相关行动解释为"有条件地符合欧盟条约"，无疑对作为欧盟基本价值的法治原则造成严重损害。[2]因此，当欧盟机构和西欧成员国以部分东欧国家违反欧盟价值对相关国家采取行动时，这些行动也便欠缺相当的正当性。选择性执法（以及相应的选择性放弃执法）其实是一个以法律为工具又表现为法律形式的政治决定，执法者依据所追求的不同政治目标对违法者进行选择性的惩罚和不惩罚。当应该经由政治方式解决的问题由法律规则进行规定后，"过度法律主义"的结果便是应当经过政治过程、做出政治决定的问题以法律程序和法律决定的面貌出现，而在这个法律决定的背后事实上正是政治选择的结果，这一决定所体现的不是法律价值而是政治选择。此时，法律和司法机构不过是充当了政治决定的工具和挡箭牌。"过度法律主义"的结果反而是"法律工具主义"。然而，以上三个问题仍然只是"通过法律实现的一体化"路径的症状而非病因，"通过法律实现的一体化"路径上述症状出现的"病因"（内在缺陷）在《里斯本条约》生效以来的欧盟危机时代才得到了较为明显的展露。

---

[1] Murswiek D., "ECB, ECJ, Democracy, and the Federal Constitutional Court: Notes on the Federal Constitutional Court's Referral Order from 14 January 2014", *German Law Journal*, 2014, 15(2): 161.
[2] Leino P., Salminen J., "Should the Economic and Monetary Union Be Democratic after All? Some Reflections on the Current Crisis", *German Law Journal*, 2013, 14(7): 844-868.

4.6.3 欧盟危机时代展现的"通过法律实现的一体化"路径的内在缺陷

自从《里斯本条约》制定和生效以来，欧盟持续处于一系列危机之中：欧元区债务危机、难民危机、英国脱欧、东欧多国的"民粹主义政府"的内政措施和新冠疫情。在这些危机的应对过程中也可见欧洲法院的角色。在难民危机中，欧洲法院通过一系列判决对"都柏林规则"进行了改写、对难民权利保障进行了法律上的空白填补和续造。[1]在英国脱欧过程中，欧洲法院也先是拒绝了居住在欧盟的英国公民提起的要求欧洲法院宣告欧盟启动与英国的脱欧谈判之决定无效的诉讼[2]，后又判决英国政府可单方面撤回离开欧盟的申请[3]，为其留欧之路扫清法律障碍。在欧元区债务危机中，欧洲法院更是先后审理了"欧洲稳定机制案"、欧洲央行"直接货币交易项目案"、"公共部门购买项目案"、"私营部门购买项目案"等案件，在为欧盟的纾困计划排除法律障碍时亦添加诸多限制以避免行政权力过大的危险。[4]其中，有关"公共部门购买项目"的判决遭到了德国联邦宪法法院的反对。[5]面对欧盟委员会对东欧波兰、匈牙利等西欧眼中的"民粹主义政府"在司法改革等方面的措施，欧洲法院先

---

[1] 杨国栋：《欧洲共同避难制度的发展与反思——以"都柏林规则"为中心的考察》，载《欧洲研究》2016年第1期，第51—62页。

[2] Case T-458/17.

[3] Case C-621/18.

[4] 杨国栋：《欧盟反危机措施的司法审查——兼论后危机时代欧洲一体化模式的博弈》，载《欧洲研究》2019年第2期，第23—44页。

[5] 石佳友：《德国违宪审查机制考验下的欧盟法优先效力原则——以德国宪法法院关于欧洲中央银行公共债券购买计划的最新判决为例》，载《欧洲研究》2020年第5期，第90—115页。

后判决匈牙利违反了欧盟的环境空气质量规则①和难民保护规则②，判决匈牙利制定的限制外国NGO的国内法违反欧盟基本权利保障③，并且驳回了匈牙利对欧洲议会就匈牙利违反欧盟基本价值进行投票一事提起的诉讼。④在波兰方面，欧洲法院于2021年7月15日判决波兰司法改革（设立纪律厅，可对波兰法官进行惩罚并且禁止波兰法官向欧洲法院提起初步裁决请求）违反欧盟法。欧洲法院在判决中指出，波兰司法改革的上述措施"损害了波兰法官向欧洲法院提出问题的权利和义务，损害了欧盟系列条约为确保欧盟法解释的一致性和完整效力而建立的欧洲法院与成员国法院之间的司法合作制度"。⑤几乎同时，波兰宪法法院宣布欧洲法院此前与本案有关的一项临时禁令违反波兰宪法而不具有约束力。尽管波兰政府和法院此后在纪律厅设置问题上似乎有所让步，但依然主张波兰宪法相对于欧盟法的优先效力。⑥如同石佳友教授所指出，德国联邦宪法法院挑战欧洲法院的宪法判决，质疑了欧洲法院和欧盟机构多年来所捍卫乃至为整个欧盟法律体系提供基础支撑的欧盟法优先效力原则，"反映了欧盟法与成员国法之间极为复杂的关系，也折射出一体化进程中欧盟这一超国家建构内在的局限性"。⑦笔者认为，"通过法律实现的一体化"

---

① Case C-637/18.
② Case C-808/18.
③ Case C-78/18.
④ Case C-650/18.
⑤ Case C 791/19.
⑥ 《司法冲突加剧，英媒：波兰挑战欧盟法优先地位，意味着波兰可能"脱欧"》，载环球网，https://world.huanqiu.com/article/43xla7erFN5，最后访问时间：2021年7月30日。
⑦ 石佳友：《德国违宪审查机制考验下的欧盟法优先效力原则——以德国宪法法院关于欧洲中央银行公共债券购买计划的最新判决为例》，载《欧洲研究》2020年第5期，第90—115页。

路径的内在缺陷，构成了"欧盟这一国家建构内在的局限性"。欧洲一体化由欧洲法院判例所实现的"宪法化"这一事实①，为目前的欧洲一体化进程中欧盟和成员国缠斗不休的法律优先效力纷争埋下了伏笔。

在《社会的法律》一书②的第九章中，法社会学家卢曼详细论述了法律与政治的关系。"只要没有现代意义上的宪法，反抗问题始终是现代国家的核心问题，即法律与政治相对抗的问题。"③ "只有当而且只要政治系统让法律成为法律，并且自己遵守法律，也就是不违法使用权力的时候，法律才能够作为政治场所来使用。"④ 在一个政治和法律得以互相提供正当性而统一的前提下，"政治系统也得益于另一个地方即法律中把正当与不正当的区分规则化并进行管理。反过来，法律系统也得益于另一个地方即政治系统中保证了和平、保证了明确规定的权力区分以及随之而产生的可迫使法庭作出判决的强制"。⑤ 换言之，在经由政治程序为法律提供来自宪法制定与民主基础（如民选议会）的正当性之后，法律才得以正当运行；只有法律以具有民主输入、正当程序、稳定性与普遍一致的适用、可执行的方式进行治理时，才能为现代政治统治提供法理型权威。然而，这一前提在欧盟并不（完全）成立。"通过法律实现的一体化"路径的内在缺陷，如前所述，正是缺乏一部由共同体全体成员经由同意权

---

① 当然，也有学者认为，成员国政府、行政机构和法院并不欢迎欧洲法院的宪法化事业，欧洲法院并没有成功地实现欧盟的宪法化。但这一结论并没有实质挑战"欧盟法的宪法化"这一观点。See: Rasmussen, M., Martinsen, D. S., "EU Constitutionalisation Revisited: Redressing a Central Assumption in European Studies", *European Law Journal*, 2019, 25(3): 251-272.
② [德] 卢曼著：《社会的法律》，郑伊倩译，人民出版社2009年版。
③ [德] 卢曼著：《社会的法律》，郑伊倩译，人民出版社2009年版，第217页。
④ [德] 卢曼著：《社会的法律》，郑伊倩译，人民出版社2009年版，第223页。
⑤ [德] 卢曼著：《社会的法律》，郑伊倩译，人民出版社2009年版，第224页。

行使而制定的宪法；欧盟法的"宪法化"，并不是经由全体成员以政治方式进行立宪而是由一个作为成员国代理人的欧盟机构（欧洲法院）通过一系列判决实现的。简而言之，不是政治系统，而是司法机构让法律（实证法）成为法律（对共同体有约束力的规范），政治系统从来没有明确完成这一赋权，欧盟法律和欧盟政治事实上持续处于对抗状态。

如前所述，即使在确立了欧盟法"优先效力原则"的Costa案判决做出后，意大利宪法法院也没有接受这一原则。[1] 后续以德国联邦宪法法院为代表的欧洲绝大多数国家的法院也并未明确接受这一原则。相反，德国联邦宪法法院先后在"《里斯本条约》合宪案"、"直接货币交易项目案"乃至最近的"公共部门购买项目案"等判决中明确强调了德国《基本法》的优先效力以及德国联邦宪法法院判决对于德国国民和机构约束力的最高地位。[2]《欧洲宪法条约》曾经有望填补这一漏洞，以宪法形式完成对欧盟法律体系优先效力的政治赋权。然而，《欧洲宪法条约》先后被法国和荷兰否决的事实使得欧盟法"优先效力"的合法性基础处于残缺状态。尽管对于《欧洲宪法条约》被否决的原因存在诸多解释，但"宪法"一词无疑是该条约被否决的重要原因之一。[3]《欧洲宪法条约》被否决后，成员国虽然将该

---

[1] 当然，也有学者将优先效力原则扩张解释为适用于政府间主义的框架决定（framework decision）。See: Mirianashvili, G., "Doctrine of Supremacy of the European Union Law over Member State's Constitutions According to the Melloni Case", *J. Const. L.*, 2018, 101-106.

[2] 石佳友：《德国违宪审查机制考验下的欧盟法优先效力原则——以德国宪法法院关于欧洲中央银行公共债券购买计划的最新判决为例》，载《欧洲研究》2020年第5期，第90—115页。

[3]《欧洲议会议长认为〈欧盟宪法条约〉问题解决有望》，载央视网，http://news.cctv.com/world/20070413/107020.shtml，最后访问时间：2021年7月31日。

条约超过九成的内容承继到了现行的《里斯本条约》中，但各方对"宪法"一词选择了回避①，由此可见欧盟成员国和成员国公民之间并无建立新的最高共同体之同意意思。因此，尽管欧洲一体化先以"共同体"后以"联盟"名之，但无论是欧洲共同体还是欧盟，它们从来都没有完整地形成一个取代旧有的民族国家共同体的新"欧罗巴共同体"。或者说，欧洲法院经由 Van Gen en Loos 案和 Costa 案所确立的"宪法化的欧盟法"从来没有得到成员国和成员国人民以政治方式所表达的同意，这一欧洲法院主张的"欧盟法的宪法化"和成员国（及其宪法法院）的"反'欧盟法的宪法化'"，构成了今日欧洲一体化深化中"法律与政治的紧张对抗"，成员国对欧洲法院所采取的"宪法特质"抗辩②，也是这一对抗关系的表现之一。总而言之，欧盟"通过法律实现的一体化"路径的最大突破，由于后续并未成功得到来自政治系统的修复和补充，最终演化为该路径的最大内在缺陷，同时成为欧盟司法系统组织（由欧盟法院和成员国法院所构成）内部的最大冲突（欧盟法院和成员国最高法院或宪法法院）。法律和司法机构对政治问题所能作出的回应是相当有限的，而且受制于法律和司法过程的自身特性。通过法律手段解决政治问题的结果是政治问题最终被转换为法律系统自身的问题，最终成为法律系统自身不可承受之重。如同有学者所指出的，"跨国法的融合愿景使得超国家法律实证主义在整合欧洲社会方面的能力承受了过重的负担——其代价是放弃了对在

---

① 《欧盟奏响"命运交响曲"》，载光明网，https://www.gmw.cn/01gmrb/2007-03/26/content_577877.htm，最后访问时间：2021年7月31日。
② 有关成员国"宪法特质"的研究，参见：翟晗：《欧洲一体化进程中成员国"宪法特质"教义及其历史制度意涵》，载《欧洲研究》2021年第3期，第138—158页。

共同法治下共同生活的更为多元的模式之探索"。[①]

4.6.4 与"通过法律实现的一体化"路径内在缺陷相关的两个问题

4.6.4.1 这一缺陷为何至今才得以暴露？

在提出上述"通过法律实现的一体化"路径的内在缺陷之后，一个随之而来的问题是，Costa案已经过去近五十年，为何该道路的这一缺陷如今才暴露出来？对这一问题的回应包括但不限于如下几点。第一，如前文所述，Costa案判决所确立的"优先效力原则"从一开始就没有得到多数成员国宪法法院或最高法院的认可。同时，经由初步裁决程序中成员国法院和欧洲法院的司法对话以及成员国对于欧洲法院履行条约所规定的解释和适用欧盟法之职权的尊重，欧洲法院也会尊重成员国法院执行欧盟法的职权并在判决时预留一些问题由成员国法院进行回答，二者之间的绝大多数争议是能避免的。[②]第二，欧洲法院所建立的欧盟法的司法审查机制，事实上要求成员国必须在"全盘接受"或"全盘拒绝"两个选项之间做选择。成员国虽然依然是欧洲政治联盟的主人，也是欧盟系列条约名义上的主人，但如果拒绝欧洲法院的司法审查机制和"直接效力原则"以及"优先效力原则"将意味着否定以这两个原则为基础建立起来的整个内部市场法律制度，至少到触及成员国国家主权的核心内容之前，这一后果是成

[①] Augenstein, D., "Integration Through Law", in book: *Encyclopedia of the Philosophy of Law and Social Philosophy*, https://www.researchgate.net/publication/320245834_Integration_Through_Law，最后访问时间：2023年1月13日。

[②] Dehousse, R., *The European Court of Justice: the Politics of Judicial Integration*, London: Macmillan, 1998, 28-61.

员国所无法接受的。①另外,通过对欧洲法院的司法行为的分析发现,成员国的政治好恶会对欧洲法院的判决产生实质性的影响。由于欧洲法院的判决最终有赖于成员国执行,因此成员国对判决的拒绝执行之威胁会对欧洲法院的判决产生影响。②当然,这并不意味着欧洲法院会屈从于成员国的要求。将欧盟的权能扩张到福利和移民领域并进行了一体化就是欧洲法院违背了成员国的意愿所实现的。③第三,《马斯特里赫特条约》生效之后,欧洲一体化才开始走向政治合作领域。一直到《欧洲宪法条约》草案之前,欧盟虽然建立起了三个支柱的合作架构,但主要合作领域仍然在内部市场领域,共同外交和安全政策以及司法内务合作虽然起步但仍然停留在非常基础的阶段,货币政策交由独立机构负责本来就是秩序自由主义的内在之意,并不涉及成员国的核心国家主权。因此,如果《欧洲宪法条约》可以通过并生效,那么经由司法建立"欧盟法的宪法化"的"通过法律实现的一体化"路径本不会产生太大问题。然而,《欧洲宪法条约》的流产和欧元区债务危机、难民危机、东欧多国的法律或司法改革危机和新冠疫情的接踵而来,从正当性供给和需求两个方面压迫着欧洲法院职权行使的政治正当性。在《欧洲宪法条约》无望为"欧盟法的宪法化"和"欧洲法院的宪法法院化"提供政治合法性支持后,经由判例建立的单方面"欧盟法的宪法化"和司法对话方式也无力支撑起欧洲法院和欧盟

---

① Weilee, J., "Community, Member States and European Integration: Is the Law Relevant", *J. Common Mkt. Stud.*, 1982, 21: 53.

② Carrubba, C. J., Gabel, M., Hankla, C., "Judicial Behavior Under Political Constraints: Evidence from the European Court of Justice", *American Political Science Review*, 2008, 102(4): 435-452.

③ Martinsen D. S., "Judicial Policy-making and Europeanization: the Proportionality of National Control and Administrative Discretion", *Journal of European Public Policy*, 2011, 18(7): 944-961.

法入场解决政治问题所需的高度合法性了。

4.6.4.2 解决这一缺陷的可能的司法组织方案

德国联邦宪法法院判决欧洲法院的"公共部门购买项目"判决超越职权后，Hatje教授在德国的"宪法博客"（verfassungsblog）上对这一判决做出了回应。[①] 在评论中，作者认为，由于包括德国、丹麦等国在内的多国已经拒绝遵循欧洲法院的判决，这"使得欧盟法的整体性和欧洲一体化的核心功能性条件（即欧盟法的优先效力——笔者注）置于险境"而且"在欧盟司法体系的框架内仍然无法解决这一紧张关系"。面对即将来临的"下一个同类案件"，由于欧洲法院和成员国法院对于欧盟法和成员国宪法冲突时哪个法院拥有最终决定权一事各执一词，因此，这一分歧最后又指向了"欧盟是什么"这一本质问题。Hatje教授所提出的解决方案是参照德国的《联邦最高法院关于保持司法一致性的法案》（*Gesetz zur Wahrung der Einheitlichkeit der Rechtsprechung der obersten Gerichtshöfe des Bundes*）建立一个由成员国最高法院或宪法法院与欧洲法院所组成的"欧盟诸最高法院联席理事会"作为欧洲法院第二院或新设的欧盟机构来撤销系争判决并由其作出最终判决。在作者看来，这一机构可以在作出仍属于"欧盟的判决"的同时充分尊重成员国主权和利益，欧盟法的整体性也将得到维护。当然，这样一个机构的设立需要以欧盟条约的修改作为前提。Hatje教授察觉到了德国联邦宪法法院与欧洲法院的对抗最终指向"欧盟是什么"这一本质问题，同时在对这一问题无法作出回答之前提出了一个实用主义的法院间纠纷解决机制。该模式有如下前提：

[①] 参见：https://verfassungsblog.de/gemeinsam-aus-der-ultra-vires-falle/，中文译本参见：https://mp.weixin.qq.com/s/eCJTNyvFJr2qlPZvaviydQ，最后访问时间：2021年8月1日。

（1）该模式适用于一个主权国家内部；（2）该模式种存在着一个作为最终仲裁者的宪法法院；（3）该模式中存在着明确的规范效力位阶。该模式能否适用到包括28个宪法法院（27个成员国的宪法法院或类似机构以及欧洲法院）以及主权定位不明晰的欧盟和成员国之间的关系中仍有疑问。另外，如果从本书的观点出发，"通过法律实现的一体化"路径的内在缺陷（即仅由司法机构的判决作为支撑的"欧盟法的宪法化"并不能给一个法律体系提供宪法化的足够支撑，政治上的成员国主权与法律上的欧盟宪法化之间的紧张关系将表现为司法系统组织的对抗和可能的瘫痪）意味着，即使上述纠纷解决机制也最多只能暂时应对一定时期内、一定范围内成员国宪法法院与欧洲法院之间的司法冲突。在未来的欧盟系列条约修改时，如果能以条约条款的方式对欧盟法和成员国法（尤其是成员国宪法）的效力关系进行规定，如本书第一章中所论述，此举将使欧盟系列条约即使无宪法之名亦将有宪法之实，才是填补"经由法律实现的一体化"路径的缺陷并解决成员国宪法法院与欧盟法院之间最核心冲突的治本之道。

4.6.5 小结

如同欧元区金融危机宣告了欧盟货币一体化和财政政策分散化这一复合格局的失败一样，成员国宪法法院与欧洲法院之间的对抗事实上也宣告了欧盟法司法一体化与政治权威分散化这一复合格局的失败。而这一复合格局，正是当年为人们所津津乐道的欧洲"通过法律实现的一体化"路径中所潜伏缺陷的结果。欧盟法的司法一体化与政治权威的分散化的结果是造成了法律系统与政治系统之间的持久对立，尽管这一对立直到接近半个世纪之后的《里斯本条约》时代才最终浮上水面。"（法律系统）不是为纠正错误服务的，而是为减少（社会的）系统性风险服务的。"① 在欧洲一体化由于政治原因陷入基本停滞的十五年里，欧洲法院通过两个关键判决和有关内部市场规则的系列判决，几乎是独立承担了欧洲一体化的重任，在重重政治阻力中将欧洲一体化提升到前所未有的水平，最终为1992年建成人员、货物、服务和资本自由流动的共同大市场打下了基础。然而，"通过法律实现的一体化"路径从一开始就是畸形的欧洲法院单兵突进，欧洲法院在法律一体化方面推进越深入，欧洲一体化中法律系统和政治系统之间的差距和彼此之间的对抗就越严重。当这一对抗经由个案争议进入欧盟司法系统内部之后，法律系统的外部风险就转换为法律系统的内部风险——成员国宪法法院与欧洲法院之间的对抗，法律系统的内部风险最终又经由个案判决输出为社会风险，两个法院之间的对抗结果又将引发其他系统（政治系统）的风险②，并可能继续循环往复下去。

作为司法机构，欧洲法院终究无法代替政治力量去纠正欧洲一体化在政治系统融合方面的落后状态。在法律一体化和政治分散化的复合格局的内在缺陷尚未暴露之前，欧盟成员国曾有机会纠正这一错误，尽管可能连成员国自己在当时都未曾设想过《欧洲宪法条约》本可承担这一使命。在2005年，虽然欧盟成员国之间有因为伊拉克战争而产生的"新欧洲"和"老欧洲"的对立，但这种对立最多限于外交政策领域，远不及今日东西欧之间在宪法体制、文明道路上存在的核心冲突，当时更未发生难民危机、疫情危机和债务危机。当时，欧盟刚刚完成了规模最大的一轮东扩，《欢乐颂》响彻欧洲大陆，那本

---

① ［德］卢曼著：《社会的法律》，郑伊倩译，人民出版社2009年版，第300页。
② 2021年6月9日，欧盟委员会正式对德国政府启动"权力侵犯"调查程序。载于https://www.brusselsreport.eu/2021/06/18/by-taking-germany-to-court-the-european-commission-is-provoking-a-constitutional-crisis/，最后访问时间：2021年8月1日。

来是欧盟补足政治一体化这块短板的最佳时机。其时虽逝，然危机既是挑战，也是转机，正如债务危机的爆发使得欧盟有压力和机会补足成员国之间在财政政策一体化领域的迟滞状态，成员国宪法法院和欧洲法院之间的冲突也让欧盟成员国无法继续回避政治一体化的落后状态。如果欧盟成员国能够及时通过条约修改等方式确立欧盟法的优先效力或作出其他安排从而为欧盟法的合法性提供来自政治系统的支撑，为时未晚。

第五章 结 论

"一个联合起来的欧洲"并不是第二次世界大战之后才产生的新构想。至晚于1815年,当法国皇帝拿破仑被欧洲旧君主集团击败之后,一个名为"欧洲协调"(Concert of Europe)的机制就建立起来了。尽管该机制充斥着"专制领袖、好战,以及对自由价值和社会变革的力量的不理解",但它代表着人类第一次试图进行国际治理的努力。[①]尽管这一波国际治理的努力以保护主义和民族主义甚嚣尘上的第一次世界大战而告终,但这一构想在过去一个世纪中的发展却为后世的相似努力提供了具有预见力的理论基础和制度实践,包括排除政客参与的公务员主导这一构思,以及"贸易促进和平"的理念。[②]当新一波欧洲一体化在"二战"后再度启动时,这些构思也被重新激活。与这些构思同时被激活的,还包括对一个不受控制的国际政府的恐惧。[③]于是,国际治理/欧洲治理的问题以一个新的形式出现:如何建设一个民主化的欧洲联盟?正如第一章所讨论的,关于欧盟民主的讨论进入了一个困局。既然目前民主的有关要素都是在民族国家的

---

① Mazower, M., *Governing the World: the History of an Idea, 1815 to the Present*, Penguin, 2012, 3-12.
② Mazower, M., *Governing the World: the History of an Idea, 1815 to the Present*, Penguin, 2012, xiv-xv. More Detailed Development of Those Ideas, see chapter 2-chapter 4 of this book.
③ Mazower, M., *Governing the World: the History of an Idea, 1815 to the Present*, Penguin, 2012, 410-415.

语境下发展出来的，那么如何评估一个超国家、多层治理结构的民主化程度呢？与之相关的就是欧盟的民主赤字问题。作为对该问题的回应，"跨国民主"的模式被提了出来。然而，有关跨国民主的多种模式建议仍然存在许多缺陷，其构成要素、跨国组织的本质、其系统结构以及其现实必要性等方面也遭遇了许多挑战。这些讨论促进了对作为现代政治进程核心概念的民主的多维度研究，并且为民主的国际治理的多种模式开辟了道路。本书选取欧盟决策过程中的机构的现实运作作为研究对象，尤其是行政—立法关系，以判断决策过程中行政权力的行使是否获得了足够的控制以及是否存在权力的失衡。

5.1 立法和行政机构中的问责制危机

在有关民主控制的机构框架中，一个核心议题是"瞄准"的问题。意即，只有当民主控制机制足够接近真正的决策者并对其进行问责之时（即真正的决策者处于控制机制的"打击范围"之内），民主控制才是有效的。根据行政权的政务决策权和公务管理权的分类，扮演着欧盟政治方向导航者和重大政策发动机角色的欧洲理事会，事实上逐渐成为欧盟的政务决策者。然而，原本被设定保卫欧盟一般性利益和唯一政策动议者的欧盟委员会，则越来越表现为欧洲理事会的"秘书处+执行处"的角色，实质上已经将立法动议权让渡给欧洲理事会或共享之。这种互动模式出现的原因主要在于：（1）如果得到欧洲理事会的背书，那么欧盟委员会的动议得到理事会和欧洲议会批准的概率将大大上升；（2）欧盟委员会可借这一模式参与到其只有非常边缘之角色的政府间主义机构之中。然而，这一模式也产生了不利后果。由于欧盟的现行权力控制机制主要是指向对欧盟委员会的控制和监督，当决策权从欧盟委员会实质性转向欧洲理事会之后，这些控制和监督机制将无法对实质决策者进行问责。然而，除了成员国国内选举之外，欧盟层面目前并没有对欧洲理事会进行监督的机制。即使是在国内选举，选民的投票和问责也主要是针对成员国领导人在国家层面的权力行使，成员国领导人在欧盟议题上的立场和表现远非选民的关注点。更严重的问题是，欧盟委员会本来被设定的制度角色是实现大成员国和小成员国之间的利益平衡，尤其是给予小成员国特别关注。然而，当欧盟委员会的决策权被实质性让渡给欧洲理事会之后，它的这一制度功能也受到了损害。欧洲理事会决策中的大成员国主导模式让小成员国的利益失去了条约所设定的制度守护。

权力控制的缺失不只是因为行政分支的缺陷，也由于立法分支所存在的问题。立法机构的缺陷构成了民主赤字问题的核心内容。本来，欧盟立法机构的设计旨在通过双重民主基础（如果考虑到成员国议会的参与，可以认为存在三重民主基础）来为欧盟提供民主合法性。然而，立法分支的权威结构由于过分碎片化，代议士—选民联系被削弱，立法权被再度分割，已经无法实现作为代议制机构的核心功能。对于欧洲议会而言，尽管其权力和影响力在持续增加，但是其代表性和民主基础仍存在问题，其在决策程序中的角色仍然被高度边缘化。此外，尽管理事会是由民选部长所组成，理事会单一成员所获得的民主合法性却并不足以支撑作为一个整体的理事会的合法性。首先，与欧洲理事会类似，欧盟选民无法整体更换理事会，只能在主要关注国内议题的国内选举中对理事会成员进行个别更换。其次，理事会的决策过程通常是严格保密的，公众很难对此获得充分、有效的信息，对这一过程进行监督自然极为困难。在成员国议会的部分，目前新引入的机制的实际功能仍有待观察。然而，新的早期预警机制的引入，很有可能造成官僚主义的增加，还可能带来宪法困境和宪法僵局。从功能主义的视角来说,与代议制机构的数量无关,欧盟立法机构未能实现现代议制机构的完整职能(政策的民主输入、政策审议和代议士对公众及选民的反馈)。在某些情况下,建立更多的机构来实施相同的功能意味着权威碎片化和履行职能失败的严重程度。

5.2 欧元区债务危机对问责制危机的加重

欧元区债务危机进一步加重了立法机构和行政机构之间的权力失衡。在危机和反危机措施推出期间,曾属于成员国政府的有关经济政策和财政政策的权力被集中化到了欧盟机构,欧洲央行也被授权使用债权国的财政资源对债务国进行救助。政府间主义机构,如欧洲理事会、欧盟理事会和欧盟财经部长理事会以及欧元集团也成为施加于债务成员国的经济政策的实质决策机构。[1]然而,这一史无前例的事实上的权力和主权移转逐渐将政府间主义机构转变为一个"欧洲经济政府"。欧盟的经济和财政政策的协调化启动,欧盟成员国之间的财富再分配也已经在事实上展开。然而,对这些权力的民主控制和问责制的制度建构却未能与这些权力从成员国向欧盟的让渡过程保持同步。在欧元区债务危机期间,欧洲议会和成员国议会在决策过程中被严重边缘化,沦为仅仅对那些在闭门会议上做出的决定进行背书的角色,甚至连对决定背书的角色都非必要。

除了欧盟机构、成员国领导人所组成的欧洲理事会和其他政府间机构(如欧盟理事会、欧元集团和欧盟财经部长理事会)之外,欧盟

---

[1] 有关欧元集团在欧债危机期间权力扩张及其问责制情况,参见:Craig, P., "The Eurogroup, Power and Accountability", *European Law Journal*, 2017, 23(3-4): 234-249。

还面临着不同利益的失衡架构所带来的挑战，尤其是大小成员国之间的利益失衡。那些旨在提升欧盟决策效率和深度一体化的机制，同时也引发了对小成员国利益忽视的问题。尤其是欧盟委员会。欧盟系列条约给欧盟委员会分配了守护欧盟的整体利益和实现不同利益之间平衡的任务。然而，无论是欧盟委员会事实上与欧洲理事会分享立法动议权，还是其在欧盟纾困措施中的决策，皆偏离了这一制度角色。欧盟委员会在与欧洲理事会共享立法动议权这一过程中所付出的成本使它再也无法行使利益平衡之功能，因为它必须接受那些政府间主义机构所作出的决定，而这些决定的做出往往是由不同阵营的成员国博弈之后的结果，常常是对大成员国有利的决定。这一制度角色的丧失让欧盟委员会的机构独立性和合法性都受到了损害，也招致了成员国之间和成员国人民之间的疏离乃至怨怼。

此外，在危机和纾困期间，欧盟委员会选择涉入成员国的争议之中，不是作为调解者或协调者，而是代表特定的成员国阵营，这也背离了它的制度角色，并且公开抛弃了其作为实现成员国之间平衡的欧盟机构的职责。相较于欧元区债务危机所带来了经济、财政乃至民主问题，这或许是一个更大的、对欧洲一体化极为有害的影响。其后果正在显现。针对欧盟的越来越多的批判正在出现，许多疑欧主义力量不但对纾困措施和进一步的一体化提出批评，甚至对整个欧洲一体化进程都提出了质疑。这在半个多世纪的欧洲一体化历史上鲜有前例。甚至有学者将欧洲一体化进程与两次世界大战之间的西欧国家治理模式进行类比。在其看来，两次世界大战之间的西欧诸国政治体制的问题在于其"法团主义转向"使得社会的公共领域与私人领域之间的区分逐渐遭到破坏并最终侵蚀了法定公共权力的制度化。而在数十年的欧洲一体化实践中，"治理转向"具有类似的破坏公私领域区分的后果。更严重的是，这种转向不仅会侵蚀公共权力的法定性，还会"持续挑战法律的规范一致性和功能能力"①（另有学者将之称为较之"没有政府的治理"更为激进的"没有法律的治理"———一种新型治理模式）。②

5.3 重振"卢森堡妥协"的精神？

有意思的是，史无前例的问题常常可在传统智慧中找到其解决方式。在欧洲一体化进程中，常常是妥协而非革命性举动推动了一体化的深化。在欧洲一体化所遭遇的第一次重大危机——空座危机——中，是卢森堡妥协化解了危机，并让一体化得以继续。四十年之后，有关这一妥协的争议仍在继续。这些争论涉及卢森堡妥协的本质，即，这一妥协形成了一项宪法惯例，还是仅仅表达了某种政治意愿③，又或者该妥协是否实际上为那些核心利益受到欧盟决定重大影响的成员国提供了否决权？④尽管存在争议，但是人们在对卢森堡妥协的认识上还是存在一些共识，正如Paul Craig所指出的："该妥协促

---

① Kjaer, P. F., "European Crises of Legally-Constituted Public Power: From the 'Law of Corporatism' to the 'Law of Governance'", *European Law Journal*, 2017, 23(5): 417-430.

② Scott, C. "Governing without Law or Governing without Government? New-ish Governance and the Legitimacy of the EU". *European Law Journal*, 2009, 15(2): 160-173.

③ Baquero Cruz, J., "The Luxembourg Compromise from a Legal Perspective: Constitutional Convention, Legal History or Political Myth", in Helen Wallace, Pascaline Winand and Jean-Marie Palayret (Eds.), *Visions, Votes, and Vetoes: The Empty Chair Crisis and the Luxembourg Compromise Forty Years On*, Peter Lang, 2006, European Policy, 251-277.

④ See: Novak, S., "Decision Rules, Social Norms and the Expression of Disagreement: the Case of Qualified-majority Voting in the Council of the European Union", *Social Science Information*, 2010, 49(1), 83-97; Teasdale, A. L., "The Life and Death of the Luxembourg Compromise", *JCMS: Journal of Common Market Studies*, 1993, 31(4), 567-579.

生了这样一种环境：对于某一个成员国的利益构成严重损害的多数决应当避免……即使在正式投票规则是特定多数决的情况下，理事会仍然应当尽力寻求达成共识。"① 换言之，该妥协发展出了理事会中的"共识文化"：成员国应当尽力达成共识，以全体一致方式通过决定而非一场有明显的赢家输家的博弈。此后，理事会中大约80%的决定都是以共识方式做出。这意味着，与那些认为该妥协损害了欧盟决策效率的批评意见相反，绝大多数推进一体化的措施都是以妥协而非斗争的方式制定的。②

面对着欧盟的失衡结构尤其是危机以来的新发展，有必要重新注意到，无论如何，欧盟仍然是建立在主权自愿让渡基础之上的，成员国仍然是"条约之主"。成员国依然保有退出欧盟的权利；即使在那些以全体一致方式做出决定的情形中，也仍然没有全然排除有利于大成员国的"现实政治"的力量和影响。重振卢森堡妥协的精神并不必然意味着重新引入成员国否决权机制，而是为那些在事关其核心利益的议题上缺乏主导权的成员国提供主权流失的某种救济，给予那些其利益更容易受到现实政治之影响且相对缺乏自我保护方式的成员国的利益以特别关注。在英国脱欧问题上，维谢格拉德集团要求取得对脱欧协议的否决权就是弱势成员国进行自我保护的例子之一。③ 更重要的是，此类机制的建立将扮演着小成员国在未来诉诸终极的自我保护机制（退盟程序）之前的缓冲器的角色。然而，这一机制的具体设计更多是一个政治问题而非一个学术问题，因此，

---

① Craig, P. & De Búrca, G., *EU Law: Text, Cases, and Materials*, Oxford University Press, 2015, 135.
② Craig, P. & De Búrca, G., *EU Law: Text, Cases, and Materials*, Oxford University Press, 2015, 135.
③ BBC: Visegrad Group of EU States 'Could Veto Brexit Deal', http://www.bbc.com/news/world-europe-37396805, last accessed: October 24, 2016.

本书将不对此着墨过多[①]。

　　在第二次世界大战结束六十年后,第一个名称中带有"宪法"一词的欧盟条约遭到了其六个创始成员国之二的否决。在欧盟第一次扩大,将其边界从原查理曼帝国地区扩张到完全属于罗马帝国的广阔领土之外的加勒多尼亚(Caledonia,今苏格兰地区)地区之后十四年,欧盟获得了诺贝尔和平奖,以表彰其对曾经发生过两次世界大战的欧洲大陆上的和平与繁荣的贡献。一体化进程从来都不是一帆风顺的,挑战和危机不时出现。在过去的十年间,欧盟更是经历了金融危机、移民危机、经济危机、政治危机和新冠疫情。此外,欧盟还受到了一体化曾经的和现在的受益者的反对,不只是拒绝进一步一体化或更密切的合作,而且对整个一体化事业提出了质疑。英国已经投票离开,另有成员国不时威胁脱欧,还有成员国将欧盟视为行将崩溃的极权帝国。Things fall apart; the center cannot hold; Mere anarchy is loosed upon the world(*The Second Coming*)(一切都四散了,再也保不住中心,世界上到处弥漫着一片混乱——袁可嘉译《基督重临》)。叶慈的这首预言诗是否预示了欧盟可能会面临的未来?并不必然。塑造了人类文明、实现了宏伟设计的,通常不是观念、信条或教义的陈腔滥调式的重述,而常常是对所面临的现实世界的审慎地回应性处理。如

[①] 还有学者指出,欧盟除了政治上的"核心vs边缘"之分外,在法律层面,事实上也存在着"核心vs边缘"之别。在欧盟法中,东欧国家所关心的事务,很难在欧盟法和欧盟法律职业的意识形态中得到表达和主张。例如,欧盟法中有处理西欧国家关心的有关"社会倾销"(social dumping)的规则,但却没有处理东欧国家关心的"货物倾销"(goods dumping)的规则。作者主张以"核心vs边缘"关系而非传统的"左右"关系为视角,通过"法定权利"建构来改造欧盟法。See: Kukovec D., "Law and the Periphery", *European Law Journal*, 2015, 21(3): 406-428.

果欧盟持续且行远，这不是由于这些观点的伟大。对于欧洲一体化的未来真正重要的，是欧洲人民及其领导人，是否愿意以及有足够勇气去面对今时今日以及即将来叩响这座大陆之门的未来的问题并真诚、审慎和明智地解决之。毕竟，正如历史学家托尼·朱特怀有深深的忧虑的同时又乐观地为欧洲大陆所指出的那样："正是欧洲人为全世界提出了如何避免重复他们自己的错误的一些温和的建议。"[①]而欧盟和欧洲一体化，作为对世界大战史最具有代表性的回应之一，也是这些建议中最核心的部分之一。

---

① Judt, T., *Postwar: A History of Europe Since 1945*, Vintage (London), 2010, 800.

参考文献

Abels, G., "Citizens' Deliberations and the EU Democratic Deficit: Is There a Model for Participatory Democracy?", *Tübinger Arbeitspapiere zur Integrationsforschung (TAIF)* No. 1, 2009.

Aberbach, J.D., Putnam, R.D. & Rockman, B.A., *Bureaucrats and Politicians in Western Democracies*, Harvard University Press, 1981.

Alesina, A. &Summers, L.H., "Central Bank Independence and Macroeconomic Performance: Some Comparative Evidence", *Journal of Money, Credit and Banking*, 1993, 25(2), 151–162.

Allerkamp, D. K., "Who Sets the Agenda? How the European Council and the Team Presidencies are Undermining the Commission's Prerogative", in *Standing Group on European Union Politics of the European Consortium for Political Research in Porto, Portugal* (pp. 24–26), Porto, Portugal: European Consortia for Political Research Standing Group on the European Union, 2010.

Alonso, S., "'You Can Vote But You Cannot Choose': Democracy and the Sovereign Debt Crisis in the Eurozone", 2014, See:http://e-archivo.uc3m.es/bitstream/handle/10016/18315/IC3JM-2014-282.pdf?sequence=3, access time: July 8, 2016.

Alter, K. J., "Who are the 'Masters of the Treaty'? European Governments and the European Court of Justice", *International Organization*, 1998, 52(1): 121-147.

Armstrong, K. A., "Legal Integration: Theorizing the Legal Dimension of European Integration", *Journal of Common Market Studies*, 1998, 36(2): 155-174.

Anderson, J., "Questions of Democracy, Territoriality and Globalization", *Transnational Democracy: Political Spaces and Border Crossings*, 2002, 6-38.

Anderson, M. C., "Government in France: an Introduction to the Executive Power", *Elsevier*, 2013.

Andersen, S.S. & Eliassen, K. A. (Eds.), *The European Union: How Democratic Is It?* London: Sage, 1996.

Andrews, D., "The Committee of Central Bank Governors as a Source of Rules", *Journal of European Public Policy*, 2003, 10(6), 956-973.

Apel, E., *Central Banking Systems Compared: The ECB, the Pre-euro Bundesbank and the Federal Reserve System* (Vol. 20), Routledge, 2003.

Armingeon, K., Guthmann, K. & Weisstanner, D., "How the Euro Divides the Union: the Effect of Economic Adjustment on Support for Democracy in Europe", *Socio-Economic Review*, 2006, 14(1), 1-26.

Auel, K., "The Europeanisation of Parliamentary Democracy: Introduction", *The Journal of Legislative Studies*, 2005, 11(3), 303-318.

Auel, K., "Democratic Accountability and National Parliaments: Redefining the Impact of Parliamentary Scrutiny in EU Affairs",

European Law Journal, 2007, 13(4), 487-504.

Auel, K. &Höing, O., "Parliaments in the Euro Crisis: Can the Losers of Integration Still Fight Back?", *JCMS: Journal of Common Market Studies*, 2014, 52(6), 1184-1193.

Auel, K. &Höing, O., "Scrutiny in Challenging Times-National Parliaments in the Eurozone Crisis", *SIEPS European Policy Analysis*, 2014, (1), 1-16.

Augenstein, D., "Integration Through Law", in book: *Encyclopedia of the Philosophy of Law and Social Philosophy*, 载于https://www.researchgate.net/publication/320245834_Integration_Through_Law, 最后访问时间：2023年1月13日。

Aus, J. P., The Mechanisms of Consensus: Coming to Agreement on Community Asylum Policy, in *Unveiling the Council of the European Union* (pp. 99-118), Palgrave Macmillan UK, 2008.

Azoulai, L., "'Integration through law' and us", *International Journal of Constitutional Law*, 2016, 14(2), 449-463.

Baquero Cruz, J., "The Luxembourg Compromise from a Legal Perspective: Constitutional Convention, Legal History or Political Myth", *Visions, Votes, and Vetoes: The Empty Chair Crisis and the Luxembourg Compromise Forty Years on*, 2006, 251-277.

Barrett, G., *National Parliaments and the European Union: the Constitutional Challenge for the Oireachtas and other Member States Legislatures*, Clarus Press, 2008.

Bauer, M. W. & Ege, J., "Politicization within the European Commission's Bureaucracy", *International Review of Administrative*

Sciences, 2012, 78(3), 403–424.

BBC: *Visegrad Group of EU States 'Could Veto Brexit Deal'*, http://www.bbc.com/news/world-europe-37396805.

Becker, F. & Merschmann, A., "National Constitutional Reservations with Respect to Budget Policy", in *The EU Between 'an Ever Closer Union' and Inalienable Policy Domains of Member States* (pp. 187–200). Nomos Verlagsgesellschaft mbH & Co. KG, 2014, 187–200.

Bekkers, V.J. (Ed.), *Governance and the Democratic Deficit: Assessing the Democratic Legitimacy of Governance Practices*, Ashgate Publishing, Ltd., 2007.

Bellamy, R. & Kröger, S., "Domesticating the Democratic Deficit? The Role of National Parliaments and Parties in the EU's System of Governance", *Parliamentary Affairs*, 2014, 67(2), 437–457.

Benz, A., "Path-dependent Institutions and Strategic Veto Players: National Parliaments in the European Union", *West European Politics*, 2004, 27(5), 875–900.

Benz, A., "Conclusion: Linking Research on Europeanisation and National Parliaments", *The Journal of Legislative Studies*, 2005, 11(3–4), 508–521.

Berman, G. A., "Executive Power in the New European Constitution", *Int'l J. Const. L.*, 2005, 3, 440–447.

Berman, S. & McNamara, K. R., "Bank on Democracy-Why Central Banks Need Public Oversight", *Foreign Affairs*, 1999, 78(2), 2–8.

Bernhard, W., "A Political Explanation of Variations in Central Bank Independence", *American Political Science Review*, 1998, 92(2), 311–

327.

Bernhard Wessels, "Institutional Change and the Future Political Order", in Katz, R. S. & Wessels, B., *The European Parliament, the National Parliaments, and European integration*, Oxford University Press, 1999.

Besselink, L. F., "National Parliaments in the EU's Composite Constitution; a Plea for a Shift in Paradigm", in *National and Regional Parliaments in the European Constitutional Order* (pp. 117–132), Europa Law Publishing, 2006.

Blinder, A. S., *Central Banking in Theory and Practice*, MIT Press, 1998.

Bindseil, U. & Hantke, C., "The Power Distribution in Decision-making among EU Member States", *European Journal of Political Economy*, 1997, 13(1), 171–185.

Bini Smaghi, L., "Austerity, A Threat to Democracy?", *The International Spectator*, 2014, 49(1), 7–17.

Bini Smaghi, L., "Central Bank Independence in the EU: From Theory to Practice", *European Law Journal*, 2008, 14(4): 446–460.

Bohman, J., "Beyond the Democratic Peace: an Instrumental Justification of Transnational Democracy", *Journal of Social Philosophy*, 2006, 37(1), 127–138.

Borras, S., "The Politics of the Lisbon Strategy: the Changing Role of the Commission", *West European Politics*, 2009, 32(1), 97–118.

Boyce, B., "The Democratic Deficit of the European Community", *Parliamentary Affairs*, 1993, 46(4), 458–478.

Börzel, T., "European Governance: Negotiation and Competition in the Shadow of Hierarchy", *Journal of Common Market Studies*, 2010,

48(2), 191-219.

Burley, A. M. & Mattli, W., "Europe before the Court: A Political Theory of Legal Integration", *International organization*, 1993, 47(1).

Bulmer, S. J., "The European Council and the Council of the European Union: Shapers of a European Confederation", *Publius: the Journal of Federalism*, 1996, 26(4), 17-42.

Campbell, C. & Peters, B., "The Politics/Administration Dichotomy: Death or Merely Change?", *Governance*, 1988, 1(1), 79-99.

Campbell, H. M. (Ed.), *A History of Western Civilization: Advances in Democracy: From the French Revolution to the Present-Day European Union,* Britannica Educational Publishing, 2011.

Caporaso, J., "The Emergence of the EU Supranational Polity and Its Implications for Democracy", *Democracy and Federalism in the European Union and the United States—Exploring Post-National Governance,* 2005, 57-75.

Cappelletti, Mauro, Seccombe, Monica and Weiler, Joseph H. H... "Integration through Law: Europe and the American Federal Experience. A General Introduction", Book 1, *A Political, Legal and Economic Overview*, edited by Mauro Cappelletti, Monica Seccombe and Joseph H., Weiler, Berlin, Boston: De Gruyter, 2013, 3-68.

Carey, J. M. & Shugart, M.S., "Incentives to Cultivate a Personal Vote: A Rank Ordering of Electoral Formulas", *Electoral Studies*, 1995, 14(4), 417-439.

Carroll, A., *Constitutional and Administrative Law*, Pearson Education, 2003.

Carrubba, C. J., Gabel, M., Hankla, C., "Judicial Behavior under Political Constraints: Evidence from the European Court of Justice", American Political Science Review, 2008, 102(4): 435–452.

Chalmers, D., Davies, G. & Monti, G., *European Union Law: Cases and Materials*, Cambridge University Press, 2010.

Chamon, M., "The Institutional Balance, and Ill-Fated Principle of EU Law?", *European Public Law*, 2015, 21, 371–391.

Chiti, E. & Teixeira, P. G., "The Constitutional Implications of the European Responses to the Financial and Public Debt Crisis", *Common Market Law Review*, 2013, 50(3), 683–708.

Christiansen, T., Högenauer, A.L. & Neuhold, C., "National Parliaments in the Post-Lisbon European Union: Bureaucratization rather than Democratization?", *Comparative European Politics*, 2014, 12(2), 121–140.

Cini, M. & Borragán, N.P.S., *European Union Politics* (2nd Edition), Oxford University Press, 2007.

Collignon, S., "Is Europe Going Far Enough? Reflections on the EU's Economic Governance", *Journal of European Public Policy*, 2004, 11(5), 909–925.

Conrad, M., "The European Citizens' Initiative: Transnational Democracy in the EU at last?", *Stjórnmál og stjórnsysla*, 2011, 7(1): 5–22.

Cooper, I., "The Watchdogs of Subsidiarity: National Parliaments and the Logic of Arguing in the EU", *JCMS: Journal of Common Market Studies*, 2006, 44(2), 281–304.

Cooper, I., "A Virtual Third Chamber for the European Union",

National Parliaments Under the Treaty of Lisbon. Paper Prepared for the ECPR Joint Sessions, Munster, Germany, 2010, 22–27.

Cooper, I., "National Parliaments in the Democratic Politics of the EU: The Subsidiarity Early Warning Mechanism, 2009–2017", *Comparative European Politics*, 2019, 17(6): 919–939.

Costa, O., Jabko, N., Lequesne, C. & Magnette, P., "Diffuse Control Mechanisms in the European Union: Towards a New Democracy?", *Journal of European Public Policy*, 2003, 10(5), 666–676.

Cotta, M., "Changing Equilibria between Democratic and Technocratic Principles in the European Elite System after the Crisis", *Conference Paper for "Technocracy and Democracy in Times of Financial Crisis"* (Technische Universitaet Darmstadt), 6–7 March2014.See:http://www.academia.edu/6636700/Changing_Equilibria_between_Democratic_and_Technocratic_Principles_in_the_European_Elite_System_after_the_Crisis, access time: July 8, 2016.

Craig, P., "European Governance: Executive and Administrative Powers under the New Constitutional Settlement", *Int'l J. Const. L.*, 2005, 3, 407–439.

Craig, P., *The Lisbon Treaty: Law, Politics, and Treaty Reform*, OUP Oxford, 2010.

Craig, P. & De Búrca, G., *EU Law: Text, Cases, and Materials*, Oxford University Press, 2011.

Craig, P. & De Búrca, G. (Eds.), *The Evolution of EU Law*, OUP Oxford Paul, C. (2012), *EU Administrative Law*, Oxford University Press, 2011.

Craig, P., "The Financial Crisis, the European Union Institutional Order, and Constitutional Responsibility", *Indiana Journal of Global Legal Studies*, 2015, 22(2), 243-267.

Craig, P., "Once upon a Time in the West: Direct Effect and the Federalization of EEC Law", Oxford J. Legal Stud., 1992, 12: 453.

Craig, P., "The Eurogroup, Power and Accountability", *European Law Journal*, 2017, 23(3-4): 234-249.

Crombez, C., "Codecision: Towards a Bicameral European Union", *European Union Politics*, 2000, 1(3), 363-381.

Crum, B., "Legislative-Executive Relations in the EU", *JCMS: Journal of Common Market Studies*, 2003, 41(3), 375-395.

Crum, B., "Saving the Euro at the Cost of Democracy?", *JCMS: Journal of Common Market Studies*, 2013, 51(4): 614-630.

Crum, B., "Tailoring Representative Democracy to the European Union: Does the European Constitution Reduce the Democratic Deficit?", *European Law Journal*, 2005, 11(4), 452-467.

Curtin, D. & Egeberg, M., "Tradition and Innovation: Europe's Accumulated Executive Order", *West European Politics*, 2008, 31(4), 639-661.

Curtin, D., *Executive Power of the European Union: Law, Practices, and the Living Constitution* (Vol. 12), OUP Oxford, 2009.

Curtin, D., Hofmann, H. & Mendes, J., "Constitutionalising EU Executive Rule-Making Procedures: A Research Agenda", *European Law Journal*, 2013, 19(1), 1-21.

Curtin, D., "Challenging Executive Dominance in European

Democracy", *The Modern Law Review*, 2014, 77(1), 1-32.

Cygan, A., *Accountability, Parliamentarism and Transparency in the EU.*, Edward Elgar Publishing., 2013.

Dahl, R. A., "Is International Democracy Possible? A Critical View", Sergio Fabbrini (Hg.): *Democracy and Federalism in the European Union and the United States. Exploring Post-national Governance*, London/New York: Routledge, 2005, 194-204.

Dani, M., "National Constitutional Courts in Supranational Litigation: A Contextual Analysis", *European Law Journal*, 2017, 23(3-4): 189-212.

Dawson, M. & Witte, F., "Constitutional Balance in the EU after the Euro-Crisis", *The Modern Law Review*, 2013, 76(5), 817-844.

Dawson, M., "The Legal and Political Accountability Structure of 'Post-Crisis' EU Economic Governance", *Journal of Common Market Studies*, 2015, 53(5), 976-993.

Dawson, M., Maricut-Akbik, A., Ana Bobić, "Reconciling Independence and Accountability at the European Central Bank: The False Promise of Proceduralism", *European Law Journal*, 2019, 25(1): 75-93.

De Haan, J., "The European Central Bank: Independence, Accountability and Strategy: a Review", *Public Choice*, 1997, 93(3-4), 395-426.

Dehousse, R., "Is the 'Community Method' Still Relevant", *Challenges of Multi-tier Governance in the European Union: Effectiveness, Efficiency and Legitimacy. Directorate General for Internal Policies, Compendium Notes*, 2012, 85-94.

Dehousse, R., "The European Court of Justice: The Politics of

Judicial Integration", London: Macmillan, 1998. pp. 28–61.

Dell'Aquila, D.S., Stephan Kaufmann, Jannis Milios, "Blackbox ECB: The Power and Impotence of the European Central Bank", 2014, See:https://www.rosalux.de/fileadmin/rls_uploads/pdfs/Materialien/Materialien2_BlackboxEZB_engl_web.pdf.

De Quant, S., "Euroscepticism and the European elections", *Survival*, 2019, 61(2): 111–119.

De Schoutheete, P., Micossi, S., "On Political Union in Europe: The Changing Landscape of Decision-making and Political Accountability", *CEPS Essays*, 2013.

De Vreese, C. H., Banducci, S. A., Semetko, H. A. & Boomgaarden, H. G., "The News Coverage of the 2004 European Parliamentary Election Campaign in 25 Countries", *European Union Politics*, 2006, 7(4), 477–504.

De Waele, H. & Broeksteeg, H., "The Semi-Permanent European Council Presidency: Some Reflections on the Law and Early Practice", *Common Market L.Rev.*, 2012, 49, 1039–1074.

De Witte, B., "European Stability Mechanism and Treaty on Stability, Coordination and Governance: Role of the EU Institutions and Consistency with the EU Legal Order", *Challenges of Multi-tier Governance in the European Union*, 2012, 78–84.

De Witte, B., "Euro Crisis Responses and the EU Legal Order: Increased Institutional Variation or Constitutional Mutation?", *European Constitutional Law Review*, 2015, 11(3), 434–457.

De Witte, B., "Retour à 'Costa', La primauté du droit communautaire à la lumière du droit international", Revue Trimestrielle De Droit Europeen, 1984, 20(3): 425–454.

Dickson, J. & Eleftheriadis, P., *Philosophical Foundations of European Union Law*, OUP Oxford, 2012.

Di Federico, G., "The Potential of Article 4 (2) TEU in the Solution of Constitutional Clashes Based on Alleged Violations of National Identity and the Quest for Adequate (Judicial) Standards", *European Public Law*, 2019, 25(3), 347–380.

Dimitrakopoulos, D. G., "Incrementalism and Path Dependence: European Integration and Institutional Change in National Parliaments", *JCMS: Journal of Common Market Studies*, 2001, 39(3), 405–422.

Dinan, D., *Encyclopedia of the European Union, Updated Edition*. Lynne Rienner Publishers, "*Differentiated Integration*", 2000, see http://search.credoreference.com/content/entry/lrpenceu/differentiated_integration/0 .

Djilas, M., *Conversations with Stalin* (Vol. 63), Houghton Mifflin Harcourt. 1962.

Duignan, B., *The Executive Branch of the Federal Government: Purpose, Process, and People*, The Rosen Publishing Group, 2009.

Duina, F. & Oliver, M. J., "National Parliaments in the European Union: Are There any Benefits to Integration?", *European Law Journal*, 2005, 11(2), 173–195.

Dyson, K. H. & Featherstone, K., *The Road to Maastricht: Negotiating Economic and Monetary Union*, Oxford University Press, 1999.

Earnshaw, D. & Judge, D., "Early Days: The European Parliament,

Co-decision and the European Union Legislative Process Post-Maastricht", *Journal of European Public Policy*, 1995, 2(4), 624-649.

Egeberg, M., "Executive Politics as Usual: Role Behaviour and Conflict Dimensions in the College of European Commissioners", *Journal of European Public Policy*, 2006, 13(1), 1-15.

Egeberg, M. (Ed.), *Multilevel Union Administration: The Transformation of Executive Politics in Europe*, Springer, 2006.

Egeberg, M., "European Government (s): Executive Politics in Transition?", *West European Politics*, 2008, 31(1-2), 235-257.

Egeberg, M., Gornitzka, Å. & Trondal, J., "A Not so Technocratic Executive? Everyday Interaction between the European Parliament and the Commission", *West European Politics*, 2014, 37(1), 1-18.

Elgie, R. "Democratic Accountability and Central Bank Independence: Historical and Contemporary, National and European Perspectives", *West European Politics*, 1998, 21(3), 53-76.

Elgie, R. & Thompson, H., *The Politics of Central Banks*, Routledge, 2012.

European Parliament News: "Parliament Elects Jean-Claude Juncker as Commission President", see:http://www.europarl.europa.eu/news/en/news-room/content/20140714IPR52341/html/Parliament-elects-Jean-Claude-Juncker-as-Commission-President, Retrieved 2015-7-14.

Emerson, M., "The Dano case-Or time for the UK to digest realities about the balance of competences between the EU and national levels", CEPS Commentary, 14 November 2014. 报告链接参见：https://www.gov.uk/guidance/review-of-the-balance-of-competences，最后访问日期：

2021年7月30日。

Fabbrini, S., "Intergovernmentalism and Its Limits Assessing the European Union's Answer to the Euro Crisis", *Comparative Political Studies*, 2013, 1003-1029.

Fabbrini, S., "After the Euro Crisis: a New Paradigm on the Integration of Europe", *Available at SSRN*, 2014, 2441201.

Fabbrini, S., "The Euro Crisis and the Constitutional Disorder of the European Union", in *21st International Conference of the Council for European Studies, Panel on "The Political and Economic Dynamics of the Eurozone Crisis"*, Washington DC (Vol. 15), March, 2014.

Fabbrini, F., "Representation in the European Parliament", *Zeitschrift für ausländisches öffentilches Recht und Völkerrecht*, 2015, 75, 823-846.

Fabbrini, F., "A Principle in Need of Renewal? The Euro-Crisis and the Principle of Institutional Balance", *Cahiers De Droit European*, 2016, 8.

Fasone, C., "European Economic Governance and Parliamentary Representation. What Place for the European Parliament?", *European Law Journal*, 2014, 20(2), 164-185.

Featherstone, K., "Jean Monnet and the 'Democratic Deficit' in the European Union", *Journal of Common Market Studies*, 1994, 32(2), 149-170.

Follesdal, A. & Hix, S., "Why there is a Democratic Deficit in the EU: A Response to Majone and Moravcsik", *JCMS: Journal of Common Market Studies*, 2006, 44(3), 533-562.

Fontan, C., "the ECB: A Democratic Problem for Europe", 2015, See: http://www.booksandideas.net/IMG/pdf/20150430_bce_en.pdf, access time: July 8, 2016.

Fraga, A., "After the Convention: The Future Role of National Parliaments in the European Union (And the Day after... Nothing will Happen)", *The Journal of Legislative Studies*, 2005, 11(3–4), 490–507.

Franchino, F., "Control of the Commission's Executive Functions Uncertainty, Conflict and Decision Rules", *European Union Politics*, 2000, 1(1), 63–92.

Franklin, M. N., "How Structural Factors Cause Turnout Variations at European Parliament Elections", *European Union Politics*, 2001, 2(3), 309–328.

Franklin, M. N. & Hobolt, S. B., "The Legacy of Lethargy: How Elections to the European Parliament Depress Turnout", *Electoral Studies*, 2011, 30(1), 67–76.

Fromage, D., "National Parliaments and Governmental Accountability in the Crisis: Theory and Practice", *The Never-Ending Reform of the EU: Another Chain in the Semi Permanent Treaty Revision Process? 2015*, 149–171.

Garben, S., "Competence Creep Revisited", Journal of Common Market Studies, 2019, 57(2).

Garcia-Arias, J., Fernandez-Huerga, E. & Salvador, A., "European Periphery Crises, International Financial Markets, and Democracy", *American Journal of Economics and Sociology*, 2013, 72(4), 826–850.

Geiger, R., Khan, D. E. & Kotzur, M. (Eds.), *European Union Treaties: A Commentary*, Hart, 2015.

Giorgi, L. and Crowley, J., "The Political Sociology of the European

Public Sphere", in Giorgi Liana, Von Homeyer Ingmar and Parsons Wayne (Eds.), *Democracy in the European Union: Towards the Emergence of a Public Sphere* (London/New York: Routledge), 2006, 1–23.

Goldoni, M., "Politicising EU Lawmaking? The Spitzenkandidaten Experiment as a Cautionary Tale", *European Law Journal*, 2016, 22(3): 279–295.

Goebel, R. J., "The European Council after the Treaty of Lisbon", *Fordham Int'l LJ*, 2010, 34, 1251–1268.

Grimm, D., "The Democratic Costs of Constitutionalisation: The European Case", *European Law Journal*, 2015, 21(4), 460–473.

Grzeszczak, R., "Progress in European Integration Process and Its Consequences for Parliamentary Democracy", in Bodnar, A., Kowalski, M., Raible, K. & Schorkopf, F. (Eds.), *The Emerging Constitutional Law of the European Union: German and Polish Perspectives* (Vol. 163), Springer Science & Business Media, 2003, 118–119.

Habermas, J., "Democracy in Europe: Why the Development of the EU into a Transnational Democracy Is Necessary and How It Is Possible", *European Law Journal*, 2015, 21(4): 546–557.

Hagemann, S., "Voting, Statements and Coalition-Building in the Council from 1999 to 2006", in *Unveiling the Council of the European Union* (pp. 36–63), Palgrave Macmillan UK, 2008.

Häge, F. M., "Who Decides in the Council of the European Union?", *Journal of Common Market Studies*, 2008, 46(3), 533–558.

Hasse, R., Weidenfeld, W. & Biskup, R., *The European Central Bank: Perspectives for a Further Development of the European Monetary System*

(Vol. 2), Bertelsmann Foundation, 1990.

Hatje, Armin., "Gemeinsam aus der Ultra-vires-Falle", https://verfassungsblog.de/gemeinsam-aus-der-ultra-vires-falle/, 最后访问时间: 2023年1月9日。

Hayes-Renshaw, F. & Wallace, H., "Executive Power in the European Union: the Functions and Limits of the Council of Ministers", *Journal of European Public Policy*, 1995, 2(4), 559-582.

Hefftler, C., Kreilinger, V., Rozenberg, O. & Wessels, W., "National Parliaments: Their Emerging Control over the European Council", *Notre Europe Policy Paper*, 2013, 89.

Heisenberg, D., "The Institution of 'Consensus' in the European Union: Formal Versus Informal Decision-making in the Council", *European Journal of Political Research*, 2005, 44(1), 65-90.

Hendry, J., & Augenstein D., "The 'Fertile Dilemma of Law': Legal Integration and Legal Cultures in the European Union", *Tilburg Institute of Comparative and Transnational Law Working Paper*, 2009.

Héritier, A., "Composite Democracy in Europe: The Role of Transparency and Access to Information", *Journal of European Public Policy*, 2003, 10(5), 814-833.

Hix, S., "Executive Selection in the European Union: Does the Commission President Investiture Procedure Reduce the Democratic Deficit?", *European Integration online Papers (EIoP)*, 1997, 1(21).

Hix, S., "Constitutional Agenda-setting through Discretion in Rule Interpretation: Why the European Parliament Won at Amsterdam", *British Journal of Political Science*, 2002, 32(2), 259-280.

Hix, S., "Parliamentary Behavior with Two Principals: Preferences, Parties, and Voting in the European Parliament", *American Journal of Political Science*, 2002, 688-698.

Hix, S., Raunio, T. & Scully, R., "Fifty Years on: Research on the European Parliament", *Journal of Common Market Studies*, 2003, 41(2), 191-202.

Hix, S. & Marsh, M., "Punishment or Protest? Understanding European Parliament Elections", *Journal of Politics*, 2007, 69(2), 495-510.

Hix, S., Noury, A. G. & Roland, G., *Democratic Politics in the European Parliament*, Cambridge University Press, 2007.

Hix, S. & Høyland, B., *The Political System of the European Union*, Palgrave Macmillan, 2011.

Hobolt, S. B. & Wittrock, J., "The Second-order Election Model Revisited: An Experimental Test of Vote Choices in European Parliament Elections", *Electoral Studies*, 2011, 30(1), 29-40.

Hodson, D. & Maher, I., "The Open Method as a New Mode of Governance: the Case of Soft Economic Policy Co-ordination", *Journal of Common Market Studies*, 2001, 39(4), 719-746.

Holzhacker, R., "National Parliamentary Scrutiny over EU Issues: Comparing the Goals and Methods of Governing and Opposition Parties", *European Union Politics*, 2002, 3(4), 459-479.

Holzhacker, R., "The Power of Opposition Parliamentary Party Groups in European Scrutiny", *The Journal of Legislative Studies*, 2005, 11(3-4), 428-445.

Howarth, D. and Loedel, P., *The European Central Bank: The New European Leviathan?* Revised, second edition (Basingstoke: Palgrave), 2005.

Huerta de Soto, J., "In Defense of the Euro: an Austrian Perspective (With a Critique of the Errors of the ECB and the Interventionism of Brussels)", *Journal Des? Conomistes Et Des? Tudes Humaines*, 2014, 19(1), 1–28.

Issing, O., "The Eurosystem: Transparent and Accountable or 'Willem in Euroland'", *JCMS: Journal of Common Market Studies*, 1999, 37(3), 503–519.

Issing, O., *Monetary Policy in the Euro Area: Strategy and Decision-making at the European Central Bank*, Cambridge University Press, 2001.

Jacobs, F., Corbett, R. & Shackleton, M., "The European Parliament", *Longman Current Affairs*, 1992.

Jabko, N., "Democracy in the Age of the Euro", *Journal of European Public Policy*, 2003, 10(5), 710–739.

Jacqué, J. P., "The Principle of Institutional Balance", *Common Market L. Rev.*, 2004, 41, 383–391.

Jacqué, J. P., "The European Parliament's Institutional Proposals Following the Conference on the Future of Europe: Much ado about Nothing?", *Common Market Law Review*, 2022, 59(Special).

Jančić, D., "National parliaments and EU fiscal integration", *European Law Journal*, 2016, 22(2): 225–249.

Joerges, C., "Brother, Can you Paradigm?", *International Journal of Constitutional Law*, 2014, 12(3), 769–785.

Johansson, K. M. & Tallberg, J., "Explaining Chief Executive Empowerment: EU Summitry and Domestic Institutional Change", *West European Politics*, 2010, 33(2), 208-236.

Jones, E., Kelemen, R. D. & Meunier, S., "Failing Forward? The Euro Crisis and the Incomplete Nature of European Integration", *Comparative Political Studies*, 2016, 49(7), 1010-1034.

Judge, D., Earnshaw, D., "The European Parliament and the Commission Crisis: A New Assertiveness?", *Governance*, 2002, 15(3), 345-374.

Judt, T., *Postwar: A History of Europe since 1945*, New York: The Penguin Press, 2005.

Juncker, J. C., Tusk, D., Dijsselbloem, J., Draghi, M. & Schulz, M., "Completing Europe's Economic and Monetary Union", *Brussels: European Commission*, 2015, 18.

Kaczorowska-Ireland, A., *European Union Law*, Routledge, 2016.

Karlas, J., "National Parliamentary Control of EU Affairs: Institutional Design after Enlargement", *West European Politics*, 2012, 35(5), 1095-1113.

Karlsson, J., *Democrats without Borders: A Critique of Transnational Democracy*, Ph.D. Dissertation, Department of Political Science; Statsvetenskapliga Institutionen, 2008.

Kassim, H., Peterson, J., Bauer, M. W., Connolly, S., Dehousse, R., Hooghe, L. & Thompson, A., *The European Commission of the Twenty-first Century*, OUP Oxford, 2013.

Katz, R. S., "Models of Democracy Elite Attitudes and the

Democratic Deficit in the European Union", *European Union Politics*, 2001, 2(1), 53-79.

Katz, R. S. & Wessels, B., *The European Parliament, the National Parliaments, and European Integration*, Oxford University Press, 1999.

Kelemen, R. D., "Judicialisation, Democracy and European Integration", Representation, 2013, 49(3): 295-308.

Kiiver, P., *The National Parliaments in the European Union: A Critical View on EU Constitution-building*, Kluwer law international, 2006.

Kiiver, P., "The Lisbon Judgment of the German Constitutional Court: A Court-Ordered Strengthening of the National Legislature in the EU", *European Law Journal*, 2010, 16(5), 578-588.

Kjaer, P. F., "European Crises of Legally-constituted Public Power: From the 'Law of Corporatism' to the 'Law of Governance'", *European Law Journal*, 2017, 23(5): 417-430.

Kleine, M., "Informal Governance in the European Union", *Journal of European Public Policy*, 2014, 21(2), 303-314.

Kochler, H., "The European Constitution and the Imperatives of Transnational Democracy", *SYBIL*, 2005, 9, 87.

Kombos, C., "Constitutional Review and the Economic Crisis: In the Courts We Trust?", *European Public Law*, 2019, 25(1), 105-133.

König, T. & Junge, D., "Veto Player Theory and Consensus Behaviour." In Daniel Naurin and Helen Wallace (Eds.), *Unveiling the Council of the European Union* (pp. 81-98), Palgrave Macmillan UK. 2008.

Kreppel, A., *The European Parliament and Supranational Party*

System: A Study in Institutional Development, Cambridge University Press, 2002.

Kukovec, D., "Law and the Periphery", *European Law Journal*, 2015, 21(3): 406-428.

Kundnani, H., *The Paradox of German Power*, Oxford University Press, 2015.

Lasok, D. & Lasok, K. P. E., *Law and Institutions of the European Union*, 7th edition, Butterworth, 2001.

Laursen, F. (Ed.), *The EU's Lisbon Treaty: Institutional Choices and Implementation*, Ashgate Publishing, Ltd., 2012.

Le Cacheux, J. & Laurent, E., "The Democratic Paradox of the EU", In *Report on the State of the European Union* (pp. 7-19), Palgrave Macmillan UK, 2015.

Leino, P., "The European Central Bank and Legitimacy Is the ECB a Modification of or an Exception to the Principle of Democracy?", *Jean Monnet Working Papers*, 2000.

Leino, P. & Salminen, J., "Should the Economic and Monetary Union Be Democratic after All; Some Reflections on the Current Crisis", *German LJ*, 2013, 14, 844-868.

Lenaerts, K., Gutiérrez-Fons, J. A., "To Say What the Law of the EU Is: Methods of Interpretation and the European Court of Justice", *Colum. J. Eur. L.*, 2013, 20.

Lenaerts, K. & Verhoeven, A., "Institutional Balance as a Guarantee for Democracy in EU Governance", in Joerges & Dehousse (Eds.), *Good Governance in Europe's Integrated Market*, 2002, 35-88.

Letter by President Donald Tusk to the Member of the European Council on His Proposal for a New Settlement for the United Kingdom within the European Union, http://www.consilium.europa.eu/en/press/press-releases/2016/02/02-letter-tusk-proposal-new-settlement-uk/?from=groupmessage&isappinstalled=0, time for last visit: February 26, 2016.

Levy, D., Pensky, M. & Torpey, J.C., *Old Europe, New Europe, Core Europe: Transatlantic Relations after the Iraq War*, Verso, 2005.

Lewis, J., "The Methods of Community in EU Decision-making and Administrative Rivalry in the Council's Infrastructure", *Journal of European Public Policy*, 2000, 7(2), 261-289.

Locke, J., *Second Treatise of Government* (Indianapolis and Cambridge, Hackett Publishing Company), 1980.

Lord C., "Democracy at the EU Level: Folly or Necessity? More Work for a Directly Elected European Parliament", *European Law Journal*, 2020, 26(5-6): 448-459.

Maduro, M. P., "A New Governance for the European Union and the Euro: Democracy and Justice", *Yearbook of Polish European Studies*, 2013, (16), 111-140.

Magnette, P., "European Governance and Civic Participation: Beyond Elitist Citizenship?", *Political Studies*, 2003, 51(1), 144-160.

Maher, I., "Economic Governance: Hybridity, Accountability and Control", *Colum. J. Eur. L.*, 2006, 13, 679-703.

Majone. G., "The European Community: An 'Independent Fourth Branch of Government'?", *EUI Working Paper SPS No. 94/17*, 1993.

Majone, G., "The Rise of the Regulatory State in Europe", *West*

European Politics, 1994, 17(3), 77-101.

Majone, G., "The European Commission as Regulator", *Regulating Europe*, 1996, 61-79.

Majone, G., "Europe's 'Democratic Deficit': The Question of Standards", *European law journal*, 1998, 4(1), 5-28.

Majone, G., "The Regulatory State and Its Legitimacy Problems", *West European Politics*, 1999, 22(1), 1-24.

Majone, G., "The Credibility Crisis of Community Regulation", *JCMS: Journal of Common Market Studies*, 2000, 38(2), 273-302.

Majone, G., "Delegation of Regulatory Powers in a Mixed Polity", *European Law Journal*, 2002, 8(3), 319-339.

Majone, G., "Rethinking European Integration after the Debt Crisis", *UCL, European Institute, Working Paper*, 2012, (3).

Majone, G., "From Regulatory State to a Democratic Default", *Journal of Common Market Studies*, 2014, 52(6), 1216-1223.

Majone, Giandomenico, The European Community as a Regulatory State, in Academy of European Law (ed.), European Community Law, The Hague/Boston/London, Kluwer Law International/Martinus Nijhoff Publishers / Florence, Academy of European Law, European University Institute, 1996, Collected Courses of the Academy of European Law, 1994, V/1, 321-419Collected Courses of the Academy of European Law, [AEL]-http://hdl.handle.net/1814/3027.

Mancini, F., *Democracy and Constitutionalism in the European Union: Collected Essays*, Hart Publishing, 2000.

Manzella, A., "Is the EP Legitimate as a Parliamentary Body in EU

Multi-tier Governance?", *European Parliament: Directorate General for Internal Policy Department C, Challenges of Multi-tier Governance in the European Union: Effectiveness, Efficiency and Legitimacy*, 2012, 138-151.

March, J. G. & Olsen, J. P., "The Institutional Dynamics of International Political Orders", *International Organization*, 1998, 52(4), 943-969.

Martin, L. L., *Democratic Commitments: Legislatures and International Cooperation*. Princeton, NJ: Princeton University Press, 2000.

Martinico, G., "Taming National Identity: A Systematic Understanding of Article 4.2 TEU", *European Public Law*, 2021, 27(3), 447-464.

Martinsen, D.S., *An Ever More Powerful Court? The Political Constraints of Legal Integration in the European Union*, OUP Oxford, 2015.

Mattila, M., "Why Bother? Determinants of Turnout in the European Elections", *Electoral Studies*, 2003, 22(3), 449-468.

Mattila, M., "Contested Decisions: Empirical Analysis of Voting in the European Union Council of Ministers", *European Journal of Political Research*, 2004, 43(1), 29-50.

Mattli, W., Slaughter A., "M. Law and politics in the European Union: a Reply to Garrett. International organization, 1995, 49(1).

Maurer, A. & Wessels, W., *National Parliaments on Their Ways to Europe: Losers or Latecomers?* (p. 521), Nomos Verlag, 2001.

Mazower, M., *Governing the World: the History of an Idea, 1815 to the Present,* Penguin, 2012.

McCormick, J. P., *Weber, Habermas and Transformations of the European State: Constitutional, Social, and Supranational Democracy,*

Cambridge University Press, 2007.

Meiers, F. J, "Introduction: Europe's Powerhouse", in *Germany's Role in the Euro Crisis*, Springer International Publishing, 2015.

Miklin, E., "EU Politicisation and National Parliaments: Visibility of Choices and Better Aligned Ministers?", *The Journal of Legislative Studies*, 2014, 20(1), 78–92.

Miller, R. A., "Germany v. Europe: The Principle of Democracy in German Constitutional Law and the Troubled Future of European Integration", *Va. J. Int'l L.*, 2013, 54, 579.

Mirianashvili, G., "Doctrine of Supremacy of the European Union Law over Member State's Constitutions According to the Melloni Case", *J. Const. L.*, 2018: 101–106.

Moberg, A., "The Nice Treaty and Voting Rules in the Council", *Journal of Common Market Studies*, 2002, 40(2), 259–282.

Mommsen, Wolfgang J., *The Political and Social Theory of Max Weber: Collected Essays,* University of Chicago Press, 1992.

Monar, J., "The European Union s Institutional Balance of Power after the Treaty of Lisbon", *The European Union after the Treaty of Lisbon: Visions of Leading Policy-makers, Academics and Journalists*: 2011, 60–89.

Montani, G., *The German Question and the European Question. Monetary Union and European Democracy after the Greek Crisis* (No. 0105), University of Pavia, Department of Economics and Management, 2015.

Montesquieu, *The Spirit of Laws* / De Secondat, Baron de Montesquieu, Translated from the French by Nugent. –London: Nourse and Vaillant–2nd.

corr.and considerably improved.

Moravcsik, A., *Why the European Community Strengthens the State: Domestic Politics and International Cooperation.* Center for European Studies Working Paper Series #52. 1994, See: https://ces.fas.harvard.edu/files/working_papers/CES_WP52.pdf, time for last access: April 26th, 2016.

Moravcsik, A., "In Defense of the Democratic Deficit: Reassessing Legitimacy in the European Union", *Journal of Common Market Studies,* 2002, 40(4), 603–624.

Moravcsik, A., "The EU Ain't Broke", *Prospect,* March, 2003, 38–45.

Moravcsik, A., "Is there a 'Democratic Deficit' in World Politics? A Framework for Analysis", *Government and Opposition,* 2004, 39(2), 336–363.

Moravcsik, A., "The Myth of Europe's Democratic Deficit", *Intereconomics: Journal of European Public Policy* (November–December 2008), 331–340.

Moskalenko, O., "The Institutional Balance: a Janus-faced Concept of EU Constitutional Law", *Politeja-Pismo Wydzialu Studiow Miedzynarodowych I Politycznych Uniwersytetu Jagiellonskiego,* 2016, 13(45), 125–143.

Motion for a European Parliament Resolution: http://www.europarl.europa.eu/sides/getDoc.do?pubRef=-//EP//TEXT+REPORT+A6-2007-0351+0+DOC+XML+V0//EN, access time: March 10th, 2017.

Murswiek, D., "ECB, ECJ, Democracy, and the Federal Constitutional

Court: Notes on the Federal Constitutional Court's Referral Order from 14 January 2014", *German LJ*, 2014, 15, 147–166.

Naurin, D. & Lindahl, R., "East–North–South: Coalition-building in the Council before and after Enlargement", in *Unveiling the Council of the European Union* (pp. 64–78), Palgrave Macmillan UK, 2008.

Naurin, D. & Wallace, H., *Unveiling the Council of the European Union: Games Governments Play in Brussels,* Springer, 2008.

Nedergaard, P., "The ordoliberalisation of the European Union?", *Journal of European Integration*, 2020, 42(2). 213–230.

Neunreither, K., "The Democratic Deficit of the European Union: Towards Closer Cooperation between the European Parliament and the National Parliaments", *Government and Opposition*, 1994, 29(3), 299–314.

Norris, P., "Representation and the Democratic Deficit", *European Journal of Political Research*, 1997, 32(2), 273–282.

Norris, P., "The Twilight of Westminster? Electoral Reform and Its Consequences", *Political Studies*, 2001, 49(5), 877–900.

Noury, A. G. & Roland, G., "More Power to the European Parliament?", *Economic Policy*, 2002, 17(35), 279–319.

Novak, S., "Decision Rules, Social Norms and the Expression of Disagreement: The Case of Qualified-majority Voting in the Council of the European Union", *Social Science Information*, 2010, 49(1), 83–97.

Novak, S., "The Silence of Ministers: Consensus and Blame Avoidance in the Council of the European Union", *Journal of Common Market Studies*, 2013, 51(6), 1091–1107.

Nowak, T., "Of garbage Cans and Rulings: Judgments of the European Court of Justice in the EU Legislative Process", *West European Politics*, 2010, 33(4): 753-769.

Nugent, N., *The Government and Politics of the European Union*, 4th edition, Durham, NC: Duke University Press, 1999.

O'Brenan John and Tapio Raunio, "Deparliamentarisation and European Integration", in J. O'Brennan, T. Raunio, *National Parliaments within the Enlarged European Union*, Abingdon: Routledge, 2007, 1-26.

Paczynski, W., "ECB Decision-making and the Status of the Eurogroup in an Enlarged EMU", *CASE Research Paper*, 2003, (262).

Pernice, I., "What Future (s) of Democratic Governance in Europe: Learning from the Crisis", *Challenges of Multi-tier Governance in the European Union*, 2012, 4-26.

Peterson, J., "The College of Commissioners", *The Institutions of the European Union*, 2006, 2, 147-168.

Peterson, J. & Shackleton, M., *The Institutions of the European Union*, Oxford University Press, 2012.

Pianta, M., "Democracy Lost: The Financial Crisis in Europe and the Role of Civil Society", *Journal of Civil Society*, 2013, 9(2), 148-161.

Piris, J. C., *The Lisbon Treaty: A Legal and Political Analysis*, Cambridge University Press, 2010.

Pochet, P. & Degryse, C., "Monetary Union and the Stakes for Democracy and Social Policy", *Transfer: European Review of Labor and Research*, 2013, 19(1), 103-116.

Pogge, T. W., "Creating Supra-National Institutions Democratically:

Reflections on the European Union's 'Democratic Deficit'", *Journal of Political Philosophy*, 1997, 5(2), 163-182.

Pollack, M. A., "Delegation, Agency, and Agenda Setting in the European Community", *International Organization*, 1997, 51(1), 99-134.

Popper, K. R., *The Open Society and Its Enemies Volume 1 Plato*, Routledge Paperbacks, 1966, Chapter 7.

Popper, K. R., *The Open Society and Its Enemies Volume 1 Plato*, Routledge Paperbacks, 1966, Chapter 19. Marx's Prophecy: the Revolution, Section V.

Posner, R. A., *Not a Suicide Pact: The Constitution in a Time of National Emergency*, Oxford University Press, 2006.

Puetter, U., "Europe's Deliberative Intergovernmentalism: The Role of the Council and European Council in EU Economic Governance", *Journal of European Public Policy*, 2012, 19(2), 161-178.

Putnam, R. D., "The Political Attitudes of Senior Civil Servants in Western Europe: A Preliminary Report", *British Journal of Political Science*, 1973, 3(3), 257-290.

Quaglia, L., *Central Banking Governance in the European Union: A Comparative Analysis*, Routledge, 2007.

Rasmussen, M., "Revolutionizing European Law: A History of the Van Gend en Loos Judgment", *International Journal of Constitutional Law*, 2014, 12(1): 136-163.

Rasmussen, M., Martinsen, D. S., "EU Constitutionalisation Revisited: Redressing a Central Assumption in European Studies", *European Law Journal*, 2019, 25(3): 251-272.

Ratnapala, S., "John Locke's Doctrine of the Separation of Powers: A Re-Evaluation", *American Journal of Jurisprudence*: Vol. 38: Issue.1, 1993, 189-220.

Raunio, T., "Always One Step Behind? National Legislatures and the European Union", *Government and Opposition*, 1999, 34(2), 180-202.

Raunio, T. & Hix, S., "Backbenchers Learn to Fight Back: European Integration and Parliamentary Government", *West European Politics*, 2000, 23(4), 142-168.

Raunio, T., "National Parliaments and European Integration: What We Know and Agenda for Future Research", *The Journal of Legislative Studies*, 2009, 15(4), 317-334.

Raunio, T., "Ensuring Democratic Control over National Governments in European Affairs", *National Parliaments and the European Union: The Constitutional Challenge for the Oireachtas and Other Member State Legislatures*, 2008, 3-28.

Raunio, T., "The Gatekeepers of European Integration? The Functions of National Parliaments in the EU Political System", *Journal of European Integration*, 2011, 33(3), 303-321.

Rehbinder, E. & Stewart, R., "Integration through Law. Europe and the American Federal Experience", *Environmental Protection Policy*, 1985, 57-104.

Reif, K. & Schmitt, H., "Nine Second-order National Elections-a Conceptual Framework for the Analysis of European Election Results", *European Journal of Political Research*, 1980, 8(1), 3-44.

Ringe, N., *Who Decides, and How?* Oxford University Press, 2010.

Rittberger, B., *Removing Conceptual Blinders: Under What Conditions does the 'Democratic Deficit 'Affect Institutional Design Decisions?* University of Hamburg, Faculty for Economics and Social Sciences, Department of Social Sciences, Institute of Political Science, 2003.

Rittberger, B., "The Creation and Empowerment of the European Parliament", *JCMS: Journal of Common Market Studies*, 2003, 41(2), 203-225.

Rodrik, D., The Globalization Paradox: Why Global Markets, States, and Democracy Can't Coexist, Oxford University Press, 2011, 200-201.

Ruffert, M., "European Debt Crisis and European Union Law", *Common Market L. Rev.*, 2011, 48, 1777-1806.

Saalfeld, T., "Deliberate Delegation or Abdication? Government Backbenchers, Ministers and European Union Legislation", *The Journal of Legislative Studies*, 2005, 11(3-4), 343-371.

Sabathil, G., Joos, K. & Kessler, B., *The European Commission: An Essential Guide to the Institution, the Procedures and the Policies*, Kogan Page Publishers, 2008.

Sbragia, A. M., "Conclusion to Special Issue on the Institutional Balance and the Future of EU Governance: The Treaty of Nice, Institutional Balance, and Uncertainty", *Governance*, 2002, 15(3), 393-412.

Sbragia, A.M., "Post-national Democracy as Post-national Democratization", *Democracy and Federalism in the European Union and the United States*: Exploring Post-National Governance, 2005, 167-179.

Scharpf, F. W., "Economic Integration, Democracy and the Welfare

State", *Journal of European Public Policy*, 1997, 4(1). 18-36.

Scharpf, F. W., "Monetary Union, Fiscal Crisis and the Pre-emption of Democracy", *Zeitschrift für Staats-und Europawissenschaften (ZSE)/ Journal for Comparative Government and European Policy*, 2011, 163-198.

Scharpf, F. W., "After the Crash: A Perspective on Multilevel European Democracy", *European Law Journal*, 2015, 21(3), 384-405.

Scharpf, F. W., "De-constitutionalisation and Majority Rule: A Democratic Vision for Europe", *European Law Journal*, 2017, 23(5): 315-334.

Schiek, D., "The German Federal Constitutional Court's Ruling on Outright Monetary Transactions (OMT)-Another Step towards National Closure", *German LJ*, 2014, 15, 329-342.

Schmitt, H., "The European Parliament Elections of June 2004: Still Second-order?", *West European Politics*, 2005, 28(3), 650-679.

Schmidt, V. A., "The Eurozone Crisis and the Challenges for Democracy", *The State of the Union (s): The Eurozone Crisis, Comparative Regional Integration and the EU Model*, 2012, 103-116.

Schmidt, V., "Democratizing the Eurozone", *Social Europe Journal*, 2012, 15.

Schmidt, V. A., "Democracy and Legitimacy in the European Union Revisited: Input, Output and 'Throughput'", *Political Studies*, 2013, 61(1), 2-22.

Scicluna, N., *Politicization without Democratization: The Impact of the Eurozone Crisis on EU Constitutionalism* (No. 341), Collegio Carlo

Alberto, 2013, 1-19.

Scott, C., "Governing without Law or Governing without Government? New-ish Governance and the Legitimacy of the EU", *European Law Journal*, 2009, 15(2): 160-173.

Scully, R. M., "The European Parliament and the Co-decision Procedure: A Reassessment", *The Journal of Legislative Studies*, 1997, 3(3), 58-73.

Selck, T. J. & Steunenberg, B., "Between Power and Luck: The European Parliament in the EU Legislative Process", *European Union Politics*, 2004, 5(1), 25-46.

Senden, L. A., "Soft Law and Its Implications for Institutional Balance in the EC", *Utrecht L. Rev.*, 2005, 1, 79-99.

Sherrington, P., *Council of Ministers: Political Authority in the European Union*, A&C Black, 2000.

Shore, C, "'European Governance' or Governmentality? The European Commission and the Future of Democratic Government", European Law Journal, 2011, 17(3): 287-303.

Sieberson, Stephen C., "The Treaty of Lisbon and Its Impact on the European Union's Democratic Deficit", Columbia Journal of European Law., 2008, 14(3), 446-455.

Sinn, H. W., *The Euro Trap: On Bursting Bubbles, Budgets, and Beliefs*, OUP Oxford, 2014.

Smismans, S., "Institutional Balance as Interest Representation. Some Reflections on Lenaerts & Verhoeven", in Joerges and Dehousse (Eds.), *Good Governance in Europe's Integrated Market*, 2002, 89-108.

Snell, J., "The Trilemma of European Economic and Monetary Integration, and Its Consequences", *European Law Journal*, 2016, 22(2): 157–179.

Soares, A. G., "EU Commission Participation in the Troika Mission: Is There a European Union Price to Pay?", *Revista Brasileira de Política Internacional*, 2015, 58(1), 108–126.

Stasavage, D., "Cities, Constitutions, and Sovereign Borrowing in Europe, 1274–1785", *International Organization*, 2007, 61(3), 489–525.

Stein, E., "Lawyers, Judges, and the Making of a Transnational Constitution", American Journal of International Law, 1981, 75(1): 1–27.

Tallberg, J., "The Power of the Presidency: Brokerage, Efficiency and Distribution in EU Negotiations", *JCMS: Journal of Common Market Studies*, 2004, 42(5), 999–1022.

Tallberg, J., "Executive Politics", *The Handbook of European Union Politics*, 2007, 195–212.

Tallberg, J., "Bargaining Power in the European Council", *JCMS: Journal of Common Market Studies*, 2008, 46(3), 685–708.

Taylor, C., "The Role and Status of the European Central Bank: Some Proposals for Accountability and Cooperation", *After the Euro: Shaping Institutions for Governance in the Wake of European Monetary Union*, 2000, 179–202.

Teasdale, A. L., "The Life and Death of the Luxembourg Compromise", *JCMS: Journal of Common Market Studies*, 1993, 31(4), 567–579.

Thomson, R. & Hosli, M., "Who Has Power in the EU? The Commission, Council and Parliament in Legislative Decision-making", *JCMS: Journal of*

Common Market Studies, 2006, 44(2), 391-417.

Tomkin, J., "Contradiction, Circumvention and Conceptual Gymnastics: The Impact of the Adoption of the ESM Treaty on the State of European Democracy", *German LJ*, 2013, 14, 169-190.

Torres, F., "The EMU's Legitimacy and the ECB as a Strategic Political Player in the Crisis Context", *Journal of European Integration*, 2013, 35(3), 287-300.

Trondal, J., *An Emergent European Executive Order*, Oxford University Press, 2010.

Tsebelis, G., "The Power of the European Parliament as a Conditional Agenda Setter", *American Political Science Review*, 1994, 88(1), 128-142.

Tsebelis, G. & Garrett, G., "The Institutional Foundations of Intergovernmentalism and Supranationalism in the European Union", *International Organization*, 2001, 55(2), 357-390.

Tuori, K., "From Expert to Politician and Stakeholder? Constitutional Drift in the Role of the ECB", *The European Union in Crises or the European Union as Crises?* 491-660.

Turner, C., "Jürgen Habermas: European or German?", *European Journal of Political Theory*, 2004, 3(3), 293-314.

Van den Brink, T., "National Parliaments and EU Economic Governance. In Search of New Ways to Enhance Democratic Legitimacy", In *Democracy and Rule of Law in the European Union* (pp. 15-24), TMC Asser Press, 2016.

Van Gruisen, P., Huysmans, M. "The early warning system and policymaking in the European Union", *European Union Politics*, 2020,

21(3): 451–473.

Van Rompuy, H., "Lessons from a Crisis: Reflections on Economic Governance for Europe", *European View*, 2010, 9(2), 133–139.

Van't Klooster J., de Boer N., "The ECB, the Courts and the Issue of Democratic Legitimacy after Weiss", *Common Market Law Review*, 2020, 57(6). 1689–1724.

Vauchez A., "'Integration-Through-Law': Contribution to a Socio-History of EU Political Commonsense", 2008. Working Paper, EUI RSCAS.

Vauchez A., "The Transnational Politics of Judicialization. Van Gend en Loos and the Making of EU Polity", European Law Journal, 2010, 16(1): 1–28.

Verdun, A., "The Institutional Design of EMU: a Democratic Deficit?", *Journal of Public Policy*, 1998, 18(2), 107–132.

Vile, M. J. C., *Constitutionalism and the Separation of Powers*, 2nd edition, Liberty Fund, Inc., 2012.

Vilpišauskas, R., "Eurozone Crisis and European Integration: Functional Spillover, Political Spillback?", *Journal of European Integration*, 2013, 35(3), 361–373.

Von Bogdandy, A., "The European Lesson for International Democracy: The Significance of Articles 9 to 12 EU Treaty for International Organizations", *European Journal of International Law*, 2012, 23(2), 315–334.

Wallace, H., Pollack, M. A. & Young, A. R. (Eds.), *Policy-making in the European Union*, Oxford University Press, 2015.

Ward, L., "Locke on Executive Power and Liberal Constitutionalism", *Canadian Journal of Political Science/Revue Canadienne De Science Politique*, 2005, 719–744.

Warntjen, A., "Steering, but Not Dominating: The Impact of the Council Presidency on EU Legislation", in *Unveiling the Council of the European Union* (pp. 203–218), Palgrave Macmillan UK, 2008.

Weber, M., *Economy and Society: An Outline of Interpretive Sociology*, University of California Press, Volume II, Chapter XI, *Bureaucracy*, 1978, 956–1003.

Weilee, J., "Community, Member States and European integration: Is the Law Relevant", *J. Common Mkt. Stud.*, 1982, 21.

Weiler, J. H., "A Constitution for Europe? Some Hard Choices", *JCMS: Journal of Common Market Studies*, 2002, 40(4), 563–580.

Weiler, J. H. H., "Van Gend en Loos. The Individual as Subject and Object and the Dilemma of European Legitimacy", *International Journal of Constitutional Law*, 2014, 12(1): 94–103.

Weiler, J. H. H., "In the Face of Crisis: Input Legitimacy, Output Legitimacy and the Political Messianism of European integration", *Journal of European Integration*, 2012, 34(7): 825–841.

Wendel, M., "Exceeding Judicial Competence in the Name of Democracy: The German Federal Constitutional Court's OMT Reference", *European Constitutional Law Review*, 2014, 10(2), 263–307.

Wessels, B., "Roles and Orientations of Members of Parliament in the EU Context: Congruence or Difference? Europeanisation or Not?", *The Journal of Legislative Studies*, 2005, 11(3–4), 446–465.

Wessels, W., "National Parliaments and the EP in Multi-tier Governance: In Search for an Optimal Multi-level Parliamentary Architecture Analysis, Assessment Advice", *Challenges of Multi-tier Governance in the European Union*, 2013, 95-109.

Wessels, W., *The European Council*, Palgrave Macmillan, 2016.

Werts, J. & TMC Asser Institute, *The European Council* (p.143), London: John Harper Publishing, 2008.

Wille, A., "The Politicization of the EU Commission: Democratic Control and the Dynamics of Executive Selection", *International Review of Administrative Sciences*, 2012, 78(3), 383-402.

Wille, A., *The Normalization of the European Commission: Politics and Bureaucracy in the EU Executive*, OUP Oxford, 2013.

Winzen, T., "*Constitutional Preferences and Parliamentary Reform: Explaining National Parliaments' Adaptation to European Integration*", 2017, Oxford, Oxford University Press.

Yuratich, D., "Article 13 (2) TEU: Institutional Balance, Sincere Co-Operation, and Non-Denomination during Lawmaking", *German L.J.*, 2017, 18, 99-125.

［法］布迪厄：《法律的力量：迈向司法场域的社会学》，强世功译，载《北大法律评论》1999年第2卷·第2辑。

何晴倩、［瑞典］丹尼尔·诺兰：《英国脱欧与欧盟理事会权力的再分配——基于跟踪问卷调查数据的社会网络分析》，载《欧洲研究》2020年第1期。

胡水君：《卢曼的法律与社会理论：现代与后现代》，载朱景文主编：《当代西方后现代法学》，法律出版社2002年版。

［德］卢曼：《社会的法律》，郑伊倩译，人民出版社2009年版。

石佳友：《德国违宪审查机制考验下的欧盟法优先效力原则——以德国宪法法院关于欧洲中央银行公共债券购买计划的最新判决为例》，载《欧洲研究》2020年第5期。

杨国栋：《欧洲共同避难制度的发展与反思——以"都柏林规则"为中心的考察》，载《欧洲研究》2016年第1期。

杨国栋：《接纳与冲突——欧盟法的自主性及国际法作为欧盟法之渊源》，载《法理——法哲学、法学方法论与人工智能》2018年卷。

［美］约翰·康力、［美］威廉·欧巴尔：《法律、语言与权力》，程朝阳译，法律出版社2007年版。

张亚宁：《2019年欧盟委员会主席换届——新政府间主义的视角》，载《德国研究》2020年第1期。

翟晗：《欧洲一体化进程中成员国"宪法特质"教义及其历史制度意涵》，载《欧洲研究》2021年第3期。

相关规则、案例和文件

Rules

The Treaty on European Union (the TEU) (Consolidated Version).

The Treaty on the Functioning of the European Union (the TFEU) (Consolidated Version).

Treaty on European Union (Maastricht).

Treaty on European Union (Amsterdam).

Article 57 of the Constitution of the People's Republic of China.

"*The National People's Congress of the People's Republic of China is the highest organ of state power. Its permanent body is the Standing Committee of the National People's Congress.*"

Statute of the ESCB and of the ECB (Protocol No.4).

Treaties on Stability, Coordination and Governance in the Economic and Monetary Union.

Laeken Declaration of the Future of the European Union.

Cases

Case C-70/88, European Parliament v. Council [1990] ECR I-2041

（"Chernobyl"）.

Case 9/56, Meroni & Co., Industrie Metallurgiche SpA v. High Authority of the European Coal and Steel Community [1957 and 1958] ECR 133.

Case C-409/13, Council v. Commission[2015], ECLI:EU:C:217.

"Principal proceedings ESM/ECB: Pronouncement of the Judgment and referral for a preliminary ruling to the Court of Justice of the European Union", see: http://www.bundesverfassungsgericht.de/SharedDocs/Pressemitteilungen/EN/2014/bvg14-009.html.

"Constitutional Complaints and Organstreit Proceedings against the OMT Programme of the European Central Bank Unsuccessful", see: http://www.bundesverfassungsgericht.de/SharedDocs/Pressemitteilungen/EN/2016/bvg16-034.html.

Case C-62/14, Peter Gauweiler and Others v. Deutscher Bundestag [2015] ECLI: EU: C: 400.

Main Point of the OMT Judgment by the Bundesverfassungsgericht: http://www.bundesverfassungsgericht.de/SharedDocs/Pressemitteilungen/EN/2016/bvg16-034.html.

Case C-370/12, Pringle v. Government of Ireland [2012] ECLI: EU: C: 756.

Case 26-62.裁判文书参见：https://eur-lex.europa.eu/legal-content/EN/TXT/?uri=CELEX%3A61962CJ0026，最后访问时间：2021年7月24日。

Case 103/88, Fratelli Costanzo SpA v. Comune di Milano.

Case 6-64.裁判文书参见：https://eur-lex.europa.eu/legal-content/EN/TXT/?uri=CELEX%3A61964CJ0006。

Case T-458/17.

Case C-621/18.

Case C-637/18.

Case C-808/18.

Case C-78/18.

Case C-650/18.

Case C-791/19.

Documents

European Parliament Resolution of 4 July 2013 on Improving the Practical Arrangements for the Holding of the European Elections in 2014.

Dutch Council of State (2013) Request for Information on the Embedding of Democratic Control in the Reform of Economic Governance in Europe to Combat the Economic and Financial Crisis. No.W01.12.0457/1.

后　记

　　本书是在笔者于2014年至2017年间在德国汉堡大学写作的博士论文(《欧盟机构的问责制及其危机》(英文，汉堡大学图书馆在线出版)之基础上修改而成，其中第二章和第四章部分章节先后发表于《欧洲研究》。攻博伊始，笔者与导师Armin Hatje教授(同时担任德国欧盟法学会主席)最初商定的论文主题为中欧双边条约的解释问题。后来，在参加Hatje教授的研讨课(研讨课论文成绩为良好以上系博士论文开题的必要条件)时，笔者选择了欧盟的机构平衡原则这一题目，随后开始了对欧盟机构层面的立法—行政关系的研究，博士论文题目也最终确定为欧盟机构的问责制问题。另外，笔者在2015年至2018年间选择在夏季到海德堡外国公法和国际公法马普所进行访学。在2015年的第一次访学期间，正值希腊债务危机和纾困方案出台的关键时期，笔者聆听了马普所多位研究该问题的学者对这一问题的报告，甚至在一个下午举行的讲座上就谈到了对当天早上新鲜出炉的解决方案的解读。在报告结束后的咖啡馆小聚会上，笔者又参加了青年访学人员对相关问题的会后讨论(尽管一个中国人的面孔出现在该讨论中显得有些突兀)。这些有关欧债危机和纾困方案的报告和讨论构成了本书考察欧债危机期间欧盟机构问责制问题的基础。

　　对于作者来说，这一选题既有其学术价值，又充满挑战。一方面，以笔者阅读所及，目前中国学界对欧盟机构法的教学基本停留在条约文本及基础知识讲授方面，学术研究则主要分三大类：有关欧盟具体制度的"小切口"研究、有关中欧关系中法律问题的研究和政治学学界对欧洲一体化进程的研究。于是，以法律文本为起点对欧盟机构运作的现实状况进行的、介乎"小切口"与"大进程"之间的研究，或许是本书对于中国读者的价值所在。另一方面，对于一个在欧洲生活和学习欧盟法仅有三年时间的中国人来说，法律文本的阅读和掌握或许不是一件太难的事，但是要准确地把握住一个法律制度或一套政府机构的运作实践绝对是一个相当大的挑战——只需要想想一个从小在中国成长又在中国法学院学习法律的人能有多大自信宣称自己能够把握中国法律的实际运行状况。令人高兴的是，笔者为应对这一挑战所进行的努力至少收获了一定肯定：指导教授和第二评阅人对本研究给出了 Magna Cum Laude 的成绩；葡萄牙天主教大学 Mendo Henriques 教授称赞本书为"一流作品"并在其专著 A Promessa da Política 中对笔者的论文进行了引用；曾任欧洲议会委员会与代表团总干事、欧洲议会对外关系总干事（Director General）的 Dietmar Nickel 博士形容本书（中文版）的最大价值在于"将对一个西方话题的锐利分析带到了占世界人口五分之一的中国读者面前"（"Das größte Verdienst der vorliegenden Arbeit liegt in seiner scharfen Analyse eines westlichen Themas, das er mit seiner Übersetzung ins Chinesische einem Fünftel der Weltbevölkerung zugänglich macht."）。

是为记。

2023 年 5 月　重庆渝北

图书在版编目(CIP)数据

欧盟机构的问责制危机 / 杨国栋著. —北京：中国法制出版社，2023.10
ISBN 978-7-5216-3783-0

Ⅰ.①欧… Ⅱ.①杨… Ⅲ.①欧洲联盟—行政管理—责任制—研究 Ⅳ.①D750.31

中国国家版本馆CIP数据核字(2023)第187444号

责任编辑：侯 鹏　　　　　　　　　　　封面设计：李 宁

欧盟机构的问责制危机
OUMENG JIGOU DE WENZE ZHI WEIJI
著者 / 杨国栋
经销 / 新华书店
印刷 / 北京虎彩文化传播有限公司
开本 / 880毫米×1230毫米　32开　　　　印张 /8　字数 /192千
版次 / 2023年10月第1版　　　　　　　　2023年10月第1次印刷

中国法制出版社出版
书号 ISBN 978-7-5216-3783-0　　　　　　定价：45.00元

北京市西城区西便门西里甲16号西便门办公区
邮政编码：100053　　　　　　　　　　　传真：010-63141852
网址：http://www.zgfzs.com　　　　　　编辑部电话：010-63141826
市场营销部电话：010-63141612　　　　邮购部电话：010-63141606

（如有印装质量问题，请与本社印务部联系。）